$Lk^8{}_{111}$

POUR PARAITRE PROCHAINEMENT

CHEZ DUBOS FRÈRES ET MAREST,

à Paris, rue Sainte-Marguerite, 18; à Alger, rue Bâb-Azoun.

DICTIONNAIRE
GÉOGRAPHIQUE, ÉCONOMIQUE ET POLITIQUE
DE L'ALGÉRIE
ANCIENNE ET MODERNE

PAR

M. O. MAC CARTHY
Secrétaire général de la Société Orientale de Paris, etc.

Un volume format Charpentier de 15 à 16 feuilles, ou 500 à 600 pages à deux colonnes en petit texte, accompagné de plans, de cartes de détail et d'une carte générale de l'Algérie d'après les cartes du Dépôt de la guerre et des recherches particulières.

L'ouvrage sera publié en 20 livraisons à 25 centimes.

Il y a quinze ans que la France a accompli une grande et noble action de plus. Depuis trois siècles un ramas de forbans, sorti de l'écume de l'empire turk, osait faire la loi à l'Europe entière, aux premières nations du monde. Elle a mis un terme à ce honteux scandale; elle a, de plus, vengé l'humanité sans cesse indignement outragée dans ses lois les plus saintes, elle a donné une éclatante réparation au droit des gens sans cesse violé dans ses principes les plus sacrés. Mais là ne devait pas s'arrêter l'œuvre qu'elle venait de commencer si glorieusement. Tout se tient dans la marche incessante de la civilisation; elle ne saurait rien entreprendre d'isolé, d'incomplet, sans manquer au plus impérieux des devoirs que lui impose sa mission. La prise d'Alger, *la bien gardée*, ainsi que la nommaient ses maîtres, entraînait donc nécessairement la conquête de ce vaste territoire, auquel on a depuis donné le nom d'*Algérie*.. La France l'entreprit, et, aujourd'hui, elle est achevée; 26,000 lieues carrées sont venues s'ajouter aux 27,000 qui forment le territoire de cet Etat, dont le nom est d'un si grand poids dans les événements de la terre.

Mais une des premières conditions du progrès, dans le monde physique comme dans le monde moral, est de se connaître. On ne marche hardiment aux destinées qui vous sont promises qu'alors qu'on s'est apprécié dignement. En occupant l'Algérie, cette région que Rome regardait jadis comme sa plus belle conquête, nous découvrîmes, non sans quelqu'étonnement, qu'elle nous était presqu'inconnue. On nous a vu alors faire ce que nous avions déjà exécuté tant de fois, on a vu la guerre servir à l'agrandissement de la science; quinze années de combats ont été aussi quinze années d'études, de recherches en tous genres qui se poursuivent encore sans relâche.

La géographie a eu la plus large part dans cette investigation, et cela devait être. Point de départ de toute appréciation d'un pays, c'est à elle que l'on rapporte tout, parce que c'est elle qui se lie le plus intimement à l'étude des sociétés humaines. Depuis le moment où l'orgueilleuse ville des Barberousse nous ouvrit ses portes, chaque jour, chaque année ont été signalés par de nouvelles acquisitions, et actuellement l'Algérie nous est connue dans son ensemble, ici autant qu'elle peut l'être, là d'une manière satisfaisante sinon complète. Il est vrai que les matériaux par lesquels on peut arriver à cette connaissance sont ou trop volumineux ou sans liaison et presque toujours inaccessibles à ceux auxquels ils seraient le plus nécessaires. Il fallait les résumer pour leur donner toute leur utilité, toute leur valeur.

Prenant un à un tous les ouvrages publiés jusqu'à ce jour sur l'Algérie; guidés, dans une étude qui nous est devenue familière, par une critique consciencieuse, nous les avons analysés de manière à leur demander tout ce qu'ils pouvaient nous dire. De cette analyse approfondie est sorti une nomenclature aussi riche que variée, à laquelle sont venus se rattacher naturellement tous les détails géographiques, économiques et politiques qui pouvaient lui donner de l'intérêt; la description du pays et de ses grandes divisions physiques et administratives, celle des villes et de toutes les autres localités, marabouts, sources, routes, marchés, ports, montagnes, vallées, plaines, etc.; des notices sur toutes les tribus (au nombre d'environ 1200) et leurs fractions, leurs forces matérielles, leurs ressources; des études sur les diverses races; des recherches sur l'état ancien du pays, sur tous les points cités par les écrivains de l'antiquité, des notions étendues sur les mœurs, les coutumes, les langues, les religions, le gouvernement, les lois, l'administration, les monnaies, l'industrie de l'Algérie; ses relations commerciales avec les régions voisines, Maroc, Tunis, le Sahara, l'Afrique centrale, l'Europe, etc. Un lexique de tous les mots employés dans la géographie algérienne, une introduction développée, des tables chronologiques complètent ce vaste ensemble.

Dans ce long travail nous avons été puissamment secondés par des hommes dont la bienveillance nous honore, dont l'amitié nous est précieuse et auxquels nous avons témoigné tout ce que nous devons. En outre pas un mot dont l'origine soit cachée, pas un fait dont l'auteur ne soit cité. C'était le seul moyen de donner à notre œuvre le caractère sérieux qu'elle devait avoir. Nous l'avons compris.

C'est ainsi qu'a été fait ce livre qui sera, nous le pensons, utile à ceux dont le désir est de connaître l'Algérie, à ceux dont les destinés sont liées aux siennes de quelque manière que ce soit, soldats, administrateurs ou colons.

O. MAC CARTHY.

Paris, 5 mai 1846.

Paris. — Imprimerie d'A. René et Cⁱᵉ, rue de Seine, 32.

GÉOGRAPHIE

physique, économique et politique

DE L'ALGÉRIE

PAR

M. O. MAC CARTHY

Chargé, depuis 1840, par le ministère de la Guerre, d'une mission d'exploration des Territoires Algériens, correspondant du ministère de l'Instruction Publique pour les travaux historiques, membre de la Société Historique d'Alger, de la Société Archéologique de Constantine, etc., etc.

ALGER

DUBOS FRÈRES, IMPRIMEURS-LIBRAIRES, ÉDITEURS

Rues Bab-Azoun et Bosa.

1858

Toute reproduction ou traduction de cet ouvrage est interdite en France et à l'étranger.

Paris. — Imprimerie d'Aubusson et Kugelmann.

Ce petit ouvrage est le résumé très-concis des derniers résultats de six années d'études et d'explorations faites dans toutes les parties de l'Algérie, sous les auspices du Ministère de la Guerre et des Gouverneurs généraux qui ont successivement administré le pays.

Mon intention, en l'écrivant, a été de faire, avec toute la simplicité qu'exige un pareil sujet, l'exposé sommaire des grandes divisions de la Géographie physique et de la Géographie politique de cette région; de manière toutefois à laisser dans l'esprit une impression aussi vive, aussi nette, aussi vraie, aussi durable que possible.

Je devais, d'après cela, laisser de côté tous les détails qui ne m'étaient pas essentiellement nécessaires pour arriver au but que je m'étais proposé d'atteindre.

Qu'on veuille donc bien ne pas chercher dans ce livre autre chose que ce que j'ai voulu y mettre, ni me délier des obligations que m'imposait le cadre tout élémentaire dans lequel je me suis strictement renfermé.

J'ai supposé que ceux qui étudieraient ces Éléments de la Géographie de l'Algérie auraient déjà des idées très-étendues de Géographie générale.

Cependant j'ai cru devoir sous le titre de *Préliminaires* revenir sur quelques-uns des principes fondamentaux de la science. « La répétition, a dit Napoléon, est la plus puissante des figures de rhétorique, » et un des savants les plus illustres de notre époque, Arago, en a fait un usage très-remarquable dans la plupart de ses cours.

Ces préliminaires seront donc une répétition, mais une répétition indispensable. D'ailleurs, les questions y sont présentées sous un nouveau jour. Cela les justifie un peu.

J'ai insisté particulièrement sur l'*Orientation*, parce que j'ai remarqué nombre de fois que c'est à l'ignorance à peu près complète où l'on est généralement à cet égard, qu'est due la majeure partie des idées fausses si communes en histoire et en géographie.

J'appelle l'attention toute particulière des professeurs sur cet objet.

Et je leur recommande avec une égale insistance d'initier patiemment, soigneusement leurs élèves à l'orthographe arabe.

Dans toutes les langues, la nomenclature géographique a une signification, et une signification toujours vraie, toujours juste, quelquefois énergique et frappante; c'est un reflet de la nature et des incidents de la vie de l'homme.

En altérant l'orthographe des mots géographiques, on fait plus qu'une erreur, on commet une faute, puisqu'on substitue un mot sans valeur, sans signification, à un mot qui en avait une bien positive et bien arrêtée.

Evitons donc ce travers une fois pour toutes, d'autant qu'il tient bien plus souvent à une illusion qu'à un fait.

La langue arabe est une de ces langues que l'on est convenu d'appeler *Langues Orientales*, dont les alphabets et les allures diffèrent notablement de ceux des langues européennes, mais qui ont cependant avec elles de nombreux points de contact, de nombreuses affinités, de ces affinités que l'on a d'ailleurs signalées partout, parce qu'elles appartiennent aux plus instinctives manifestations de l'humanité entière.

Ainsi l'écriture arabe emploie vingt-huit lettres, et sur ces vingt-huit lettres il n'y en a que trois, le ﺥ (Kha), le ع (A'ïne) et le غ (R'aïne), qu'il soit impossible de rendre en français, si ce n'est conventionnellement par des sons figurés, puisque nous ne possédons rien qui leur ressemble ; mais toutes les autres lettres ont leurs correspondantes, soit par des caractères identiques (vingt), soit par des lettres liées, des diphtongues (cinq).

La difficulté de transcription, la possibilité de faire passer les mots de l'une des langues dans l'autre, n'est donc pas aussi difficile qu'on le croit généralement.

Le mode de transcription que j'ai adopté est celui de la Commission scientifique de l'Algérie, le plus simple et le plus vrai de tous ceux qui ont été employés jusqu'à ce jour. Seulement je lui ait fait subir deux modifications, du reste insignifiantes.

Au *Kh* destiné depuis bien longtemps à rendre le ﺥ (*Kha*) j'ai ajouté un *r* (*Khra*), parce qu'il m'a semblé que sa prononciation en serait plus exacte ; et j'ai placé l'accent de l'ع (*'aïn*) à droite de la lettre (*a'ïn*) et non à gauche, position qui a quelques inconvénients; quant au ع (*r'aïn*), la troisième des lettres sans équivalent ni analogue, espèce d'*r* grassiyé de *gr*, il reste représenté par un *r* accentué : R',r'.

Voici maintenant les bases du système adopté par la Commission scientifique pour rendre les vingt-cinq autres lettres.

Celles qui ne diffèrent pas des lettres françaises et dont le nombre s'élève à quatorze, le sont par leurs *équivalentes* naturelles; elle n'exige aucune remarque particulière.

Celles qui n'ont que des *analogues* sont de deux natures; il y en a cinq : le *Tse*, Ts, ts; le *Djim*, Dj, dj; le *Dzâl*, Dz, dz; le *Chinc*, Ch, ch; le *Tza*, Tz, tr; le *Ouaou*, Ou, ou, qui sont représentées par des lettres associées, par des diphtongues déjà plus ou moins employées en français; et cinq que l'on regarde comme les aspirations dures de cinq lettres appartenant à la série des caractères ayant leurs équivalents naturels; elles sont signalées à l'attention par un accent placé à leur droite, ce sont les lettres accentuées, amphatiques, sur lesquelles il faut appuyer avec force : le *H'a*, H', h'; le le *S'ad*, S', s'; le *D'ad*, D', d'; le *T'a*, T', t', et le *Ka'f*, K', k'.

Les Arabes donnent souvent au K'af le son du G français suivi d'un u ou d'un a; dans ce cas nous le rendons par *Gu*.

Ajoutons qu'en arabe toutes les lettres se prononcent, et qu'il ne faut pas dire par exemple : *Aïn sultan*, mais *A'ïne sult'ane*; *Mazagran*, mais *Mazagrane*; *Temasin*, mais *Temasîne*; *Biban*, mais *Bibâne*; *Mazafran*, mais *Mázá'frane*.

Il faut bien remarquer de plus que l'e muet, dans tous les noms propres où il se présente, ne doit jamais *rien* perdre de sa valeur, et qu'ainsi on devra prononcer : *K'baï, S'baô, St'if, M'dia, Dj'bel*, et non pas : *K'ébaïl, S'ébaô, Sé't'if, Média, Djébèl*.

Un mot enfin relativement à la marche que j'ai suivie dans l'exposé même de la Géographie algérienne.

Pour les personnes habituées au fatras irréfléchi de nos géographies, elle aura peut-être quelque chose d'étrange.

Elle est tout simplement logique, mathématique, elle procède du connu à l'inconnu, elle ne s'avance jamais sans que les nouveaux éléments qui vont lui servir aient été étudiés, définis avec soin.

Elle s'appuie d'ailleurs toujours sur les grandes vérités conquises par l'observation dans le champ si vaste des sciences naturelles.

Elle est ordonnée enfin de manière à ce que, par elle, on arrive sans peine à la connaissance, générale il est vrai mais complète, d'un pays auquel l'avenir réserve un rôle considérable et dont les destinées sont désormais si intimement liées à celles de la France.

Dieu permette que je ne me sois pas trompé.

PRÉLIMINAIRES

PRÉLIMINAIRES

Ces préliminaires traitent :

De l'Orientation,
De l'Océan Atlantique,
De la Méditerranée,
Des Continents,
De l'Afrique,
De l'Atlantide.

J'ai surtout développé, comme je viens de le faire remarquer, tout ce qui est relatif à l'Orientation.

I

L'ORIENTATION

Lorsqu'on se trouve en mer, sur un point élevé, dans une plaine d'une certaine étendue, ou sur une montagne dominant un pays plat, on reconnaît bientôt que la vue est partout arrêtée par une *ligne circulaire*, limite de la terre et du ciel.

Ce cercle insaisissable, qui doit sa forme et à la figure de la terre, et à la portée de notre vue, se nomme Horizon, d'un mot grec qui signifie *borneur*, parce qu'en effet il borne et arrête la vue.

Chaque jour un globe lumineux, le *Soleil*, partant d'un point de l'horizon, s'élance à travers le ciel, décrit une vaste courbe et disparaît sur un autre point de l'horizon, en amenant la nuit.

Alors la voûte du ciel se peuple d'une multitude de points lumineux, les *étoiles*, qui, comme le soleil, se lèvent de tous les points de l'horizon et disparaissent devant lui aux premières lueurs du jour.

Pour se diriger dans leurs voyages sur la terre, les premiers hommes choisirent les points les plus remarquables des pays qu'ils parcouraient, et, surtout, les sommets des plus hautes montagnes.

Mais ce procédé, qui est bon lorsqu'on ne fait pas

de longues courses, devient insuffisant dès qu'on s'éloigne par trop des points sur lesquels on se guide.

On fût donc obligé de choisir des points de repère qui se vissent à peu près de partout et qui fussent faciles à retrouver.

De la terre on jeta les regards vers le ciel, et on les demanda à la course journalière du soleil.

Le premier point que l'on choisit fut celui du *lever* de cet astre, le *Levant*, point que les Romains nommaient *Oriens*, participe présent du verbe *oriri*, se lever, d'où nous avons fait le mot ORIENT.

D'*Orient* on a fait ORIENTATION, c'est-à-dire l'action de chercher l'Orient, le point le plus important à trouver lorsqu'il s'agit de se diriger à la surface de la terre.

Le point opposé à l'Orient est celui où se *couche* le soleil, c'est-à-dire le *Couchant*, que les Romains nommaient aussi OCCIDENT, du verbe *occidere*, être tué, parce que, d'après une ancienne croyance, on disait que le soleil y livrait un grand combat aux divinités des ténèbres et qu'il y était tué.

En représentant l'horizon par un cercle, portant sur ce cercle les deux points du Levant et du Couchant, on le divisait ainsi en deux parties.

Mais ces deux points, que séparait la moitié d'une circonférence (1), laissaient trop de vague dans les indications ; il fallut donc en trouver d'autres, et ce fut encore au ciel qu'on les demanda.

(1) On appelle *circonférence* d'un cercle, la ligne qui enveloppe l'espace rond appelé cercle. Une portion quelconque de la circonférence est appelée *arc de cercle*.

Le jour ne pouvait les donner tous les deux, on en chercha un dans la nuit. On observa que, parmi le nombre immense d'étoiles fixées à la voûte du ciel, il en est quelques-unes qui, pour nous, ne se couchent jamais, qui décrivent de très-petits cercles et, parmi celles-ci, une qui en décrit un tellement petit qu'elle semble ne pas changer de place.

Cette étoile fait partie d'un groupe de sept étoiles auxquelles les anciens donnaient le nom de *Septentriones*, les sept bœufs, d'où le mot SEPTENTRION.

Et, comme le point autour duquel tourne cette étoile représente l'un des Pôles (1) du ciel, elle est plus généralement connue sous le nom d'*Étoile Polaire*, ou plus simplement : la *Polaire*.

La Polaire, si remarquable par sa position et par son immobilité apparente, devint ainsi le grand repère des nuits.

Il restait à déterminer son point correspondant.

Ce point correspondant est celui où le soleil atteint chaque jour sa plus grande élévation au-dessus de l'horizon, en divisant, d'une manière précise, en deux parties égales, le temps qui s'écoule entre le lever et le coucher du soleil.

C'est d'après cela qu'il a été nommé MIDI, du latin *medius diei*, le milieu du jour.

Ces deux points du *Septentrion* et du *Midi*, portés sur l'horizon, le divisaient, avec les deux premiers, le *Levant* et le *Couchant*, en quatre parties ; division déjà plus commode pour les indications de position des lieux.

---

(1) Du grec *poléō*, je tourne, parce que ces deux points sont ceux sur lesquels la terre semble tourner sur elle-même, faire sa rotation.

La ligne réunissant ou passant par le *Septentrion* et le *Midi* s'appelle Ligne Méridienne, du latin *merus*, pur, brillant, et *dies*, jour, jour brillant, parce que c'est en effet le moment où le soleil est dans toute sa splendeur.

Les quatre points dont nous venons de déterminer l'origine, étaient appelés par les anciens, et le sont encore par nous, Points Cardinaux, du latin *cardinalis*, de la nature des gonds, *cardines*, sur lesquels tournent les portes, parce que c'est sur eux que repose l'explication des principaux phénomènes célestes.

En général, chez les anciens comme chez les modernes, le nom de la plupart des points de l'horizon se rattache aux vents qui soufflent dans leur direction.

Ainsi, pour les Romains, le *Midi* était *auster*, le vent du Midi, et le *Septentrion*, *boreas*, le vent froid du pôle : de là nos adjectifs Austral et Boréal.

Les mots *Levant*, *Couchant*, *Septentrion* et *Midi* ne servent pas exclusivement pour désigner ces quatre grands points de l'horizon.

Les nations de l'Europe occidentale se servent aujourd'hui d'une nomenclature d'origine germanique, et appellent généralement :

le *Septentrion*,	Nord.
le *Levant*,	Est.
le *Midi*,	Sud.
le *Couchant*,	Ouest.

Vers le XIIe siècle, les navigateurs méditerranéens remarquèrent la propriété dont jouit une certaine espèce de fer appelé *fer magnétique,* ou *fer aimanté,* de se tourner, lorsqu'il est sous la forme d'une petite lame ou d'une aiguille, toujours dans la direction du Septentrion ou du Nord.

Ce fut l'origine de la BOUSSOLE, boite plus ou moins grande dans laquelle une *aiguille aimantée*, placée sur un pivot, peut se diriger librement vers le Nord et indiquer ainsi constamment la route que l'on doit suivre, car lorsqu'on connait un des quatre points de l'horizon, on connaît tous les autres. (1)

L'aiguille aimantée indique bien rarement la position exacte du Nord ou de l'étoile polaire ; elle s'écarte de cette direction, vers l'Ouest ou vers l'Est, d'une certaine quantité qu'on appelle la *déclinaison de l'aiguille.*

Il suffit donc de connaître cette déclinaison pour avoir très-exactement la position du Nord, et, par conséquent, celles du Levant, du Midi et du Couchant.

La connaissance de ces quatre grands points de l'horizon ne peut cependant donner la position de tous les points de la surface de la terre, car, entre chacun d'eux, il peut s'en trouver une infinité d'autres.

On a donc divisé l'espace qui sépare chacun des points cardinaux en deux parties, et l'on a donné à chacune de ces divisions un nom formé des deux points cardinaux entre lesquels elle se trouve.

(1) Voir la note 1 à la fin de ce volume.

Ainsi le point situé entre le Septentrion ou *Nord* et l'*Est* a été appelé Nord-Est.

Le point situé entre l'*Est* et le Midi ou *Sud :* Sud-Est.

Le point situé entre le *Sud* et l'*Ouest* : Sud-Ouest.

Le point situé entre le *Nord* et l'*Ouest* : Nord-Ouest.

La même raison qui a fait diviser l'horizon en huit parties l'a fait diviser en seize, auxquelles on a donné un nom formé de celui des deux premières divisions entre lesquelles elles se trouvent, le nom du point cardinal devant toujours être placé le premier.

D'après cela :

Entre le *Nord* et le *Nord-Est*, on a eu le Nord-Nord-Est.

Entre l'*Est* et le *Nord-Est*, on a eu l'Est-Nord-Est.

Entre l'*Est* et le *Sud-Est*, on a eu l'Est-Sud-Est.

Entre le *Sud* et le *Sud-Est*, on a eu le Sud-Sud-Est.

Entre le *Sud* et le *Sud-Ouest,* on a eu le Sud-Sud-Ouest.

Entre l'*Ouest* et le *Sud-Ouest*, on a eu l'Ouest-Sud-Ouest.

Entre l'*Ouest* et le *Nord-Ouest*, on a eu l'Ouest-Nord-Ouest.

Entre le *Nord* et le *Nord-Ouest*, on a eu le Nord-Nord-Ouest.

Les marins, qui ont besoin d'indications très-précises, ont encore subdivisé ces 16 parties en 16 autres.

Ainsi, pour eux, la première de ces 32 divisions, à droite du Nord, est désignée de cette manière :

Nord 1/4 Nord-Est.

Parce qu'elle est, en effet, le *quart* de l'arc qui s'étend du *Nord* au *Nord-Est*.

Les 15 autres divisions portent des désignations semblables.

Enfin, dans les grands travaux que l'on exécute pour faire les cartes des différentes parties de la terre, et où l'on a besoin d'une précision encore plus grande, on ne se sert plus des divisions que nous venons d'énumérer ; on indique la position des objets au moyen de chiffres qui représentent les divisions du cercle, appelées *degrés*.

Depuis la plus haute antiquité, le cercle est divisé en 360 degrés ou parties, et cette division est encore généralement suivie. Certains instruments donnent la division en 400 parties, qui a été arrêtée lors de la composition du système métrique.

Si nous traduisions par le dessin une partie de ce qui précède, en nous servant seulement des 16 principales divisions de l'horizon, nous aurions la figure que voici :

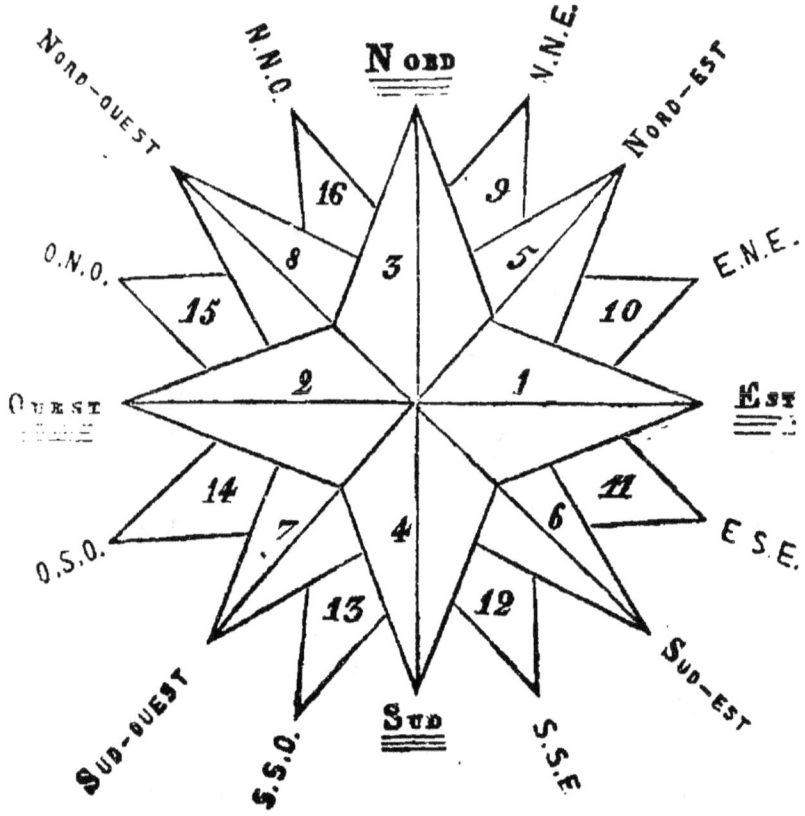

C'est la ressemblance vague de cette figure, telle qu'on la faisait généralement autrefois, avec une *rose*, et l'habitude où sont les marins de désigner les vents par les différents points de l'horizon, qui l'a fait nommer ROSE DES VENTS.

1, 2, 3 et 4 sont les quatre points cardinaux.
5, 6, 7 et 8, les quatre divisions secondaires.
9, 10, 11, 12, 13, 14, 15 et 16, les huit divisions tertiaires (1).

(1) Le professeur voudra bien exercer les élèves sur l'Orien-

II

L'OCÉAN ATLANTIQUE

L'Océan général, l'ensemble des eaux salées qui couvrent le globe, est divisé par les terres en différentes parties très-distinctes.

Océan a pour racine, pour origine, un mot hébreu qui signifie *limite*.

L'*Okéanos* des Grecs, d'où nous avons fait *Océan*, est donc la limite, la *grande*, l'*éternelle Limite*. C'est en effet lui qu'on trouve sans cesse au terme de toutes les terres.

L'une des divisions les plus vastes de l'Océan est l'Océan Atlantique. Des régions arctiques, il s'allonge, semblable à un immense détroit, jusque vers les régions océaniques du Pôle antarctique, en séparant, au Nord l'Europe de l'Amérique septentrionale, au Midi l'Afrique de l'Amérique du Sud.

A une époque très-reculée, au milieu de cette vaste mer, et vis-à-vis de ce canal que les anciens appelaient le *Détroit des Colonnes* (1), qui est pour

---

tation, en leur demandant la position relative des villes de l'Algérie, position qu'ils trouveront indiquée au chapitre : *Topographie*.

(1) Une légende raconte qu'Hercule, arrivé en cet endroit, y

nous le Détroit de Gibraltar, s'étendait une île d'une grandeur considérable, une sorte de Continent, appelé *Atlantide*, la terre des Atlantes.

Un jour, à la suite d'un cataclysme affreux, l'Atlantide s'abîma tout entière sous les flots, laissant seulement à la vie quelques êtres qui allèrent porter au loin le nom de leur père, Atlas, et le récit du sort de leurs frères, les Atlantes.

Ce fut ainsi que les hautes montagnes qui, en Afrique, s'élevaient vis-à-vis de leur patrie prirent le nom d'*Atlas*, et que la mer au milieu de laquelle s'engloutirent toutes leurs richesses, fut appelée la *Mer des Atlantes* ou *Océan Atlantique*.

Là où était cette terre, on ne voit qu'une mer calme et tranquille, peuplée de grandes herbes qui la font souvent ressembler à une prairie inondée. Autour d'elle roule incessamment un large courant que les Anglais ont nommé *Gulf Stream*, le Courant du Golfe, parce qu'un instant il confond ses eaux avec celles du golfe du Mexique.

L'Océan Atlantique exerce une grande influence sur les terres qu'il baigne, influence due et à sa nature même, et à sa vaste étendue.

L'Europe et l'Afrique lui doivent toutes les eaux de leurs rivières et de leurs sources, toutes celles qu'elles boivent et qu'elles utilisent. Voici comment :

Le soleil échauffe les couches supérieures de cette grande étendue d'eau, les transforme en vapeurs

---

dressa des colonnes sur lesquelles il écrivit *nec plus ultrà*, plus rien au-delà.

Les découvertes de Christophe Colomb firent supprimer le premier mot de cette inscription, qui devint ainsi *plus ultrà*, plus au-delà, et fut désormais la devise des rois d'Espagne.

épaisses qui s'élèvent dans les hautes régions de l'air, où elles se condensent et se groupent en lourds nuages. Puis arrivent les vents de l'Occident, qui les entraînent dans une direction opposée, sur les terres situées à l'Est, c'est-à-dire sur l'Europe et sur l'Afrique. C'est là ce qui fait que les vents d'Ouest sont toujours nuageux, toujours chargés de pluie.

III

LA MÉDITERRANÉE

Les Romains ont appelé *Mare Mediterraneum*, MER MÉDITERRANÉE, c'est-à-dire mer située *au milieu des terres*, cet ensemble de bassins plus ou moins étendus qui bordent l'Europe au Midi, enveloppent même quelques-unes de ses parties les plus avancées de ce côté (1), et la séparent enfin de l'Afrique.

La Méditerranée se compose de quatre parties principales : l'*Archipel* (2), le *Bassin Oriental*, la *Mer Adriatique* (3) et le *Bassin Occidental*.

Le bassin occidental, qui est sa partie la plus

---

(1) La Grèce, l'Italie, l'Espagne.
(2) De deux mots grecs qui signifient : *vieille mer, ancienne mer*.
(3) D'une antique cité maritime, Adria, aujourd'hui détruite,

large, est environné par l'Espagne, la France, l'Italie, la Sicile et l'Afrique.

C'est lui qui s'étend entre la France et l'Algérie.

Sa superficie est de 66,000,000 d'hectares, c'est-à-dire qu'elle est égale à celle de la France, plus un quart de cette même superficie.

Le bassin occidental de la Méditerranée renferme plusieurs îles.

Au Centre, les îles BALÉARES ; à l'Est, la CORSE et la SARDAIGNE.

Les *îles Baléares*, dont les principales sont Mallorca ou Majorque (en latin *insula major*, l'île la plus grande), Minorca (*insula minor*, la plus petite), Iviça et Formentera, appelées dans l'antiquité îles Pithyuses ou îles aux Serpents ; Cabrera (l'île des Chèvres), où des centaines de prisonniers français furent livrés, sous Napoléon, par l'Angleterre, au sort le plus affreux.

Le chef-lieu des Baléares est *Palma*, et la ville la plus importante de Minorque, *Mahon* ou le *port Mahon*, où relâchent quelquefois les navires qui viennent de France en Afrique.

La Corse et la Sardaigne séparent du reste de ce grand bassin occidental un bassin secondaire bien moins étendu (18 millions d'hectares), mais très-bien défini.

Limité au Nord-Est, sur toute son étendue, par l'Italie, il a pour bornes, vers les autres points de l'horizon, les deux îles dont il vient d'être question, la côte de Tunisie (l'État de Tunis) et la Sicile.

de même que dans les temps modernes la ville de Venise lui a valu le nom de *Golfe de Venise*.

Dans sa partie Septentrionale il baigne une portion de la Toscane, l'ancienne *Tyrrhénie*, ce qui lui fit donner, à l'époque reculée où les navigateurs de ce pays en sillonnaient la surface, le nom qui lui est resté, de *Mer Tyrrhénienne*. C'est la mer de Rome et de Naples.

IV

LES CONTINENTS

L'ensemble des parties solides de la terre se divise en grandes masses que l'on nomme CONTINENTS, c'est-à-dire terres qui se *continuent*, qui embrassent de vastes espaces sans solution de continuité.

Il y a *quatre* de ces Continents qui forment deux grandes divisions, dont l'une renferme *trois* des parties de la terre : l'EUROPE, l'ASIE et l'AFRIQUE ; et la seconde *une seule*, l'AMÉRIQUE.

Le mot *Continent* s'applique aussi spécialement à ces deux larges divisions du Globe ; ainsi on appelle souvent l'Amérique NOUVEAU CONTINENT, pour le distinguer de l'*Ancien Continent*, siége des plus anciennes civilisations, des premières sociétés organisées, qui n'associèrent l'Amérique à leur existence qu'à une époque récente de leur histoire.

V

L'AFRIQUE

L'Afrique appartient donc au Vieux Continent, à la première de ces deux vastes divisions de la terre ; c'est une portion bien définie de ce Grand Tout dont le reste forme l'Europe et l'Asie, deux parties distinctes du même Continent.

Unie à l'Asie par l'Isthme de Soréïs (1), qui n'a que 113 à 115 kilomètres de largeur, elle est partout ailleurs baignée par les mers.

Au *Nord-Est*, la Mer Rouge, pareille à un large et long canal (2), la sépare de l'Arabie (3).

A l'*Est*, ses côtes sont battues par les flots de l'Océan Indien.

A l'*Ouest*, dans toute l'étendue de leur vaste développement, par ceux de l'Océan Atlantique.

Au *Nord* enfin, la Méditerranée s'étend entr'elle et l'Europe, qui, souvent fort éloignée de ses rivages, s'en rapproche tellement d'autres fois, que les deux côtes se regardent de près.

Ainsi, tandis qu'à la hauteur d'Alger il y a, de cette ville à Marseille, 760 kilomètres, plus loin à l'Est, vers Tunis, on ne compte plus, d'une terre à

---

(1) Nom d'une petite ville appelée vulgairement *Suez*.

(2) Hérodote, le père de l'Histoire, qui transmit aux Grecs les premières notions sur la Mer Rouge, en fait un fleuve.

(3) La terre d'où sont venus, d'où sont originaires les Arabes qui peuplent l'Algérie.

l'autre, que 140,000 mètres ; et, de l'autre côté, à l'Ouest, le détroit de Gibraltar, qui sépare les deux Continents, n'a plus qu'une trentaine de kilomètres.

L'Afrique, par sa masse compacte, est le *Continent*, la terre continue par excellence. A peine l'Océan a-t-il pu l'entamer sur quelques points.

Les anciens, qui n'en connaissaient guère que la moitié, avaient été frappés de ce fait, et un écrivain latin, Pline (1), auquel nous devons un tableau abrégé de la géographie de son temps, dit à ce sujet : *Aucune terre n'offre aussi peu de golfes.*

L'Afrique a de longueur 800 myriamètres, 750 dans sa plus grande largeur.

Sa superficie est de 2 milliards 400 millions d'hectares à peu près les cinq sixièmes de celle de la Lune (2).

L'Afrique, coupée par l'Équateur à égale distance de ses deux points extrêmes, le CAP DE BONNE ESPÉRANCE et le CAP BLANC de Tunis, est en outre divisée en deux grandes régions naturelles qui offrent le contraste le plus complet.

---

(1) Surnommé *le Naturaliste* à cause de ses grands ouvrages sur l'histoire naturelle. Il vivait sous les empereurs romains Tibère et Vespasien, il y a 1800 ans. L'amour de la science fut la cause de sa mort. S'étant trop approché de la base du Vésuve (volcan d'Italie, au-dessus de Naples), pendant une terrible éruption, les cendres vomies par la montagne l'étouffèrent.

(2) Planète secondaire, globe 49 fois plus petit que la Terre, dont il éclaire les nuits.

Leur limite commune est le 10ᵉ parallèle de latitude septentrionale.

Il y en a ainsi une au Nord et l'autre au Sud.

La région du Sud, traversée par des chaînes de montagnes quelquefois fort élevées, presque entièrement située d'ailleurs dans la zône des pluies intertropicales, est arrosée par de nombreuses et grandes rivières ; c'est même elle qui donne naissance au Nil, le seul fleuve considérable de la région du Nord.

Les principales divisions de l'Afrique australe sont, en montant de l'extrémité Sud vers le Nord :
Le Cap de Bonne Espérance, la Hottentotie, la Kafrerie, la Capitainerie générale de Mozambique et celle de Loanda et Benguela, le Kouango, la côte de Zandjbar, l'Abyssinie, le Soudan, la Guinée et la Sénégambie.

La région du Nord comprend le reste de l'Afrique, la portion de ce Continent que sa situation met le plus immédiatement en contact avec le reste du vieux monde, avec la civilisation.

Elle est aussi peu arrosée que l'autre l'est abondamment, et c'est même là le caractère essentiel qui la distingue de toutes les autres contrées de la terre.

Ce caractère, elle le doit surtout à cette vaste région du S'ah'ara, qui en forme la presque totalité, et où domine une stérilité qui en rend certaines parties complètement inhabitables. De là son nom arabe qui signifie une région inculte, déserte.

Le S'ah'ara s'étend de l'Ouest à l'Est à travers

toute la largeur de l'Afrique septentrionale, de l'Océan Atlantique à la Mer Rouge.

A son extrémité orientale, le NIL, s'échappant des hautes terres de l'Abyssinie, y arrose une très-longue vallée qui se termine à la Méditerranée.

Au Nord, deux bourrelets montagneux, allongés de l'Occident au Levant, s'élèvent entre lui et la Méditerranée. L'un, celui de l'Ouest, est l'ATLANTIDE; l'autre, celui de l'Est, la TRIPOLITIDE.

L'Afrique septentrionale présente ainsi quatre groupes physiques et politiques bien différents d'étendue, et très-distincts : le S'AH'ARA, la VALLÉE DU NIL, l'ATLANTIDE et la TRIPOLITIDE.

Le *S'ah'ara* offre, sous le rapport de sa population, trois grandes divisions.

La partie centrale est occupée par les *Touâregs*, peuple d'origine berbère, c'est-à-dire appartenant à la même race que les K'ebaïls de l'Algérie; et elle renferme un petit État, le *Fezzâne* (la *Phazanie* des anciens), qui relève en ce moment du gouvernement turk de Tripoli.

La partie occidentale, comprise entre les Touâregs à l'Est et l'Océan Atlantique à l'Ouest, est le séjour d'anciennes tribus arabes rejetées en dehors de l'Atlantide, lors de sa conquête, aux VIIe et VIIIe siècles.

La partie orientale, qui s'étend du pays des Touâregs aux limites des Etats de la vallée du Nil, est le pays des *Tibbou*, peuple nègre, reste des anciennes populations noires qui occupaient jadis tout le Nord de l'Afrique.

La portion de la *vallée du Nil* qui traverse le S'ah'ara oriental présente deux divisions : la *Nubie* au Sud, l'*Egypte* au Nord.

La *Tripolitide* ne forme qu'une division politique qu'embrasse tout l'Etat dont Tripoli est le chef-lieu. Cet Etat dépend de l'empire turk.

Quant à l'*Atlantide*, elle est divisée en trois parties : la *Marokie* ou empire de Marok, à l'Ouest; l'*Algérie*, au Centre; la *Tunisie* ou béilik de Tunis, à l'Est.

VI

L'ATLANTIDE OU BERBÉRIE (1)

On a appelé ATLANTIDE ce vaste ensemble de terres baigné par l'Océan Atlantique au Couchant; par la Méditerranée au Nord et à l'Orient; limité par le S'ah'ara au Sud, et, dont la partie la plus élevée à l'Ouest a reçu des anciens le nom d'*Atlas*.

On dirait une grande île resserrée entre la mer et les solitudes jaunissantes du S'ah'ara, où, çà

---

(1) Nous emploierons indifféremment ces deux expressions également exactes, également justes.

et là, parmi de vastes surfaces pierreuses, les sables ont la mobilité des flots.

L'Atlantide a été appelée aussi *Berbérie* ou *Barbarie*, terre des Berbères, de ce qu'elle est, depuis les temps antérieurs à l'histoire, la résidence d'une des grandes fractions de la famille humaine, les Berbères, ceux qu'en Algérie nous appelons *K'ebaïls*.

Le Marok est traversé dans sa partie moyenne par une chaine formée des plus hauts sommets de la région Atlantide ; l'un d'eux, le *Miltsin*, s'élève au-dessus de la ville même de Marok, à 3,465 mètres.

C'est là seulement ce que les anciens connaissaient sous le nom d'*Atlas*. Un de leurs écrivains imagina les dénominations de *Petit* et de *Grand Atlas*, mais il ne les appliqua toujours qu'à ce même ensemble de hautes cîmes.

L'Atlas ne forme une chaîne unique, compacte, suivie, que dans le Marok, où elle dût recevoir, dèslors, un nom qui en rappelait la composition indivise ; ailleurs, comme en Algérie, on ne voit que des massifs isolés, sans suite, et auxquels par conséquent on ne saurait donner un nom semblable (1).

On rattache à l'Atlantide, bien qu'ils semblent en être séparés, le *pays de Tripoli* et celui de *Barka*, que

---

(1) Il faut laisser aux rêveurs et à ceux qui ne se rendent compte de rien les termes de *Grand* et de *Petit-Atlas* employés au sujet de certaines chaînes de l'Algérie. Historiquement parlant, ils n'ont aucune raison d'être, et l'étude des lieux en démontre toute l'inexactitude. A peine pourrait-on se servir ici, ainsi que l'ont fait quelques écrivains latins, du mot très-vague d'*Atlas*.

baigne sur presque toute son étendue le vaste *golfe de la Syrte* (1).

Pour les Arabes, habitants de l'une des plus vastes contrées de l'Orient, l'Atlantide était à l'Occident. Aussi la désignèrent-ils par les mots *Ard' el Mar'reb*, la terre du Couchant, ou simplement *El Mar'reb*, le Couchant.

Ensuite, dès qu'ils la connurent entièrement, ils la divisèrent en trois parties principales :

L'AFRIKIA ou MAR'REB EL ADNA ;
Le MAR'REB EL OUOST' ;
Le MAR'REB EL AKSA.

Mar'reb el Adna, ce qui signifie le *Couchant le plus rapproché*, est une expression qu'on n'a pour ainsi dire jamais employée, et à laquelle on a toujours préféré le mot *Afrikia*, connu depuis un temps immémorial des habitants de cette partie de l'Afrique.

En effet l'*Afrikia* comprend et la partie occidentale du pays de Tripoli, et la Tunisie, c'est-à-dire l'ancienne *Province d'Afrique*, l'*Africa propria*, l'Afrique proprement dite des Romains.

Mar'reb el Ouost' ou le *Couchant du milieu*, représente l'Algérie.

Mar'reb el Aksa, veut dire le *Couchant éloigné :* c'est le Marok.

---

(1) Du grec *suréô*, j'entraîne, parce que les vaisseaux arrivés à l'entrée de ce golfe y étaient entraînés, par les courants, sur les bancs de sable.

Mais ces dénominations sont peu employées par les Arabes de nos jours.

Pour eux, la Tunisie est simplement le pays de Tunis, l'Algérie le pays d'Alger, la Marokie le pays du Sultan Abd er Rah'man (aujourd'hui régnant), et surtout le *R'arb*, le Couchant.

GÉOGRAPHIE

ÉLÉMENTAIRE

DE L'ALGÉRIE

L'ALGÉRIE

En latin : **Algeria**. — En arabe : **Mar'eb el Ouost'**, le *Couchant du Milieu*, ou **Bled mtaa' Dzaïr**, le *Pays d'Alger* (1).

DÉFINITION

L'Algérie est une vaste contrée de l'Afrique septentrionale qui embrasse toute la partie centrale de cette grande région naturelle appelée *Mar'eb* ou *Atlantide*.

Elle tire son nom d'ALGER, sa capitale, ville considérable, bâtie sur l'emplacement d'une colonie romaine, *Icosium*, fondée par vingt compagnons de ce conquérant de l'histoire antique, nommé *Heraklès* ou Hercule.

SITUATION

L'Algérie est située dans l'hémisphère arctique de la terre, c'est-à-dire au Nord de l'Équateur, et dans

---

(1) Voir la note 2 à la fin du volume.

la zone tempérée septentrionale, puisqu'elle s'étend entre le 30° et le 37° parallèle.

Le méridien de Paris la coupe en deux parties à peu près égales, ses deux longitudes extrêmes étant le 6° méridien à l'Est et le 5° à l'Ouest.

Elle s'étend à la surface de l'Atlantide, du Levant vers les régions du Couchant. Au Nord, du côté où elle regarde la France, elle a partout la mer, la Méditerranée aux eaux bleues; au Sud les plages solitaires et arides du Désert.

GRANDES DIVISIONS NATURELLES

L'Algérie n'est pas, comme la France, composée de plusieurs parties qui, bien que différant très-notablement les unes des autres, n'en ont pas moins des caractères généraux qui leur sont communs.
Elle ne présente que deux grandes divisions; mais ces deux grandes divisions offrent les contrastes les plus frappants; elles diffèrent autant par leur aspect que par la nature de leur sol, de leur climat, de leurs productions, de leurs habitants.

Ces deux divisions sont:

Le TELL, au Nord;

Le S'AH'ARA, au Midi.

Tell, dont le pluriel est *Telloun*, les Tells, est un mot arabe qui signifie *butte, monticule*, et par extension *colline, petite montagne*. Le Tell serait donc le pays montueux, accidenté.

Tell est aussi la forme arabe du mot latin *Tellus*, la terre par excellence, par lequel les Romains avaient traduit une plus ancienne dénomination indigène, qui servait à désigner cette grande contrée si différente du Désert, du S'ah'ara.

Le Tell est cette zone qui borde le rivage de la Méditerranée sur toute son étendue. Sa largeur est variable. A l'Ouest et au centre elle est de 110 à 120 kilomètres, à l'Est de 260.

Le Tell est en même temps un pays très-accidenté et le pays des grands labours, le grenier de l'Algérie.

Par le mot *S'ah'ara* les Arabes désignent ces terres plus dures, plus sèches que celles du Tell, où les eaux sont plus rares, où la culture n'est plus qu'un fait exceptionnel, où les parures de la terre semblent être tout entières à la charge de l'homme.

Partout elles sont au Sud du Tell, et partout elles sont en contact avec lui, tellement différentes d'ailleurs d'expression et d'aspect qu'on peut en suivre pas à pas les limites d'un bout du pays à l'autre.

Mais elles ne revêtent pas de suite leur vrai caractère, leur complète physionomie; sous l'influence des températures plus fraîches de la zone maritime, on les voit se couvrir d'un tapis indiscontinu de plantes qui en font d'immenses, de véritables *steppes*.

C'est au delà seulement de cette zone de transition, entre les richesses de la nature et ses plus grandes pauvretés, que l'on entre dans le vrai S'ah'ara, le pays de la stérilité, la région des oasis (1).

Au S'ah'ara chacune des divisions politiques de l'Atlantide a enlevé ce qui rentrait sous son action plus ou moins directe.

De là sont nées les expressions de *S'ah'ara Algérien*, de *S'ah'ara Marocain*, de *S'ah'ara Tunisien*, appliquées à ces parties du S'ah'ara général dont l'existence est intimement liée à celle du Tell, et qui, au contraire, n'ont plus avec le Grand S'ah'ara que des rapports plus éloignés.

LES LIEUX

Il est essentiel que l'élève, en procédant à l'énumération de tous les lieux que nous allons citer, ait sans cesse la carte sous les yeux. Le nom de chacune de ces localités est signalé à sa mémoire par un fait plus ou moins remarquable.

ALGER, la capitale de l'Algérie, est située au centre même de la côte. Elle s'élève en amphithéâtre sur de versant oriental d'un petit ensemble de collines et les vallées qu'on appelle le *Massif*, et qu'enveloppe presqu'entièrement la vaste plaine de la *Mtîdja*, au delà de laquelle se dresse un rideau continu de montagnes.

(1) *Oasis* vient, en grec, du mot *El Ouah*, par lequel les anciens Egyptiens nommaient ces petites vallées habitées, placées comme des îles au milieu des déserts arides qui enveloppent les champs fertiles de la vallée du Nil.

De la position centrale d'Alger, il résulte que la côte est divisée en deux parties qui doivent leur dénomination à leur situation respective par égard à cette ville.

On a ainsi :

La côte de l'Est,
La côte de l'Ouest.

Voici les principaux lieux que l'on rencontre en partant d'Alger, et en les parcourant l'une et l'autre.

Sur la *côte de l'Est* :

Dellîs, petite ville qui a remplacé l'une des principales colonies romaines, *Rusuccurus*, laquelle devait son nom (le *Cap des Poissons* en phénikéén) au cap élevé sur le flanc duquel elle était placée, et à l'abondance des poissons dans les eaux qui le baignent.

Bougie, l'ancienne *Saldæ*, qui a donné son nom à ces chandelles que l'on fabriqua pour la première fois avec de la cire achetée dans ce port.

Djidjeli, l'ancienne *Igilgilis*, la première ville que les Turcs aient possédée en Algérie.

Philippeville, création française assise sur l'emplacement de la *Russicada* des Romains, et dont le port est au petit village de Stora (*le store, le rideau*), à quelque distance vers l'Ouest.

Bône, dont le nom est une altération de celui de l'ancienne *Hippone*, patrie de saint Augustin, placée près de là, de l'autre côté de la Boudjima', qui les sépare.

La Cale, établissement peu éloigné de la frontière de Tunis, et, depuis une époque reculée, le centre de la pêche du corail.

Sur la *côte de l'Ouest :*

Cherchêl, petite ville qui couvre à peine un dixième de la grande capitale des anciens rois de Mauritanie, *Julia Cæsarea*, devenue depuis la tête de la Mauritanie Césarienne.

Tenès, ancien comptoir carthaginois, colonie romaine, encore aujourd'hui composée de deux villes, comme elle l'était dans l'antiquité, alors que son nom prenait la forme du pluriel *Cartennæ*, les Cartennes. *Car* est un mot berbère qui signifie *Cap*, et qui est dû ici au gros promontoire dont la masse domine la baie du côté de l'Est. Ce cap est l'ancien *Promontoire d'Apollon*.

Mostaganem, ville de fondation berbère, placée au bord d'un plateau, près de la mer.

A une petite distance, au midi, est le village de Mazagran, célèbre par la défense qu'y firent, en février 1840, 123 soldats français commandés par le capitaine Lelièvre, contre des milliers d'Arabes.

Arzeu, dont le port est si bon, que les anciens l'avaient surnommé le Port Divin, *Portus Divinus*.

Oran, le chef-lieu de la province d'Oran, et dont la position est la plus pittoresque de toute la côte. Elle s'élève partie sur un plateau, partie en amphithéâtre sur les deux flancs d'un ravin auquel elle doit son nom arabe *Ouahran*, la coupure.

Nemours, appelé aussi Djama' R'azaoua't (Réunion des faiseurs de *R'azias* ou des pirates), petite ville qui est, du côté du Marok, ce que La Cale est vers la Tunisie, notre établissement le plus avancé sur le rivage maritime de l'Ouest.

A peu près aux deux tiers de la route d'Oran à Nemours, s'élève, près de la côte, une petite île au devant de laquelle est une baie aux rivages escarpés que les Arabes ont appelée *H'archgoun*, la baie rocheuse, mot dont les Français ont fait Rachgoun. Ce lieu figure dans l'histoire récente du pays.

Chaque point de la côte algérienne a son correspondant à l'intérieur, à une distance plus ou moins considérable, mais qui ne dépasse pas 80 à 90 kilomètres.

C'est un fait général résultant de la facilité que présentent encore les grandes communications par mer comparées aux communications par terre, et aussi de la disposition donnée par la nature aux terres qui bordent la côte, terres presque toujours montagneuses, à ressources bornées, tandis que les centres de grande production agricole sont tous placés en arrière.

D'après cela, et en reprenant l'énumération dans le même sens où nous l'avons faite tout-à-l'heure, on trouve que,

Sur la *côte de l'Est :*

Dellis répond à Aumale, chef-lieu d'une subdivision, petite ville bâtie sur le sîte d'*Auzia*, l'une des plus fortes positions militaires du Tell.

Bougie ou *Djidjeli* à Set'îf, l'ancienne *Sitifis*, chef-lieu d'une province romaine appelée *Mauritanie Sitifienne*.

Philippeville à Constantine, depuis longtemps la

tête des contrées orientales de l'Algérie ; ville importante qui, relevée par l'empereur Constantin, échangea son nom antique de *Cirta* contre celui de son nouveau fondateur.

Bône à GUELMA, jolie ville près de la Sebous, et qui répond à *Calama*, cité ancienne, dont la citadelle est restée à peu près intacte.

La Cale à SOUK HARRAS dont elle est à 85 kilomètres, ville bâtie sur l'emplacement de l'ancienne *Tagaste*.

Sur la *côte de l'Ouest :*

Cherchêl répond à MILIANA, la *Malliana* des Romains, ville assise sur le flanc nord du Zakkar, au-dessus d'une vaste plaine arrosée par le Chelef.

Tenès à ORLÉANSVILLE, appelée par les Arabes *Es' S'nam*, les idoles, de statues découvertes dans les ruines du *Castellum Tingitii*, dont elle occupe le site. Elle est assise sur la rive gauche du Chelef.

Mostagânem ou *Arzeu* à MASKARA, le *Camp*, en arabe ; ville qui n'a pris d'importance que sous les Turks.

Oran à SIDI BEL ABBÈS, ville fondée par nous en 1849, et à laquelle sa situation promet une importance qui s'accroît tous les jours.

Rachgoun à TLEMSÈN, dont elle a été le port pendant plusieurs siècles. Tlemsên fut, durant 300 ans, la capitale d'un état qui embrassait toute la moitié orientale de l'Algérie.

Nemours à LALLA MAR'NÎA, belle redoute qui couvre la frontière marocaine dans sa partie la plus accessible.

Enfin, on trouve qu'Alger a pour points correspondants :

Boufarîk, ville destinée à devenir l'entrepôt agricole des parties centrales de la *Mtidja*.

Blida, ce qui signifie en arabe *la petite ville*, assise sur les dernières pentes des montagnes, au-dessus d'un riche territoire.

Medîa (Medéa), sur les plateaux qui la dominent, et l'une des clés du Sud.

La limite du Tell et du S'ah'ara est jalonnée, sur tout son développement, d'une suite de redoutes et de points fortifiés qui servent à dominer en même temps ces deux régions.

C'est, en marchant de l'Ouest vers l'Est :

Sebdou, *la lisière*, à 35 kilomètres au sud de Tlemsên, dans une des plus belles vallées du massif Tlemsénien, aux sources de la Tafna.

Daïa, *la mare*, à 71 kilomètres au sud de Sidi Bel Abbès, au milieu de beaux bois de chênes et de pins, et que les Arabes appellent *Sidi bel Khreradje*, d'un marabout situé sous ses murs.

Sa'ïda, *l'heureuse*, dans une jolie position, au milieu d'une région boisée et à 70 kilomètres Sud de Maskara.

Tiharet, *la station*, en berbère, sur un petit affluent de la haute Mîna, à 124 kilomètres de Maskara, droit à l'Est, et près de laquelle se trouve *Tagdemt*, qui fut un instant, en 1845, la capitale d'Abd el Kader.

Teniet el H'ad, le *col du Marché du Dimanche*, à 135 kilomètres au sud de Miliana.

Bor'ar, *la grotte*, sur une montagne conique, à l'entrée Sud de la longue coupure par laquelle le Chelef descend des steppes dans la grande vallée qui le conduit à la mer, et à 60 kilom. Sud de Media.

Au delà de Bor'ar, la ligne de défense du Tell passe par une localité que nous connaissons déjà.

Aumale, qui commande le grand passage par lequel les parties orientale et occidentale de l'Algérie communiquent le plus facilement entre elles.

Et, à 110 kilomètres à l'Est de cette ville, elle atteint le Bordj bou A'rîrîdj, situé dans la grande plaine de la Medjana.

Du Bordj bou A'rîrîdj à la frontière de la Tunisie, on ne trouve qu'une seule position :

Bat'na, ville de création française, peu éloignée d'une des plus grandes cités de la domination romaine, *Lambèse*.

La frontière de Tunis elle-même est protégée par :

Souk Harras, mot à mot, le *Marché du Bruit*, ville qui commande le cours de la haute Medjerda.

Tebessa, la localité la plus romaine de toute l'Algérie. Renfermée dans l'enceinte de la citadelle de l'ancienne *Theveste*, elle a de plus gardé des restes considérables de la plupart des édifices de cette ville importante.

Mais, comme le Bordj bou A'rîrîdj, Bât'na et Tebessa s'éloignent de plus en plus de la limite du Désert, et qu'elles sont en plein Tell, on a jeté en avant deux autres postes qui couvrent cette dernière région beaucoup plus directement.

Le premier est le k's'ar Bou Sa'da (le k's'ar Fortuné) ou simplement Bou Sa'da, dans ce vaste bassin appelé H'od'na, près du bord occidental de la grande sebkhra, qui en couvre le fond.

Le second est Biskra, capitale d'un pays, le Zâb (1), célèbre dans l'histoire de la conquête arabe, et qui a retrouvé, depuis sa prise par les Français, une partie de l'importance qu'elle avait jadis.

A l'exception de Biskra et de Bou Sa'da, toutes les localités que nous venons d'énumérer appartiennent au Tell.

Voici maintenant les lieux les plus remarquables du S'ah'ara :

Dans cette région, tout groupe d'habitation, quelle que soit son importance, se nomme *Dechra* ou *K's'ar*.

Dechra, dont le pluriel est *Dechour*, veut dire *village;* c'est le mot qu'emploie de préférence tout le S'ah'ara oriental.

Au centre et à l'Ouest, on ne se sert que du mot *K's'ar* (écrit aussi *K's'eur*), dont le pluriel est *K's'our*.

On a traduit le mot K's'ar par *château ;* cette traduction ne donne qu'une idée fausse du K's'ar.

Le K's'ar est une petite ville ou un village dont les constructions diffèrent peu des constructions arabes, mais qui est toujours protégé par un mur ou par la façade postérieure de ses dernières mai-

---

(1) Comme il y a un Zâb septentrional, un Zâb oriental et un Zâb occidental, c'est-à-dire plusieurs Zâb, on a donné à ce mot un pluriel qui est *Zibân*.

sons. Presque toujours aussi il est au milieu ou sur la lisère de vastes plantations de palmiers à dattes, qui en sont la principale richesse.

L'*Oasis*, quelquefois petite et limitée, ne renferme qu'un k's'ar. C'est ce que l'on voit surtout dans l'Ouest. Mais ailleurs elle s'étend et embrasse généralement un nombre plus ou moins grand de k's'ours.

Biskra et les villages du Zâb, qui possèdent un nombre considérable de palmiers et d'arbres fruitiers, sont les oasis les plus voisines du Tell, dont elles sont d'ailleurs peu éloignées.

A 90 kilomètres au S.-S.-E. de Biskra, on rencontre les premières habitations de l'OUED RIR', l'une des plus vastes oasis du S'ah'ara.

Son chef-lieu est TOUGOURT, ville assez importante, et, antérieurement à son occupation en décembre 1854, la résidence d'un chef suzerain de la France, appartenant à la famille Ben Djellab, dans laquelle le pouvoir était héréditaire depuis plusieurs siècles.

A 15 kilomètres au sud se trouve TEMASÎN, autre ville qui envie à Tougourt son influence politique et commerciale, ce qui les mettait jadis presque continuellement en état d'hostilité.

Cent cinquante kilomètres plus loin s'élève: OUARGLA, ville aussi célèbre que Tougourt par l'ancienneté de ses relations commerciales avec l'Afrique Centrale et par son influence sur les contrées voisines.

Un peu au Nord se trouve : Ngousa, ville moins importante, et qui est la rivale d'Ouargla, comme Temasin est celle de Tougourt.

Ouargla et Ngousa sont regardées par les uns comme comprises dans l'Ouêd Rir', par d'autres comme placées en dehors de ses limites.

Bien plus loin encore dans le Désert, sur un plateau conique, on aperçoit le k's'ar de Gueléa, où une partie de la tribu de Chaa'mba dépose ses objets les plus précieux.

En remontant droit au Nord, et dépassant la hauteur à laquelle se trouve Ouargla, de manière à se placer à l'Ouest-Nord-Ouest de cette ville, on arrive à l'oasis des Beni Mzab, une des populations les plus actives du désert. Ses habitants, sous le nom de *Mzâbites*, sont répandus dans toutes les villes du Tell, où ils exercent généralement les métiers de baigneurs, fruitiers, bouchers, charbonniers, etc.

Si nous nous rapprochons encore plus du Tell, en appuyant obliquement un peu à gauche, nous atteindrons l'Oasis des K's'ours, aussi importante que celle des Beni Mzâb.

Lar'ouat, son chef-lieu, est appelée par les tribus du Désert l'*Alger du Sud,* la *tête du S'ah'ara.* Elle est occupée par une garnison française depuis le 4 décembre 1852.

Lar'ouât est le centre d'une longue ligne de k's'ours qui, imitant le mouvement général des rivages de la mer, coupe obliquement la partie moyenne de l'Algérie, depuis la frontière du Marok jusqu'à Biskra.

Les premiers sont les k's'ours des H'améïan de l'Ouest, qui dépendent de Tlemsèn; puis viennent ceux des H'améïan de l'Est et des Ouled Sidi Chîkhr, la puissante tribu de marabouts; ceux des Lar'ouât K'sal et des H'arar, ceux du Djebel A'mour et des oasis de Lar'ouât, au-delà desquels se trouvent épars les k's'ours de la grande tribu des Ouled Na'ïl, voisins des villes et villages du Zîbân, extrémité de cette longue zône.

Parmi les k's'ours des Haméïan de l'Ouest se trouve celui de *S'fis'îfa*, où l'on doit installer un poste qui sera très-utile pour peser sur les populations environnantes et protéger l'angle Sud-Ouest de l'Algérie.

C'est au voisinage des Lar'ouât K'sâl, sur le territoire des H'arar, que l'on a fondé, en 1853, la redoute de *Géryville*, ainsi nommée en l'honneur du général Géry, le chef de la première colonne qui ait pénétré dans cette région.

Chacun des points principaux de la ligne des k's'ours se lie à l'un des points correspondants de la frontière du Tell :

Les k's'ours des H'améïan de l'Ouest, à Sebdou et Daïa ;

Les k's'ours des H'améïan de l'Est, des Ouled Sidi Chîkhr et des Lar'ouât K'sâl, à Saïda ;

Les k's'ours du Djebel A'mour, à Tiharet ;

Les k's'ours de Lar'ouât et des Ouled Na'ïl de l'Ouest, à Bor'ar;

Les k's'ours des Ouled Na'ïl de l'Est, à Bou Sa'da et au Bordj Bou A'rirîdj.

Les k's'ours des Zîbân, à Bât'na.

Ainsi s'achève pour nous la reconnaissance des points les plus remarquables que présente la surface de l'Algérie.

LES CHOT'T'S ET LES SEBKHRAS

Mais ces différents noms ne sont pas suffisants pour nous permettre d'étudier complètement la géographie de l'Algérie.

A ce vocabulaire il faut en ajouter un autre.

Les eaux des pluies se précipitent au pied des pentes sur lesquelles elles tombent, et cherchent toujours les lieux les plus bas.

Obéissant aux formes et aux mouvements du sol, elles tracent à la surface de la terre de longues lignes qu'il est fort utile de connaître, car elles indiquent presque toujours la position des populations les plus nombreuses et les plus importantes.

Ces lignes de fond où se rendent les eaux courantes sont appelées *fleuves* lorsque leur étendue est considérable (1), *rivières* ou *ruisseaux* quand elles sont moins longues.

Les Arabes les nomment indifféremment OuÊd, et ce mot s'applique également aux vallées et aux vallons qu'elles arrosent.

(1) C'est une puérilité que de réserver ce nom aux seuls cours d'eau qui se rendent dans l'Océan. Pourquoi? En vertu de cette belle théorie, on a été jusqu'à refuser le titre de fleuve à la plus grande rivière de l'Europe, le *Volga;* au volumineux Djihoun, si célèbre sous le nom d'*Oxus*, et à l'*Etymander* (Helmend) qu'illustrèrent les campagnes d'Alexandre.

Quelquefois les eaux forment des nappes permanentes plus ou moins vastes, appelées *lacs*, ou bien elles se réunissent dans des bassins d'une nature particulière, appelés ici CHOT'T's et SEBKHRAS.

Il n'y a que fort peu de lacs en Algérie. Les plus remarquables sont le lac Fezâra, voisin de Bône et qui a 14,000 hectares de superficie ; le lac Haloula, au Sud-Ouest d'Alger, et à 18 kilomètres de Koléah, et les lacs des environs de La Cale.

Mais il y a beaucoup de Chot't's et de Sebkhras; ils forment le trait le plus caractéristique de la géographie physique de l'Algérie et du reste de l'Atlantide.

Par *Chot't'* on désigne en arabe la plage maritime, le bord d'une rivière ou d'un fleuve, ces terres que les eaux, dans leurs capricieux mouvements, couvrent et découvrent successivement.

C'est l'aspect que présentent les chot't's sur lesquels s'épanchent les pluies d'hiver, et qui restent à sec tout l'été, en n'offrant çà et là que quelques marécages.

Les Chot't's les plus vastes sont ceux du S'ah'ara de la province d'Oran, immenses bassins beaucoup plus longs que larges, et qui occupent une surface d'au moins 225,000 hectares. Ils offrent cette particularité d'avoir leurs bords souvent presque perpendiculaires, comme s'ils avaient été creusés de main d'homme dans la masse du plateau qu'ils occupent, ou bien comme si leur fond s'était subitement abaissé d'une vingtaine de mètres.

Il y a deux chot't's dans la province d'Alger, ce sont ceux du ZAR'EZ, encaissés au milieu des petites montagnes des Ouled Na'ïl.

A l'Est du Zar'ez oriental, près de Bou Sa'da, s'étend le grand Chot't', dit de Saïda, qui couvre tout le fond du bassin de la H'od'na.

Les *Sebkhras* diffèrent peu des Chot't's. Elles sont moins encaissées; leurs rives sont plus plates; leur surface plus sèche, moins souvent cachée par les eaux, est aussi marécageuse çà et là, mais cependant généralement plus ferme; les chaleurs les couvrent en été d'une légère couche de cristaux de sel.

La Sebkhra la plus vaste, et elle est considérable d'étendue, est celle de Melr'ir', qui commence au Sud-Est du Zàb, et s'allonge de l'Ouest vers l'Est, à travers la Tunisie, jusqu'au voisinage du golfe de Gabès, avec lequel elle communique par la petite rivière d'Oudrif. Sa longueur dépasse 300 kilomètres, mais elle est, dans son étroite largeur, de dimensions très-variables.

Ouargla est dans une sebkhra; Ngousa, voisine d'une autre; Tougourt, Temasin, tous les k's'ours et villages qui en dépendent, placés près des bords de ces fonds plats où se rendent les pluies d'hiver.

On peut dire que les parties basses de l'Ouâd Rir' ne forment qu'une longue suite de sebkhras, qui vont, comme les anneaux d'une chaîne, se rattacher à la sebkhra de Melr'ir'.

Bien que le plus grand nombre des sebkhras et les plus étendues soient dans le S'ah'ara, il y en a aussi dans le Tell.

La plus remarquable est celle d'Oran, vaste bassin au fond jaune légèrement rougeâtre, dont la superficie dépasse 30,000 hectares.

LES RIVIÈRES ET LES FLEUVES.

Divisés en tribus nombreuses, fractionnées de mille manières, vivant la plupart du temps dans l'isolement complet de tout ce qui les entourait, Arabes et K'ebaïls ont fini par perdre le sens, par méconnaître l'utilité des idées générales et de ces expressions qui placent sous un même nom tous les grands faits de la nature.

Aussi parmi eux, rarement de noms généraux pour les chaînes de montagnes et les rivières, mais mille dénominations de détail qui s'adressent à chaque sommet, à chaque piton, à toute partie d'un cours d'eau remarquable par son volume, par son aspect, par un fait dont elle aura été le théâtre, par le voisinage de quelque marabout, d'un marché ou d'une source chaude, par la salure de ses eaux, par la céréale la plus abondante de son bassin, par l'ombrage des peupliers blancs ou des frênes, par les services qu'elle rend à une industrie quelconque, etc.

De là ces noms si variés que prend souvent la même rivière.

Ouèd Sidi Mous'a, la rivière de Sidi Mous'a.

Ouèd Mok't'a', la rivière du Gué.

Ouèd el Abiad', la rivière Blanche.

Ouèd el T'rad, la rivière du Combat.

Ouèd el H'ammam, la rivière des Bains Chauds.

Ouèd el Djenan, la rivière des Jardins.

Ouèd el Chaïr, la rivière de l'Orge.

Ouèd Maleh', la rivière Salée,

Ouèd S'afs'af, la rivière des Peupliers Blancs.

Ouèd Deurdeur, la rivière des Frênes.

Ouèd Tleta, la rivière du Marché du Mardi.

Ouèd Khremis, la rivière du Marché du Jeudi.

Ouèd ed Debar', la rivière des Tanneurs.

Ouèd Reh'an, la rivière des Moulins.

Ouèd el K'ebîr, la Grande Rivière.

Mais comme cette diversité de noms appliquée à un même courant est aussi incommode pour l'usage que fatigante pour la mémoire, nous imiterons le bon sens des masses qui, d'un commun accord, réforment incessamment cette nomenclature sans bornes, et appliquent au courant principal celui de ses noms le plus généralement connu.

Les rivières du Tell jettent leurs eaux dans la Méditerranée.

Les rivières du S'ah'ara dans les chot't's et les sebkhras.

Le peu de largeur du Tell n'a pas permis aux rivières d'y prendre un grand développement, et elles n'auraient en général qu'une faible longueur, si elles ne coulaient souvent les unes parallèlement à la côte, les autres obliquement.

Les plus importantes sont :

Le Chelef ;

L'Isseur de l'Est.

L'Ouêd (1) Sah'el ou *Rivière de Bougie;*

L'H'abra;

La Sebous ou *Rivière de Bône;*

La Tafna;

L'Ouêd el Kebîr ou *Rivière de Constantine;*

L'Ouêd Radjeta;

L'Ouêd Sebao;

L'Ouêd Mafrag;

L'Ouêd S'afs'af;

L'Ouêd Chîffa;

L'Ouêd Medjerda;

L'Ouêd H'arrach;

L'Ouêd Maleh' (Rio Salado);

L'Ouêd Allêla.

Le Chelef naît sur la limite même du Tell et du S'ah'ara, aux environs de Tîharet, d'un groupe de sources appelé S'ba'ïn A'ïn ou les *soixante-dix sources*. Au-dessous de ce point, on lui donne pendant quelque temps le nom de Nahr Ouas'el, le *fleuve qui commence*. A Bor'ar, il pénètre dans une profonde crevasse des montagnes méridionales du Tell pour entrer dans la grande vallée qui le conduit à la mer, près de Mostaganem.

Les affluents les plus forts du Chelef sont ceux qu'il reçoit dans la partie inférieure de son cours, à gauche:

(1) En arabe, on dit indistinctement *Ouâd* et *Ouéd.*

La Mina;

L'Ouèd Rihou;

L'Ouèd Isli;

L'Ouèd Fod'd'a ou la *Rivière de l'Argent.*

La *Mina*, dont le nom était déjà employé à l'époque romaine, vient des Kêfs situés au Sud de Tiharet; les trois autres descendent de l'*Ouancherîch.*

Un peu au dessus de Bor'ar, le Chelef est grossi en hiver par l'Ouèd T'ouil, la *rivière longue*, qui, sous le nom d'Ouèd Sebgag, descend du *Djebel A'mour* et traverse les hauts plateaux dans toute leur largeur.

Quelques écrivains et quelques indigènes voient dans les sources de l'Ouêd Sebgâg l'origine du Chelef, mais les avis sont partagés à cet égard. Dans tous les cas elles représentent bien positivement la tête de son bassin, celle de ses eaux les plus éloignées.

L'Isseur de l'Est, ainsi désigné pour le distinguer d'un affluent de la Tafna, qui porte le même nom. Il est formé par la réunion de l'Ouêd el Meleh' et de l'Ouêd Zar'aouàt, dont les eaux viennent du Kêf l'Akhrdar et du Djebel Dîra. De leur confluent à la mer, le cours de l'Isseur a un développement de 124 kilomètres; mais, si on le prend à partir de ses plus hautes eaux, dans le Kêf l'Akhrdar, il en a un de 206.

L'Ouèd Sah'el a sa source dans le *Djebel Dîra*, à Aumale, se dirige un instant au Nord, tourne à l'Est et ne cesse plus dès-lors de longer la base du massif du *Djerdjera* jusqu'à l'endroit où il arrive au golfe de Bougie, à peu de distance de cette ville.

Son principal affluent est l'Ouèd Bou Sellam, la *rivière de l'Échelle*, dont la source est voisine de Set'if, et qui se réunit au fleuve en un lieu remarquable, aux ruines d'*Akbou*, forme berbère du mot arabe *Mkeb*, le confluent.

L'H'abra, qui prend sa source, comme la Mîna, au bord des hauts plateaux, près de *Daïa*, reçoit différents noms dont le plus connu est celui d'Ouèd el H'ammam, la *rivière des bains chauds*, à la hauteur de Maskara (1). Elle est grossie, vers le milieu de son cours, par de nombreuses eaux, mais le plus remarquable de ses affluents est le *Sîg*, qui a un développement à peu près égal au sien.

Le canal naturel par lequel les eaux des marais de l'H'abra et du Sig arrivent à la mer, a reçu des Arabes la dénomination d'*Ouêd el Mok't'a'* (la rivière du Gué), d'un passage très fréquenté avant la construction du pont qui le traverse aujourd'hui. C'est ce lieu qui est si connu sous le nom altéré de *rivière de la Macta*, et que nous appelons plus ordinairement *la Macta*.

Le *Sîg* est, sous le nom de *Mekerrah*, la rivière de Bel Abbès. Elle arrive aussi du bord du Désert et présente ce phénomène important de voir rarement diminuer le fort volume de ses eaux rapides.

La Sebous résulte, comme l'Ouêd el Kebîr, de la jonction de deux petites rivières des hauts plateaux

---

(1) Elle doit ce nom aux sources thermales de *Sidi Ben-en Nefia*.

du pays des *H'arakta*. Elle prend d'abord le nom d'*Ouéd Cherf*, passe devant Guelma, traverse les montagnes qui limitent au Sud la plaine de Bône, et a son embouchure sous les murs de cette ville; son principal affluent est l'*Ouéd Zenâti*.

La Tafna a sa source, appelée A'ïn H'abalet, la *source des Cordes*, près de Sebdou, dans une grotte fort curieuse. Elle roule ses premières eaux sur un lit que les incrustations calcaires ont fait tout blanc, et avec un tel bruit qu'elle en a reçu le nom de Ouèd el Khrouf, la *rivière de la Peur*. Après avoir traversé péniblement les montagnes de Tlemsên, elle arrose les grandes plaines situées au Nord; puis elle se voit obligée, pour arriver à la mer, de percer le massif qui, comme une barrière, lui en défend longtemps l'approche. Son embouchure est dans la baie de *Rachgoun*.

La Tafna a un cours de 135 kilomètres. Son principal affluent est l'*Isseur* de l'Ouest, qui a 80 kilomètres de développement.

L'Ouèd el Kebîr, formée, à Constantine même, de la réunion de l'*Ouéd Zaouch* (la rivière des Moineaux) et de l'*Ouéd Bou Merzoug* (la rivière de l'Abondance), y prend le nom d'Ouéd Roumel (la rivière du Sable) qu'elle conserve jusqu'à ce que, grossie par les eaux de l'Ouêd Endja, elle soit devenue assez forte pour recevoir la dénomination qu'elle porte dans sa partie inférieure : la *Grande Rivière*.

L'Ouèd Radjeta, qui descend du Djebel T'aïa, passe à Jemmapes, où elle est connue sous le nom d'*Ouêd Fendek*, et se jette dans le golfe de Stora, après être devenu aussi l'*Ouêd el Kebîr*.

L'OUÊD SEBAÔ, la rivière la plus importante de la Grande K'ebaïlie, le réceptable de toutes ses eaux intérieures. On la nomme successivement *Ouêd Bou Bch'îr* dans sa partie supérieure, *Ouêd Amraoua* et *Ouêd Sebaô* dans sa partie moyenne, *Ouêd Nessa* et *Ouêd Bou Beurrâg* au-dessus de son embouchure; le plus connu est aujourd'hui celui d'*Ouêd Sebaô*.

Sortie des ruines de Tok'bal, chez les Beni H'idjeur, au pied du col d'Ak'fâdou (le *col du Vent*, en berbère), grossie par les mille ruisseaux que lui envoient les plus hautes cîmes du Djerdjera, l'Ouêd Sebaô parcourt cette large vallée qui coupe la K'ebaïlie en deux, et au milieu de laquelle se dresse comme une digue puissante le Djebel Belloua, que la rivière traverse de part en part dans des gorges profondes. C'est là qu'est Tizi Ouzzou.

L'OUÊD MAFRAG (la *rivière limite*) est le nom que prend à son embouchure l'*Ouêd el Kebîr* du cercle de La Cale qui vient du Djebel Dîr (1) sur la frontière de Tunis. Elle reçoit les eaux de l'Ouêd Bou Namousa, la rivière des moustiques.

L'OUÊD S'AFS'AF, qui tombe à la mer de l'autre côté de la colline sur laquelle Philippeville s'appuie, à l'Est. La route de Constantine la coupe près de sa tête, entre Smendou (Condé) et le K'antours. C'est la rivière d'El H'arrouch.

(1) Voir la note 3 à la fin de ce volume.

L'Ouèd Chiffa et l'H'arrach sont les deux cours d'eau les plus considérables de la Mtîdja.

La *Chiffa* a ses sources et son cours supérieur dans ce pays montagneux et tourmenté qui sépare Blîda de Media. Au-dessus de l'endroit où elle en sort, sa vallée étroite et profonde est célèbre par ses beautés naturelles, sous le nom de *Gorges de la Chiffa*. Arrivée au bout de la plaine, la Chiffa reçoit deux autres rivières, l'*Ouèd Djer* et l'*Ouèd Bou Roumi* (la rivière du Chrétien), et prend la dénomination de *Mâza'fran* (l'eau de Safran, l'eau jaune-rouge), qu'elle doit à la couleur de ses eaux enflées par les pluies d'hiver. Elle longe un instant la base du Sah'el, en passant au pied de K'oléa, et finit par couper le massif pour arriver à la mer.

L'*H'arrach* est formé au sein des montagnes situés à l'Est de Blîda par la réunion de l'Ouèd Mok't'a', la *rivière du Gué*, et de l'Ouèd el Ak'ra. Elle coule comme la Chiffa du Sud au Nord, divise en deux la partie centrale de la plaine et verse ses eaux dans la baie d'Alger, à 9 kilomètres de cette ville, après avoir passé sous le pont turk de la Maison Carrée. L'Ouèd el H'arrach ayant pour cours supérieur l'Ouèd el Ak'ra, a une étendue de 65 kilomètres.

La Medjerda n'a en Algérie que son cours supérieur ; le reste appartient à la Tunisie. Il est si peu contrarié qu'il se réduit, pour ainsi dire, à une ligne droite. La Medjerda a pour origine de belles sources placées sous les grandes ruines de *Khremisa*, l'ancienne *Vataris*.

L'Ouèd Maleh', l'*Ouèd salé*, est ce courant que

nous appelons ordinairement avec les Espagnols *Rio Salado*, et que les Romains nommaient déjà *Flumen Salsum*. Elle vient du massif de Tessèla, et se jette dans la Méditerranée, au-dessous du pont sur lequel on la passe, en se rendant d'Oran à Tlemsèn par A'ïn Temouchent.

L'Ouèd Allêla est la petite rivière qui coule au pied du plateau de Tenès, après être sortie avec peine d'un défilé aux flancs escarpés et sinueux, par laquelle on arrive de la ville aux vallées situées en arrière.

La surface du S'ah'ara est sillonnée de lits et de ravins presque toujours très-larges, et quelquefois profonds, souvent d'une longueur considérable; mais, à un petit nombre d'exceptions près, on n'y trouve pas de rivières.

Il est vrai que presque partout le sable et les pierres qui remplissent les ravins et les lits desséchés, cachent des eaux souterraines placées à une petite profondeur.

Les S'ah'ariens, frappés de ce phénomène et ne pouvant se l'expliquer, en ont cherché la raison dans une cause surnaturelle.

Ils prétendent que jadis le Désert était habité par des Chrétiens; que ces Chrétiens, forcés de quitter leur pays, cachèrent les eaux dans les profondeurs de la terre au moyen de certaines *opérations magiques* et que leurs descendants auront seuls le pouvoir de les faire reparaître (1).

Ils citent alors l'*Ouêd Rir'*, l'*Ouêd Souf*, l'*Ouêd*

---

(1) L'opération *magique* au moyen de laquelle nous ferons reparaître les eaux dans le S'ah'ara sera celle du forage artésien.—Voyez la note 4 à la fin de ce volume.

It'el, l'*Ouêd Ousen*, bas-fonds décorés depuis un temps immémorial du titre d'*Ouèd*, rivière, et où il n'y a cependant d'autre eau que celle des puits.

Les quatre Ouèds s'ah'ariens les plus remarquables sont :

L'Ouêd el Djédi.   L'Ouêd Nsa.
L'Ouêd Mîa.   L'Ouêd Mzab.

L'Ouêd el Djédi ou la *Rivière du Chevreau*, descend, sous le nom d'Ouèd Mzî, du Djebel A'mour, au-dessus de Lar'ouât. Il aboutit, après avoir passé à une quinzaine de kilomètres en avant de Bîskra, dans la grande sebkhra de Melr'ir'.

Le nom arabe de cet ouèd est une altération de la dénomination que lui avaient imposée les Berbères: Ir'zeur en Idjîdi, la *Rivière du Sable*; elle offre en effet cela de caractéristique, de couler presque toujours sur un lit de sable fin qui couvre le fond d'une large vallée aux flancs pierreux.

A peu de distance au Sud de Lar'ouât s'élève un long plateau parallèle au cours de l'Ouèd Djedi, appelé Râs el Feïâd', la *tête des bas fonds*, origine de ce vaste plan incliné qui va bien loin de là, au Midi, se perdre dans les plaines basses du Désert.

Parmi les longues et sinueuses crevasses qui en découpent la surface pour en ramasser les eaux, on remarque celles que parcourent au temps des pluies l'Ouèd en Nsa et l'Ouèd Mzab.

L'*Ouéd en Nsa* (la rivière des femmes) a sa tête au Râs el Feïâd', coupe en deux le territoire du Mzâb, et va finir dans la Sebkhra de Ngousa. Ses principaux affluents sont l'Ouêd Zegrîr qui coule près d'El Guerara et l'Ouêd Bîr qui vient de Berrïân.

L'Ouêd Mzâb sort du Djebel Mahîguen, crête plate qui forme au Sud-Ouest comme le prolongement austral du Râs el Feïâd'. Après avoir tournoyé à travers le groupe central des villes du Mzâb, elle reçoit les eaux de Metslîlî et aboutit enfin à la sebkhra de Ngousa.

Quant à l'Ouêd Mîa ou la *Rivière des Cent affluents*, gouttière de la longue pente rocheuse et aride qui a pour sommet les mornes du *Djebel Baten*, elle doit son nom aux mille ravines par lesquelles y arrivent les eaux des pluies. Son cours se termine à la Sebkhra de Ouargla, où elle n'amène que très-rarement un peu d'eau, circonstance fort heureuse, car il existe une vieille prédiction d'après laquelle cette ville sera détruite par une de ses inondations.

Les rivières de l'Algérie, dans l'ordre où nous venons de les décrire, sont disposées suivant l'importance du développement, de l'étendue du parcours de leurs eaux.

Cette importance relative devient plus saisissante lorsqu'on étudie le tableau ci-dessous où leurs noms sont suivis du chiffre qui exprime en kilomètres la longueur totale de leurs cours.

Rivières du Tell.

L'Ouêd Chelef...................... 550
Et ses affluents, l'Ouêd Mina............. 170
     l'Ouêd Rihou............. 120

l'Ouêd Islî	100
l'Ouêd Fod'd'a	90
L'Ouêd Isseur de l'Est	206
L'Ouêd Sah'el	180
Et son affluent, l'Ouêd Bou Sellam	160
L'Ouêd H'abra	200
Et son affluent l'Ouêd Sig	180
L'Ouêd Sebous	170
Et son affluent l'Ouêd Zenâti	70
L'Ouêd Tafna	135
Et son affluent, l'Isseur de l'Ouest	80
L'Ouêd el Kebîr	110
L'Ouêd Radjeta	100
L'Ouêd Sebaô	100
L'Ouêd Mafrag	90
L'Ouêd S'afs'af	90
L'Ouêd Chiffa	80
L'Ouêd Medjerda (1)	300
L'Ouêd H'arrach	65
L'Ouêd Maleh' (*Rio Salado*)	60
L'Ouêd Allêla	26

Rivières du S'ah'ara.

L'Ouêd Djedi	500
L'Ouêd Mîa	500
L'Ouêd Nsa	300
L'Ouêd Mzâb	200

Et si l'on rapproche ces rivières de celles qui, en

(1) Il n'a que 75 kilomètres en Algérie.

France, ont à peu près le même développement, on voit que :

Le Chelef répond à la *Dordogne* ou à la *Moselle* (500 et 530 kilom.);
L'Ouêd Sah'el et l'H'abra, à la *Vilaine* (210 kil.);
Le Sig et la Sebcus, à la *Somme* (190 kilom.);
La Tafna, à l'*Hérault* (135 kilom.).

LIMITES

L'Algérie a pour limites au *Nord* cette longue ligne de rivages que baigne la Méditerranée.

C'est sa seule limite naturelle; mais elle est d'une précision et d'une netteté qui n'admettent aucun doute.

Partout ailleurs ses limites sont formées de lignes conventionnelles.

Cherchez sur la côte, à l'Est, un cap appelé CAP ROUX, voisin de *La Cale*; à l'Ouest l'embouchure d'un petit courant appelé OUÈD KÎS, peu éloignée de la bouche d'une des plus grandes rivières de l'Atlantide, la MLOUÏA; ce sont là ses bornes maritimes du côté de la Tunisie et du Marok.

A partir du Cap Roux, le reste de sa limite avec la Tunisie coupe la rivière MEDJERDA un peu à l'Est du 6ᵉ méridien, passe à l'intersection de ce méridien et du 36ᵉ parallèle, après avoir touché à K'S'AR DJAbeur (l'ancienne *Naraggara*); puis, à une quinzaine de kilomètres de Tebessa, vers l'Orient, d'où elle atteint bientôt l'Ouèd Helal, dont elle suit le cours jusqu'à la Sebkhra de Melr'ir'.

C'est là sa limite de l'*Est*.

A partir de l'embouchure du *Kîs*, sa limite avec le Marok remonte cette rivière, coupe la Mouila; au marabout de Sidi A'ïad, à 14 kilomètres de *Lalla Mar'nîa*; atteint le Ras As'four, le Cap des Oiseaux, extrémité des montagnes de Tlemsèn; puis le marabout de Sidi A'ïsa, dans le S'ah'ara; traverse l'isthme qui sépare les deux grands bassins sans eau dont se compose le Chot't' de l'Ouest, et va mourir entre S'fîs'ifa, un des k's'ours de Tlemsèn, et Figuîg, un k's'ar marokain.

Cela est sa limite de l'*Ouest*.

De *S'fis'ifa*, sa limite *Sud* va chercher l'extrémité australe du Touat (Agabli et Insala), d'où, remontant au Nord-Est, elle enveloppe la vaste oasis et le pays des Chaa'mba el Mad'i, que signale le k's'ar de Gueléa, se confond avec la lisière du territoire de *Ouargla*, les bords de l'Ouèd Rîr' et de l'Ouèd Souf, pour aller finir à la Sebkhra de Melr'îr'.

ÉTENDUE

L'étendue des côtes algériennes dépasse 1,000 kilomètres (250 lieues), et ses autres limites en ont une de 1,800 (400 lieues); ce qui lui donne un périmètre (1) de 2,600 kilomètres, ou 650 lieues.

La superficie, l'étendue de la surface qu'enveloppe cette double ligne est d'environ 60 millions d'hectares, c'est-à-dire qu'elle est égale à celle de la France, plus un huitième environ.

Quant à l'étendue respective de ses deux grandes divisons naturelles, elle est :
Pour le *Tell*, de 14 millions d'hectares.
Pour le *S'ah'ara*, de 46 millions.

CHARPENTE DU SOL

La surface de la terre se compose de plaines, de dépressions, de parties plates ou légèrement montueuses qui représentent les parties molles du corps humain ; ou de terres élevées formant des plateaux, des montagnes, des crêtes, des sommets, des pics, qui en sont comme les parties osseuses.

Ce sont ces terres élevées, ces montagnes, ces crêtes, ces sommets arrondis et ces pics aigus, isolés ou réunis, ces chaînes allongées comme les vertèbres de l'épine dorsale, que l'on a appelés, dans leur ensemble, *Charpente du sol*.

Autant les grandes régions naturelles de la terre sont simples et peu nombreuses, autant au contraire

---

(1) De deux mots grecs qui signifient *mesurer autour*.

les différentes parties de la charpente terrestre sont multipliées et de formes diverses.

En Algérie elles constituent deux massifs, deux bourrelets plus ou moins larges, allongés de gauche à droite, du Couchant à l'Orient, parallèles entre eux et parallèles aux rivages de la mer, c'est-à-dire, ayant la même direction qu'elles.

Ces deux bourrelets sont :
Le Massif Tellien,
Le Massif S'ah'arien,

Séparés l'un de l'autre par une série de grandes plaines et de bassins qui doivent à leur végétation dominante, à leur aspect, le nom de Steppes.

En prenant ces Steppes pour points de rapport, nous dirons :

Le Massif Tellien est entre les Steppes et la mer Méditerranée;

Le Massif S'ah'arien entre les Steppes et le Grand S'ah'ara.

Le Massif Tellien.

Le *Massif Tellien* est ainsi appelé parce qu'il est tout entier dans le Tell algérien.

Il est composé de parties distinctes, quelquefois très-nettement séparées par de grandes vallées ou de vastes plaines, mais toutes liées entre elles de manière à former comme un réseau de terres basses et de parties hautes.

Ces différentes parties sont au nombre de onze.

Nous les énumérerons en marchant de l'Ouest vers l'Est.

Ce sont :

1° Le Massif des T'rara, entre la Mlouïa et la Tafna. Il est composé de deux parties distinctes : celle occupée par les Beni Iznas'en, à l'Ouest, et celle à laquelle les T'râra ont donné leur nom, à l'Est ; la frontière les sépare.

Ses sommets les plus remarquables sont le Djebel Four'al des *Beni Iznas'en*, 1,400 mètres; le Tadjra ou la *Montagne Carrée des T'râra*, 864 mètres.

2° Le Massif du Tessèla, entre la Tafna et la Mekerra ou Sig.

Sa partie occidentale porte le nom de montagne des Seba Chioukhr ou des Sept Chikhrs. C'est dans sa partie orientale que se trouvent le Tessèla, dont la masse domine toutes les vues de Sidi bel Abbès, 1,022 mètres; et le Tafaraoui, une des montagnes de l'horizon d'Oran, 726 mètres.

3° Le Massif Tlemsénien, qui s'étend de la frontière du Marok à la Mekerra supérieure, et qui doit son nom à la ville de Tlemsên ; c'est le *Durdus mons* des anciens. Ses points culminants sont le Toumzaït, placé comme une borne immense sur la frontière du Marok, 1,834 mètres; le Djebel Ouargla, à l'autre extrémité, du côté de la Mekerra, 1,724 mètres.

4° Le Massif Saïdien, entre la Mekerra ou Sig, à

l'Ouest, la mer et le Chelef, au Nord, la Mina, depuis son embouchure jusqu'à sa source, à l'Est. Sa partie Nord comprend et les petites montagnes au milieu desquelles s'élève Maskara et le pâté sablonneux de Mostaganem.

5° Le MASSIF DE L'OUANCHERÎCH, dont les limites sont si nettement indiquées qu'il se dessine comme une île, ayant au Sud-Est, à l'Est et au Nord le Chelef, au Sud-Ouest et à l'Ouest la Mina. Son principal sommet est celui auquel il doit son nom, et qui s'élève à 2,000 mètres.

6° Le MASSIF ALGÉRIEN, qui doit son nom à ce que la ville d'Alger est sur l'un des points de son contour extérieur. Ses limites sont faciles à reconnaître. Au Nord il présente à la mer, entre l'embouchure du Chelef et celle de l'Isseur, un front de plus de 350 kilomètres; au Sud, le Chelef l'enserre de la plus grande partie de son cours jusqu'à l'endroit où, sous Bor'ar, il reçoit les eaux de l'Ouêd el A'koum; puis, de ce point, il faut aller chercher l'Ouêd el H'ammam, dont on suit le cours jusqu'à l'Isseur, qui borne le massif sur tout le côté de l'Est.

La forme du massif algérien est assez singulière; très-étroit à l'Ouest, entre la mer et le Chelef, il s'élargit à l'Est, et ressemble ainsi à une tapette de tonnelier.

Sa partie occidentale porte le nom de DHARA, le Nord, nom qui lui a été donné par les populations des bords du Chelef, placées au Sud.

Ses points culminants les plus remarquables sont le ZAKKAR, qui s'élève au-dessus de Miliana, à 1,580 mètres; le TAGUELSA, à l'Ouest de Bor'ar, 1,731 mètres; le DJEBEL MOUZAÏA, entre Media et la plaine de la Mtidja, 1,608 mètres; la montagne d'Aïn TALAZID, au sud de Blîda, 1,640 mètres

7° Le MASSIF DJERDJÉRIEN, dont les limites sont très-nettes et qui, dans ses contours extérieurs, affecte la forme d'un trapèze. Il a au Nord la mer, à l'Ouest l'Isseur, à l'Est et au Sud l'Ouêd Sah'el sur presque tout son développement, de l'embouchure au Bordj Bouïra, puis une ligne tirée de ce fort à l'Isseur.

C'est dans sa partie méridionale que se dresse cette ligne de crêtes, une des plus élevées de l'Algérie, qui se voit d'Alger, au-dessus des montagnes formant l'enceinte de la Mtîdja, à l'Est. Ses plus hauts sommets ont 2,172 et 2,317 mètres.

8° Le MASSIF DU DÎRA-OUANNOUR'A, qui, au Sud du précédent, s'étend, en décrivant un arc dont la courbe regarde le Midi, des sources de l'Isseur à l'Ouêd Kseub, la rivière de Msîla. Son extrémité occidentale est ce groupe de crêtes si connues sous le nom de KEF LAKHDAR, les *Rochers verts*.

Son point le plus haut, le DÎRA, a 1,800 mètres et lui donne son nom avec l'OUANNOUR'A. Celui-ci est à l'Est d'Aumale, le Dîra à l'Ouest.

9° Le MASSIF SITIFIEN, qui a pour limites : à l'Ouest la petite rivière des Bibân et l'Ouêd Sah'el, au Nord la mer, à l'Est l'Ouêd el Kebîr, Roumel ou rivière de Constantine.

Ce massif est, de tous ceux du Tell, celui qui offre le plus grand nombre de points élevés : le GUERGOUR, à l'Ouest-Nord-Ouest de Set'if, 1,800 mètres; le Magriz, au Nord, 1,724 mètres; les deux Babours, également au Nord de la même ville, environ 2,000 mètres, etc.

10° Le Massif Numidien, de ce qu'il est tout entier dans la partie septentrionale de l'ancienne Numidie.

Baigné au Nord par la mer, il s'étend de la vallée qu'arrosent le Bou Merzoug, le Roumel et l'Ouèd el Kebîr, à celle où coulent l'Ouèd Cherf et la Sebous, ayant au Midi la plaine des Sbakhr.

La montagne dite Djebel Edour', au-dessus de Bône, fait partie de ce massif, dont le point culminant est le Djebel Bou R'areb (la montagne du Garot), à l'Est de Constantine, point qui atteint 1,316 mètres.

11° Le Massif Africain, de l'ancienne province romaine d'Afrique, qui forme aujourd'hui la plus grande partie de la Tunisie.

Pareil à un coin allongé, il s'étend à partir de la Sebous et de l'Ouèd Cherf, entre la mer, au Nord, et la Medjerda, au Midi.

Son principal sommet est le Serdj el A'ouda, (la *selle de la jument*), à 11 kil. au Sud-Sud-Ouest de Guelma, et qui atteint 1,370 mètres.

Le Massif S'ah'arien.

Le *Massif S'ah'arien* a beaucoup plus d'unité que le Massif Tellien et ne forme pour ainsi dire qu'une longue zòne d'une largeur moyenne de 150 kilomètres composée de chaînes étroites, parallèles entre elles.

Ces chaînes sont, d'ailleurs, toutes orientées de même, de l'Ouest-Sud-Ouest à l'Est-Nord-Est, c'est-à-dire obliquement ou en montant de gauche à droite.

Sùr deux points, vers le centre et à l'extrémité orientale, ces chaînes, en prenant plus de développement, de largeur et d'élévation, forment des groupes auxquels on a donné des noms particuliers.

Le premier, vers le centre, aux sources du Chelef et de l'Oued Djédi, est le DJEBEL A'MOUR, assemblage de sommets, de crêtes, de vallées et de vallons verdoyants, quelquefois couverts de brillantes forêts, et d'environ 60 à 70 kilomètres dans tous les sens. On donne à son plateau le plus élevé 1,600 mètres.

Le second est le DJEBEL AOURÈS, en latin *Aourasious*, célèbre dans l'histoire de l'Algérie sous les Romains et sous les Arabes.

Ce large pâté montagneux, qui a plus de 600 kilomètres de tour, est divisé en deux parties par la longue fissure dans laquelle passe la route de Bât'na à Biskra.

La partie Nord-Ouest comprend le DJEBEL BOU T'ALEB (la montagne de l'Etudiant) et le BEL LEZMA; la partie Sud-Est, un ensemble de longues vallées et de longues crêtes au-dessus desquelles domine le CHELLÎA, le plus haut sommet de l'Algérie, qui a 2,320 mètres.

L'AOURÈS appartient au Tell ; situé entre la plaine des Sbakhr et le S'ah'ara oasien, il voit se dessiner à sa base, de ce côté, les grandes plantations des Zibân, où les palmiers se comptent par milliers.

Les Basses Terres.

Au milieu de ces massifs de hautes terres limitées d'une manière plus ou moins complète par leurs versants aux formes multiples, se développent et s'étendent de grandes vallées, de vastes plaines, qui en sont comme la contre-partie, comme le complément.

Ces basses terres, toutes chargées d'un sol profond, bien arrosées, sont la plupart renommées par leur fertilité et les avantages qu'elles offrent aux populations agricoles.

La plus connue est cette grande MTÍDJA qui, pareille à une large zone, descend de l'Ouest pour aboutir à la mer, après avoir enveloppé tout le Massif d'Alger.

Dans la *province d'Alger*, il faut encore citer :

La vaste PLAINE DES BENI SLÎMAN, où coulent les eaux supérieures de l'Isseur de l'Est, et qui s'étend de Berouâguia à Aumale.

La PLAINE ORIENTALE DU CHELEF, au-dessous de Miliana, entre le grand coude formé par le fleuve la base du Djebel Douî.

Dans la *province d'Oran*, les plaines les plus remarquables sont :

La PLAINE OCCIDENTALE DU CHELEF, qui, dans sa partie Ouest, prend, de deux affluents du fleuve, les noms de PLAINE DE LA MÎNA ou de l'ILÎL ; elle s'étend d'Orléansville à Sidi bel A'sel, aux limites du massif sablonneux de Mostaganem.

La plaine connue sous la double dénomination de PLAINE DU SÎG et DE L'H'ABRA, parce qu'elle est traversée par le cours inférieur du Sig et de l'*Ouêd el H'ammâm*, appelé l'*H'abra*.

La PLAINE D'ORAN, entre cette ville et la grande Sebkhra, mais qui sera toujours pour elle moins importante que la PLAINE DE L'H'EUFRA, située de l'autre côté des monts R'amera, et destinée à devenir le grenier et le jardin de cette ville importante.

La PLAINE DE MLETA, qui s'étend du bord oriental de la grande Sebkhra, au pied des montagnes de Tafaraoui ; c'est là qu'est Ar'bal.

Le PLATEAU DE ZIDOUR, terre célèbre par sa fertilité, et dont le centre est à peu près marqué par A'ïn-Temouchent.

La PLAINE DE R'RÎS, au-dessous de Maskara, et le plus riche terrain des H'achems, premier théâtre des exploits d'Abd el Kader.

Les PLAINES DE LA MEKERRA, qui ont valu à cette

rivière son nom d'*Ouêd Mebdouh*' (la rivière des larges campagnes). On y voit la jeune ville de Sidi bel Abbès.

Enfin, les grandes PLAINES DE TLEMSÊN, qui, de l'Isseur de l'Ouest, s'allongent bien loin jusque dans le Marok, à travers la partie moyenne de la subdivision.

Les plaines sont bien moins nombreuses dans la *province de Constantine*, où l'on cite :

La PLAINE DE BÔNE, qui, des bords du golfe, s'étend au Sud-Est de cette ville jusqu'au pied des montagnes du Massif Africain, et embrasse à l'ouest les terres basses au milieu desquelles se trouve le lac *Fezâra*.

La PLAINE DE LA MEDJANA, dont le Bordj bou A'rîridj commande la partie centrale, et qui se lie, quoique d'une manière tout d'abord peu saisissable, à la PLAINE DE SET'IF, tête de ces vastes steppes dont les plans lointains atteignent les environs de Tebessa.

Ces steppes, placées ici dans l'intérieur du Tell, ne sont cependant que la continuation de celles qui, dans les parties centrales ou occidentales de l'Algérie, se trouvent en dehors de ce même Tell.

LES STEPPES.

Si on divise l'Algérie en trois zônes, dans le sens de sa longueur, c'est-à-dire de gauche à droite, la zône centrale sera celle des STEPPES.

Dans les deux provinces d'Oran et d'Alger, les steppes s'étendent entre le Tell et le S'ah'ara oasien.

Dans la province de Constantine, elles font partie du Tell, car les grandes plaines qui s'étendent de Set'îf à Tebessa, au Sud de Constantine, au Nord de Bât'na, ne sont autre chose qu'une partie de la steppe; elles ont la même physionomie, les mêmes caractères. Seulement les Arabes les ont placées dans le Tell, parceque, séparées des steppes centrales par les montagnes qui relient l'Aourès aux chaines du Tell, leur aspect en a été légèrement modifié.

Leur fond est couvert sur plusieurs points de sebkhras plus ou moins étendues, mais qui n'ont jamais les dimensions de celles du centre ou de l'Ouest.

En arabe le pluriel de *sebkhra* est *sbakhr*, et ces steppes sont généralement désignées sous le nom de *Plaine des Sbakhr*.

Le S'ah'ara Oasien

Les steppes offrent presque partout une végétation très-développée, et le massif s'ah'arien des cultures permanentes souvent fort importantes.

Pour les Arabes le mot S'ah'ara ne s'applique qu'à une région généralement stérile, où la culture est un fait exceptionnel.

On doit donc réserver la dénomination de S'ah'ara oasien (1), c'est-à-dire de S'ah'ara avec oasis, à toute la région où ce fait se renouvelle le plus fréquemment.

(1) Cette expression a été proposée par M. Berbrugger.

Cette région s'étend au Midi du massif s'ah'arien sur tout son développement, et commence au pied même de ses dernières pentes.

Figuîg, l'Abiod', Sidi Chîkhr, Brizina, Tadjrouna, Lar'ouat, le cours entier de l'Ouêd Djedi, Bîskra, sont à la lisière même du S'ah'ara oasien, vers le Nord.

Ses limites australes sont les limites même de l'Algérie au Sud, c'est-à-dire qu'elles embrassent dans leur développement, en commençant vers l'Est, l'Ouêd-Souf, Ouargla, le pays des Chaa'mba, le Touat.

Dans les deux provinces de Constantine et d'Alger le S'ah'ara oasien embrasse une partie très-notable de la surface générale, et comprend un assez grand nombre d'oasis plus ou moins importantes, dispersées çà et là.

La province d'Oran n'en a qu'un, mais qui est, il est vrai, plus considérable qu'aucun de ceux des deux autres provinces : c'est le *Touât*.

Son isolement du reste des terres voisines l'a tenu jusqu'à présent en dehors de l'action française, dans laquelle il ne tardera pas à entrer.

PHYSIONOMIE DU PAYS

Chacune des grandes divisions du sol algérien a sa physionomie particulière.

Le Tell

Le Tell, couvert de montagnes, de collines et de plateaux, traversé par de longues vallées et de vastes plaines, est une terre en même temps très-accidentée, montueuse et plate, par cela même d'un aspect très-varié.

On y retrouve, à peu de distance, les grandes scènes des contrées élevées, l'insipide monotonie des pays plats, dont les paysages insignifiants ne livrent aux regards que les mêmes horizons.

A l'exception du Djerdjera, qui a une centaine de kilomètres de développement, les montagnes n'y forment jamais de chaînes d'une grande étendue.

Ou elles sont ramassées et comme amoncelées dans un espace limité, ainsi que cela se voit dans l'Ouâncherîch, dans l'Ouânnour'a et le Dîra, dans les massifs des Beni A'bbès et du Guergour.

Ou bien elles sont coupées en petites chaînes, en groupes isolés, séparées par des vallées étroites ou allongées et des plaines d'une étendue peu considérable, comme cela se voit dans l'Aourès, dans le Dhara, dans toute la K'ebaïlie de Constantine, dans les massifs Tlemsénien et Saïdien, dans le massif des T'râra et dans le massif Algérien.

Les sommets les plus élevés du Tell atteignent 1,800, 2,000, 2,300 et quelques mètres ; aucun ne parvient à 2,500. C'est la hauteur de la partie moyenne des Alpes et des Pyrénées.

Mais comme ils se détachent presque toujours d'une base peu élevée au-dessus des mers, ils prennent à l'œil des proportions qui appartiennent seules à des cimes bien plus considérables.

L'aspect de ces chaînes varie suivant la composition de leurs roches.

Elles sont : ou de formes molles et arrondies, ce qui arrive le plus souvent, ou bien hachées, irrégulières, couronnées de crêtes aiguës, pierreuses, qui leur ont valu, sur de longues étendues, le nom de *kef*, rocher.

Toujours leurs versants sont sillonnés de ravins et d'innombrables ravines par lesquelles les pluies versent à leur base mille courants d'eau.

Elles sont tantôt nues, arides, tantôt couvertes d'un vaste manteau de broussailles, de verdoyantes forêts, tantôt elles sont labourées sur de grandes étendues.

Les vallées présentent la même variété d'aspect que les chaînes qui les dominent.

Les plaines enfin ont leur physionomie aussi tranchée que celle des montagnes. Enveloppées de tous côtés de hautes térres, elles s'étendent au loin, ne présentant que de larges mouvements de terrain ; çà et là, on y voit une colline ou un groupe de collines, semblables à des îles, et qui rompent seules la monotonie de leur aspect. Mais ce qu'elles ont de plus remarquable, ce sont les grands et larges ravins qui les coupent, dépressions qui, vues en elles-mêmes, ont tout l'aspect des vallées d'une contrée montueuse, alors que, de la plaine, elles disparaissent dans les plans d'une perspective infinie.

Le S'ah'ara

Le S'ah'ara algérien présente dans l'ensemble de sa physionomie deux divisions bien distinctes.

Les Steppes ;

Le S'ah'ara oasien.

Le *S'ah'ara oasien*, le vrai S'ah'ara, embrasse toute la partie australe de l'Algérie.

Sa surface est tellement plate, qu'elle n'a d'autre limite visible qu'une ligne aussi horizontale que celle de la mer.

Ce sont de vastes plans légèrement inclinés, sillonnés de ravins sans nombre, tortueux, bizarrement découpés, semblables à autant de crevasses. Çà et là, une petite colline, un piton pointu, apparaissant au-dessus du plan général comme un signal, et les parties les plus basses, derniers réceptacles des eaux des pluies, forment autant de sebkhras humides, couvertes d'efflorescences salines aussitôt que le soleil en a desséché la surface.

Nu, désolé, aride, le S'ah'ara ne montre presque partout que des roches, de vastes couches pierreuses ou des sables accumulés.

Les sables en sont les meilleures parties, parce que le sable, gardien des eaux, conserve toujours une humidité bienfaisante à travers le cours des mois les plus chauds.

Alors que les landes rocheuses n'offrent aucune trace de végétation, les sables ont encore d'assez nombreuses plantes.

Dans les pays de pierre, les sables sont dans les ravins, et c'est dans les ravins que sont les villes et les villages.

C'est dans les sables que sont toutes les cultures de Lar'ouât, de l'A'ssafia, de K's'ar el Haïrân, de R'ard'eïa et des quatre villages voisins, de Berrîan, d'El Guerâra, de Metslili, de Dzîoua, etc.

Les plus vastes oasis du S'ah'ara sont dans sa partie orientale, et sa partie orientale est la plus sableuse.

Cette longue chaîne de bois de palmiers qui, sous les noms de Touât et d'Ouâd Rîr', dessinent à la surface du désert leurs grandes lignes sinueuses, ont leurs racines chevelues dans le sable, et les villages de l'Ouêd Souf, en s'installant au milieu des dunes mobiles, les ont rendues semblables aux buttelettes d'une vaste fourmilière.

Les Steppes

La Steppe est toujours la même. Sa surface quelquefois entièrement plate, ne présente le plus souvent que de grandes ondulations au-dessus desquelles se dressent quelques montagnes isolées.

Pour fond, de vastes dépressions plates, larges, où se rassemblent les eaux d'hiver et que dessèche l'été.

Partout et toujours une végétation dont les teintes générales, légèrement différentes, indiquent seules la nature, couvrant le sol entier, s'étendant sur tout, dans toutes les directions.

Sur les ondulations, dont le sol jaunâtre et pierreux est toujours sec, de l'*H'alfa*, cette sorte d'herbe ronde, dure et flexible, avec laquelle on fait les nattes, les couffins et les cordes.

Dans les dépressions où s'est accumulée une terre brune et fine, de la *Chih'*, plante aromatique semblable au thym ; du *Degoufet*, de l'*Is'rif*, du *Sennar'* et du *K'tof*, toutes plantes que mangent les chevaux et le bétail.

Dans les fonds plats, remplis de bonne terre ou de terres légèrement salines, le *Djel*, plante grasse dont les chameaux sont très-friands.

Çà et là, dans la partie la plus basse des dépressions, comme pour marquer la course souterraine des dernières eaux, des thérébynthes, *B'tom*, quelquefois réunis en bouquets assez considérables.

Et le long des ravins encaissés, le tamarisc ou *Tarfa*, et les *Retems*, genêts.

Les horizons diffèrent peu.

Au Nord, les montagnes du Tell ; au Midi, les groupes du massif s'ah'arien.

Des profils quelquefois heurtés et durs, le plus souvent aux formes molles et arrondies.

Enfin,* des eaux rares et une population clairsemée de nomades qui ne font pour ainsi dire que passer à travers ces vastes plaines.

LE CLIMAT (1)

On appelle *Climat* d'un lieu (2) l'ensemble des phénomènes que présente à l'étude l'atmosphère (3), la masse d'air qui l'enveloppe, placée sous l'empire des influences auxquelles il est soumis.

Ces influences sont nombreuses et sont particulièrement dues à la hauteur de ce lieu au-dessus de la mer, à son exposition générale (4), à ses abris, à la nature géologique de ses terrains, à la quantité plus ou moins grande des eaux de son territoire et de celles qui y versent les pluies de chaque saison.

Les climats doivent donc être et sont en effet très-variés, puisque ces influences peuvent se modifier à l'infini.

---

(1) Nous invitons les professeurs à ne prendre dans ce paragraphe *Climat* que ce qu'ils sentiront être à la portée de l'intelligence de leurs élèves.

(2) Du grec : *Klima*, qui a la même signification.

(3) Du grec : *atmos*, exhalaison, vapeur, et *sphaira*, globe, boule, sphère ; sphère d'air, aériforme, gazeuse.

(4) S'il regarde plus particulièrement le Midi, le Nord, l'Est ou l'Ouest. Ainsi, Miliana, Mascara et Set'îf, sont complètement exposés aux influences du Sud; Tlemsên et Blîda à celles du Nord.

Ainsi Tebessa, Bât'na, Set'if, Media, Miliana, Tlemsên, placés à une grande hauteur au-dessus des mers, sur les plateaux de l'intérieur du Tell, ne sauraient avoir le même climat que Blîda, Orléansville, Sidi bel A'bbès, situés dans la plaine; qu'Oran, Alger, Bougie, Philippeville, Bône, que toutes les villes maritimes enfin, auxquelles les vastes plaines de la mer impriment un caractère particulier ; que Biskra et Lar'ouât, placés au bord du grand désert; que Tougourt, R'ardëïa et Ouargla, perdus au sein même de ces immenses terres basses.

La situation de l'Algérie dans la partie australe de la zone tempérée, lui donne un climat naturellement plutôt chaud que froid.

Le phénomène le plus important qu'offre l'examen d'un climat quelconque, est celui de sa *température*.

La *température* est l'impression plus ou moins sensible que fait éprouver au corps humain la masse de l'air, suivant qu'elle est plus ou moins chargée de chaleur, plus ou moins humide, plus ou moins chargée d'électricité.

Mais dans le langage ordinaire où les impressions doivent se traduire par des chiffres, elle se définit ainsi :

La température d'un lieu est la valeur numérique, exprimée en degrés de l'échelle thermométrique, de la quantité de chaleur contenue dans l'air de ce lieu.

Elle se mesure au moyen d'un petit instrument appelé *thermomètre*, ce qui signifie en grec *mesureur de la chaleur* (1).

---

(1) Donner aux élèves une idée du thermomètre, en leur en décrivant un sur l'instrument même.

On a reconnu qu'en général la quantité de chaleur contenue dans l'air diminuait d'*un degré* par 175 à 200 mètres de plus dans la hauteur des lieux.

Ce chiffre ne saurait être absolu, et il signifie seulement que l'air fraîchit ou se refroidit à mesure que l'on s'élève du fond des plaines sur le versant ou le sommet des montagnes et des plateaux; que la température des lieux les plus élevés est moins chaude que celle des lieux bas.

Et ces différences de température agissent encore plus sur les plantes que sur les hommes. Aussi la végétation des pays élevés n'est-elle pas la même que celle des plaines. Certains arbres que l'on trouve dans la montagne ne croissent pas dans la plaine; les plantes que l'on peut cultiver dans un pays élevé ne peuvent pas l'être dans un pays bas.

Ce sont là une partie des considérations qui font que l'on cherche à déterminer avec tant de soin la hauteur des différents points d'un pays au-dessus de la surface des mers, prise pour point de départ.

De toutes les observations faites jusqu'aujourd'hui il résulte :

Que, dans le *massif Tellien*, la hauteur des lieux habités varie entre le niveau de la mer ou zéro et 1,300 mètres.

Que, dans la *zône des Steppes*, elle est en moyenne de 1,000 mètres à l'Occident, de 600 à 700 dans les parties centrales, de 800 à 1,000 dans les parties Orientales (province de Constantine).

Que, dans le *massif S'ah'arien*, si elle est de 1000

à 1,200 mètres dans les montagnes de l'Aourès, elle ne s'abaisse guère au-dessous de ce chiffre à l'extrémité opposée, dans le Djebel A'mour et les montagnes des Oulad Sidi Chîkhr.

Que, dans le *S'ah'ara oasien*, elle est souvent de quelques centaines de mètres, mais qu'elle descend aussi, sur certains points, à zéro, au niveau de la mer moyenne.

De sorte que le massif tellien, les steppes et le massif s'ah'arien constituent dans leur ensemble un plateau qui domine du côté de la France, ou au Nord, la Méditerranée ; et, de l'autre, la plaine immense du S'ah'ara.

De cette manière :

la Mer   le Tell   les Steppes   le S'ah'ara

Ou, plus simplement :

Voici quelle est, dans cet ensemble, la hauteur, au-dessus de la Méditerranée, des principaux points de l'Algérie :

A'ïn Beïda..................	800 mètres.
A'ïn Temouchent...........	260
Alger (Le quai et la porte du Sah'el)............, 1ᵐ à	143
A'mmi Mous'a...............	171
A'moura....................	400
Aumale.....................	850

Bât'na	1,021 mètres.
Blîda (Place d'Armes)	260
Biskra	90
Bor'ar	1,100
Boufârîk	58
Bou Sa'da (Le Fort Neuf)	578
Constantine (La K'as'ba)	640
Daïa	1,275
Dar ben A'bdallah	418
Djelfa	1,090
Dra el Mizân	447
Géryville	1,360
Guelma	279
La Mar'nîa	365
Lar'ouât	750
Maskara	585
Mazouna	355
Medîa (la place)	920
Miliana	740
Mostaganem (la place)	105
Nedroma (pied du Minaret)	395
Oran .... 1^m à	98
Orléansville	140
Ouargla	160 ?
R'ardéïa	450 ?
Sa'ïda	890
Saint Denis du Sîg	70
Sebdou	958
Set'îf	1,085
Sidi Bel A'bbès	490
Sidi Bel A'sel	44
Souk Harras	680
Tebessa	1,080
Tenès	47

Teniet el H'ad	1,161
Tiharet	1,083
Tlemsèn (place du Mechouar)	800
Tougourt	10
Zamora	240

Le climat d'une région quelconque est modifié de la manière la plus profonde par toutes les influences qui tiennent à la constitution physique du pays et à celles des régions maritimes et terrestres qui l'environnent. Examinons successivement les influences qui impriment aux différents climats de l'Algérie leur physionomie particulière.

Influences dues a la Constitution du Sol.

D'après ce que nous venons de dire sur les hauteurs absolues et relatives des grandes divisions naturelles de l'Algérie, les influences dues aux formes extérieures du sol sont faciles à saisir.

Pendant qu'il fera encore assez doux dans les plaines basses, voisines de la mer, dans les vallées et les plaines peu élevées de l'intérieur, le froid sera assez intense sur les plateaux, les montagnes et toutes les parties hautes.

Pendant que les eaux du ciel tomberont sous la forme *de pluie* dans les régions basses, elles se transformeront *en neige* dans les régions élevées, et cette neige blanchira le pays quelquefois durant plusieurs jours.

Pendant que le grand oasis de l'Ouad Rir', ceux des Zîbân, du Mzâb et du Touât auront les plus belles et les plus succulentes dattes, à Bou Sa'da et à Lar'ouât, elles arriveront avec peine à maturité.

Influence des Mers

La Méditerranée, dont le bassin le plus large baigne l'Algérie sur toute sa face Nord, influe d'une manière sensible sur son climat, principalement en été.

C'est elle qui, à des heures différentes, suivant les localités, envoie à travers le Tell entier la *brise de mer* au contact de laquelle la chaleur du jour est si notablement tempérée.

L'Océan Atlantique fait sentir son action puissante sur toute la région à laquelle appartient l'Algérie. Elle lui doit toutes ses pluies, à peu près toute l'eau qui tombe à sa surface.

Les vapeurs que le soleil enlève à cette vaste étendue d'eau, condensées sous la forme de nuages dans les parties hautes de l'atmosphère, sont ensuite entraînées et jetées par les vents d'Ouest sur les premières terres qu'elles rencontrent.

Et ces premières terres sont celles de l'*Atlantide*, c'est-à-dire du Marok, de l'Algérie et de la Tunisie.

Influence des Terres

La seule terre qui, au voisinage de l'Algérie, puisse avoir quelque action sur les régions limitrophes, est le S'ah'ara. Cette action est considérable.

Le S'ah'ara contribue à élever très-notablement en été la chaleur des pays avec lesquels il est en contact.

Et c'est de là que sort ce vent chaud si désagréable, appelé par les Arabes *Guebli*, vent du Sud, et aussi *Arifi*; par les Européens *Sirocco*, d'après les Italiens.

Le guebli ressemble assez à l'air qui vient d'un four, mais d'un four déjà notablement refroidi.

L'action qu'il exerce sur les êtres animés est très-désagréable ; il les jette dans un état de langueur, de prostration difficile à surmonter. Parfois aussi il transporte avec lui une poussière impalpable, d'un jaune rougeâtre, qui pénètre partout.

Heureusement le sirocco souffle peu souvent, et rarement pendant plus de trois jours ; encore est-ce avec des intermittences.

En été, sa température est de 38 à 40 degrés ; en hiver, de 28 à 30.

Les Saisons et les Vents

Les saisons ne sont pas en Algérie aussi tranchées qu'en France et dans d'autres pays. Les transitions entre l'hiver et l'été sont plus brusques, plus instantanées.

Tous les lieux élevés, Bât'na, Set'if, Aumale, Media, Miliana, tous les plateaux montagneux sont exposés à des froids secs, à des chutes de neige plus ou moins prolongées.

Mais en général, dans ces localités, comme dans toutes les parties basses ou peu élevées, l'hiver n'est qu'un temps de pluie dont l'*humidité* engendre le *froid continu* le plus désagréable.

Les pluies, dues tout entières à l'influence des vents d'Ouest, commencent en octobre et ne finissent guère qu'au mois d'avril ; c'est la durée de l'hiver.

L'été commence en mai et dure cinq mois pleins. Octobre est même souvent encore une époque de grandes chaleurs.

Les chaleurs sont généralement fortes, mais elles ne sont véritablement accablantes que dans les vallées et les lieux fermés aux courants d'air.

Partout ailleurs, sur les plateaux comme dans les grandes plaines, les vents les adoucissent singulièrement.

Les vents d'*Ouest* sont, en Algérie comme en France et dans tout le côté occidental de l'ancien monde, les vents dominants.

Ceux de l'*Est* sont ensuite les plus fréquents.

Ils sont toujours accompagnés de brumes plus ou moins épaisses qui remplissent l'air d'une humidité on ne peut plus désagréable.

Les vents du *Nord*, qu'il ne faut pas confondre avec la *brise de mer*, sont toujours froids et amènent rarement un vilain temps.

Quant au vent du *Sud*, tout à fait distinct du *sirocco*, il est toujours sensiblement nuageux.

Les Températures.

Rappelons nous ici, avec attention, les deux définitions données plus haut (page 88) du mot *température*.

L'étude des températures se fait de différentes manières.

On peut chercher à examiner quelle est la physionomie des fractions du jour, des heures par exemple, ou celle des trois parties du jour qui nous intéressent le plus directement, la matinée, la journée, la soirée, ou celle d'un jour entier, de même que l'on peut vouloir se rendre compte des températures de chaque quinzaine ou d'un mois entier. Le plus souvent, on suit la marche des températures durant les deux saisons principales, l'hiver et l'été, ou bien celle de l'année entière : c'est ce que l'on appelle la température moyenne annuelle.

La *température moyenne annuelle* d'un lieu est l'expression dernière, représentée par un seul chiffre, de toutes les influences climatologiques auxquelles ce lieu est soumis.

Ce chiffre a l'avantage de caractériser d'une manière simple le climat d'un lieu.

Mais il est bien moins important à connaître que ceux des points les plus bas et les plus hauts qu'y atteint la colonne thermométrique, les limites extrêmes de ses excursions, les *minima* et les *maxima*, ainsi qu'on les désigne ordinairement par deux mots latins.

Ceux-ci intéressent surtout l'agriculture, parceque la croissance, le développement parfait de tous les végétaux est subordonné à des extrêmes de températures, au-delà desquels ils trouvent la mort ou une existence souffreteuse.

Quand on examine l'ensemble de l'Algérie, ainsi que nous l'avons fait dans les paragraphes précédents, on reconnait qu'il y existe *quatre* climats différents :

Le *climat de la Côte* qui subit à un haut degré l'influence de la mer ;

Le *climat des plateaux intérieurs du Tell* où l'influence de la mer ne joue plus qu'un rôle secondaire ;

Le *climat des Steppes*, où l'influence d'une position continentale, domine toutes les autres ;

Le *climat S'ah'arien*, qui doit à la nature et à la vaste étendue du S'ah'ara une physionomie toute particulière.

Ces quatre climats n'ont pu encore être étudiés complètement, mais nous pouvons donner les chiffres suivants qui représentent la température moyenne de chacun des douze mois, et donnent une idée positive du climat de la côte et du climat des plateaux montagneux du Tell.

La grande différence des chiffres indique suffisamment celle que présentent ces deux climats.

Climat de la Côte.

Saison fraîche.

	Moy.	Maxim.	Minim.
Novembre	17°	20°	14°
Décembre	13°	13°	10°
Janvier	13°	15°	9°
Février	13°	17°	8°
Mars	14°	18°	11°
Avril	17°	21°	12°

Saison chaude.

	Moy.	Maxim.	Minim.
Mai	19°	24°	15°
Juin	23°	27°	19°
Juillet	24°	30°	22°
Août	26°	30°	23°
Septembre	24°	28°	21°
Octobre	21°	25°	18°

Climat des plateaux intérieurs du Tell.

Saison froide.

	Moy.	Maxim.	Minim.
Novembre	11°	23°	0°
Décembre	8°	18°	0°
Janvier	8°	21°	0°
Février	6°	24°	0°
Mars	10°	25°	0°
Avril	16°	25°	3°

Saison chaude.

	Moy.	Maxim.	Minim.
Mai	16°	26°	3°
Juin	24°	30°	11°
Juillet	28°	32°	18°
Août	28°	35°	22°
Septembre	25°	32°	16°
Octobre	19°	30°	8°

On voit d'après ces deux tableaux, qu'en Algérie, sur le bord de la mer et dans l'intérieur, Février est le mois le plus froid, et Août le mois le plus chaud de l'année.

Climat des Steppes.

On n'a jusqu'à présent sur ce climat que des notions trop insuffisantes pour en donner une idée précise.

Climat S'ah'arien.

Il n'a encore été étudié que sur un point, à Bîskra, et ce point n'appartient pas exclusivement au S'ah'ara puisqu'il touche aux limites australes du Tell.

Le climat de Bîskra n'a d'analogue dans aucune autre contrée du globe.

La moyenne de l'hiver y est de 11° 4; la moyenne de l'été, de 33°; la moyenne annuelle, de 21° 5 : sur la côte elle est de 17°.

Le thermomètre y est descendu quelquefois à 0°; le maximum a été plusieurs fois de 48°; les températures de 45° y sont très-fréquentes.

BAROMÉTRIE.

L'air est un fluide qui se comporte comme tous les fluides, comme l'eau par exemple, et on y remarque, ainsi que cela a lieu dans les grandes masses d'eau, telles que la mer, des déplacements considérables d'un point à un autre, des courants plus ou moins violents (les vents), des ondulations continuelles, en tout semblables aux marées de l'Océan.

Placé ainsi que tout ce qui l'environne au milieu des couches les plus pesantes de l'air, l'homme en subit constamment l'action puissante et a, par cela même, un grand intérêt à en connaître la situation et la marche.

Cette connaissance, il peut l'avoir à chaque instant du jour et de la nuit, au moyen d'un instrument appelé *Baromètre*, de deux mots grecs : *Baros*, pesanteur, charge, et *Metron*, mesure; mesureur de la pesanteur (de l'air).

Des observations barométriques exécutées jusqu'à ce jour en Algérie, on a pu déduire quelques faits généraux que voici.

La hauteur moyenne de la colonne barométrique y est au bord de la mer de 0^m, 762 millimètres.

Elle est en général beaucoup plus haute dans la saison fraiche, en hiver qu'en été, et elle atteint très-souvent une élévation considérable; ainsi on la voit fréquemment à 780 et 785.

A cette même époque aussi sa marche est très-irrégulière, et la limite de ses excursions est alors de 25 à 28 millimètres.

En été, au contraire, elle est très-calme, et varie peu, en dehors de quelques influences exceptionnelles.

C'est ainsi par exemple que le vent chaud du Sud, le *sirocco*, la fait descendre subitement de 12 à 13 millimètres.

Cela a également lieu en hiver. Elle descend aussi d'une manière très-sensible à l'approche des grandes pluies qu'amènent les vents d'Ouest, mais c'est bien plus lentement.

Les vents d'Est agissent sur elle dans le même sens, mais dans de moindres proportions.

PLUVIOMÉTRIE.

La Pluviométrie, d'un mot latin : *Pluvia*, pluie, et du mot grec *Metron*, mesure, est cet ensemble de recherches dont le but est de déterminer la quantité de pluie qui tombe sur un point quelconque de la surface terrestre.

On y arrive au moyen d'un instrument appelé *Pluviomètre*, c'est-à-dire mesureur de la pluie, composé d'un vase garni latéralement d'un tube en verre avec une échelle divisée en millimètres.

Les recherches de pluviométrie sont des plus importantes, puisqu'elles intéressent au plus haut point non seulement l'agriculture, mais l'industrie et le commerce du pays.

On en fait en Algérie depuis 1838.

Dix-neuf années d'observations donnent pour la quantité moyenne de pluie tombée à Alger durant la période de six mois d'hiver, du 1er octobre au 1er juin, 76 à 77 centimètres, tandis que cette moyenne n'est que de 17 à 18 centimètres pour la période d'été.

Cette moyenne d'Alger peut convenir à la plupart des points du Tell algérien, excepté peut-être Oran où la quantité d'eau tombée représente à peine la moitié de celle qui tombe ailleurs.

PRODUCTIONS

Règne Végétal

La grande division de l'Algérie en Tell et S'ah'ara, basée sur la physionomie, l'aspect si différent des deux régions, est encore plus remarquable sous le rapport de la végétation, des arbres, des arbustes et des herbes.

Le Tell est la région des grandes cultures, des céréales, de l'olivier et des forêts.

Le S'ah'ara est la région du palmier et des petites cultures, des cultures exceptionnelles.

La Steppe présente bien encore d'immenses herbages, des groupes et de longues lignes de thérébynthes (*b'tom* en arabe), suivant le fil d'eau de ses longues dépressions; il y a bien encore des bois et des bois assez considérables dans le massif s'ah'arien; mais au delà, dans le S'ah'ara oasien, on ne trouve plus, comme grands végétaux, que des palmiers réunis, il est vrai, en masses considérables, et dues tout entières d'ailleurs au travail de l'homme.

Dans le Tell, le palmier n'est qu'un arbre d'ornement qui recherche de préférence le voisinage des eaux thermales, mais qui ne donne jamais de bons fruits.

Dans le S'ah'ara, le blé, l'orge, l'olivier, les arbres fruitiers croissent au pied des palmiers; mais si les palmiers ne les protégent pas de leur ombre, ils meurent bientôt.

Le Tell, qui fut un moment le grenier de Rome, n'a guère perdu de sa fertilité.

Le blé et l'orge sont encore ses deux grands produits.

En juillet, août et septembre, tous les terrains que l'on peut arroser se couvrent de citrouilles, de concombres, de melons, de pastèques, d'oignons, de piments, de bech'na ou millet, de maïs qui se mange aux trois quarts mûr, rôti sur le feu.

Les légumes le plus généralement cultivés sont les fèves, les carottes et les navets.

Les jardins indigènes ne sont à vrai dire que des vergers où l'on ne voit ni allées ni espaces réservés pour la promenade, mais seulement des arbres isolés et disposés sans ordre aucun.

Ce sont des oliviers ou des ormes au tronc desquels s'enroulent de grandes et fortes vignes chargées de raisins; des figuiers, des grenadiers, des caroubiers, des amandiers, des cerisiers, des abricotiers, des pruniers, des pommiers, des cognassiers, des jujubiers.

A peine y voit-on çà et là quelques jasmins, des œillets d'Inde, des giroflées, de la menthe.

Les noyers atteignent sur certains points de très-grandes proportions.

Mais le figuier, par la facilité de sa culture et par la nature de ses fruits, que l'on sèche et conserve facilement, est l'arbre le plus généralement répandu.

Les environs d'Alger, toutes les montagnes de la K'ebaïlie, celles du massif algérien, ont de nombreux oliviers, mais aucune localité n'en possède autant que Tlemsên.

Tous les villages des montagnes sont comme enveloppés des figuiers de Barbarie (*cactus opuntia*) qui protégent leurs jardins.

La plupart des sources sont ombragées par des saules, des trembles, et surtout par des peupliers blancs de Hollande, auxquels elles doivent souvent leur nom arabe, ainsi que beaucoup de rivières et de ruisseaux (*A'ïn* et *Ouêd S'afs'af*, la source, la rivière des peupliers blancs).

L'orme prend de grandes proportions dans les lieux humides et les fraîches vallées.

Quelques territoires possèdent de nombreux caroubiers dont les fruits servent à la nourriture du bétail.

Grand nombre de rivières et de ruisseaux coulent sous les nérions ou lauriers roses, qui en juin ou juillet se montrent au loin, avec leurs belles fleurs roses, comme de prodigieuses guirlandes.

Un interminable manteau de broussailles couvre toutes les terres dont la culture ou les forêts ne se sont pas emparées.

Dans toute la moitié occidentale de l'Algérie, il est formé de palmiers nains ; dans la partie orientale, d'artichauts sauvages, aux feuilles d'un gris cendré.

La limite des deux plantes est à peu près au Chelef, sous le méridien de Paris, un peu à l'Ouest du méridien d'Alger.

Et, au milieu de ces palmiers nains, de ces artichauts, on voit croître et se développer et mourir d'innombrables guendoul ou genêts épineux, aux fleurs jaunes, des sedra ou jujubiers sauvages, des myrthes, des lentisques broussailles, des bourraches, des centaurées, des daucus aux ombelles blanches, des statices, les silènes, des soucis, des sinapis, des résédas, des chrysanthèmes, des chardons-Marie aux feuilles marbrées de blanc, plusieurs autres cardinées, des mauves, des volubilis, des menthes, des sauges, etc.

Février voit les champs se couvrir d'anémones et les fourrés de violettes, tandis que les paquerettes étendent sur les terrains humides un vaste tapis d'argent et d'or.

Dans le courant de mars, de tous côtés l'asphodèle, le *berouâg* des Arabes, élève sa haute tige rameuse près des panaches verts des férules et des thapsies mauritaniques; en même temps quelques plantes bulbeuses, les lis, les iris, les narcisses, les glaïeuls, surgissent de toutes parts.

En été, alors que le soleil règne sans partage et que la plupart des végétaux s'inclinent sur leurs tiges desséchées, l'œil rencontre encore quelques plantes plus résistantes, l'héliotrope sauvage, sans odeur, le fenouil aux grandes tiges vertes et odorantes, l'hérynge-améthiste, que sa belle couleur a fait appeler par les Arabes *Zraga*, la bleue.

C'est en septembre que le datura stramonium se couvre de ses grandes cloches blanches et donne ses pommes épineuses, qui sont un poison pour les hommes.

Alors aussi on voit s'élever de terre la belle tige du scille, que termine un thyrse de fleurs blanches serrées, semblable au fer d'une lance, qui lui a valu son nom *hasta regia*, la javeline royale.

Pendant deux fois trente jours aussi, le *daphné gnidium* (en arabe, *el Azzaz*) embaume les brises qui le soir passent au-dessus de la plaine.

Partout à cette époque qui chez nous représente l'automne, dans tous les pays boisés ou seulement couverts, on peut recueillir la chicorée sauvage, les pissenlits, les mâches (doucette), l'épinard et l'oseille.

Toute la zône des steppes, limitrophe du Tell, offre en abondance, aux mois de mars et d'avril, ce tubercule appelé *terfès*, la truffe algérienne.

Le sol pierreux des contrées montueuses est quelquefois couvert de lavande, et c'est une des stations favorites du dis, graminée qui fournit un excellent fourrage vert.

Autour de quelques villes, en de certaines saisons, l'aloës élève vers le ciel ses hampes élancées, qui semblent, avec leurs fleurs, d'énormes candélabres.

Le palmier est le roi des arbres du S'ah'ara, et pourvu qu'un peu d'eau humecte ses racines, il n'est pas de sol où il se plaise autant qu'au milieu des sables.

Cependant il ne rencontre pas toujours ici la haute température *constante* qui lui est nécessaire ; il souffre très-souvent du froid ; néanmoins ses produits, s'ils ne sont pas supérieurs, sont abondants.

Les meilleures dattes de l'Algérie sont celles de l'Ouêd Souf. Leur principale ligne d'écoulement est sur Tunis.

La cueillette des dattes commence généralement vers le 20 octobre et dure environ cinq semaines.

Dans le S'ah'ara, à cette époque, la charge de blé vaut deux charges de dattes; dans le Tell, au moment de la moisson, la charge de dattes vaut deux charges de blé.

Le palmier-dattier est une véritable richesse pour le S'ah'arien. La sève fournit une boisson assez semblable à l'orgeat et très-estimée, appelée *lagmi*; les feuilles servent à couvrir les gourbis, ou bien l'on en tisse de grands chapeaux; la tige est employée comme bois de construction et de menuiserie.

A l'ombre des longues palmes du dattier, l'habitant du S'ah'ara a pu cultiver du blé, de l'orge et la plupart des arbres fruitiers du Tell, le figuier, l'abricotier, la vigne, le pêcher, etc.

Les Bois et les Forêts.

En Algérie, comme en France, il y a des bois d'une étendue plus ou moins considérable jetés çà et là à la surface du pays, de même que l'on y voit des forêts s'épandre sur des régions entières.

Ainsi on peut citer, comme masses isolées,

Dans la province d'Alger :
Les bois du *Mâza'fran*, des *Karezas* et du *Bou douaou*, aux environs d'Alger; ceux d'*Aïn Talazîd* et du *Mouzaïa*, près de Blîda; ceux de la vallée de l'*Oued H'arbîl*, près de Medîa; les forêts du *Sebaou*, celles du *Djebel Dîra* et de l'*Ouânnour'a*, autour d'Aumale.

Dans la province d'Oran :
La forêt de *Moulé Ismaël*, les bois de *Msîla* et de la *H'abra*.

Dans la province de Constantine :
La forêt de l'*Edour'*, au-dessus de Bône ; celles de *La Cale*, du *Zéramna* et du *Filfila*, près de Philippeville ; celles des *Beni Salah*, des *H'anencha*, du *Bellezma* et du *Bou T'aleb*.

Enfin, comme masses continues, cette longue zône de forêts et de bois qui couvre toute la lisière australe du Tell, dans les deux provinces d'Oran et d'Alger, s'étend, presque sans discontinuer, de la frontière du Marok jusqu'à Aumale, et va se réunir aux forêts de l'Aourès par des groupes peu éloignés les uns des autres. Sa largeur est toujours peu considérable.

D'abord composée presque exclusivement de chênes verts, de chênes liéges et de chênes à glands doux, elle se garnit ensuite de pins de différentes espèces, et entre autres de cèdres. Les groupes principaux de ces beaux arbres sont près de Teniet el H'ad et de Bât'na.

On évalue la superficie totale des forêts algériennes à 1,200,000 hectares.

Les essences principales sont le chêne liége, le chêne vert, le chêne zéen, le chêne à glands doux (*ballout*), le cèdre du Liban, le pin d'Alep, le térébinthe ou pistachier de l'Atlas, le genévrier, le thuya, l'olivier, le tamarisc, l'orme, le frêne (en k'ebaïl *Isselel*) et le phylliréa (*k'tem* en arabe), le sumac.

Le massif S'ah'arien n'est pas dépourvu de forêts, et on en cite même sur quelques points des Steppes.

Règne Animal

La nature d'une grande partie de l'Algérie, couverte de montagnes boisées, escarpées, difficiles, ou de landes désertes; le chiffre peu élevé de sa population, ont permis aux animaux sauvages de s'y multiplier sans obstacles.

Le lion et la panthère tiennent le premier rang parmi eux, mais il n'y a pas de tigres.

Les lieux déserts et les forêts servent encore de refuge à des hyènes, des onces, des chats tigres, des lynx, des caracals, des servals, des ichneumons, des mangoustes, des porcs-épics, des renards, des furets, des belettes, des gerboises, des taupes.

Le chacal, errant en troupes, fait entendre chaque jour ses glapissements criards aux environs de tous les lieux habités.

Les sangliers, les lièvres, les lapins, sont excessivement abondants.

Bougie, K'ollo, Stora, ont une espèce de petit singe pithèque qui cause quelques dégats dans les jardins; mais les singes des gorges de la Chiffa, entre Blîda et Medîa, sont beaucoup plus gros et plus forts.

Le *beur' el ouah'ache*, espèce de bœuf sauvage, le *bubale* des anciens, parcourt les steppes; il en est de même des gazelles qui, d'ailleurs, habitent également les montagnes du Tell.

Les hérissons vivent dans la broussaille, de même qu'un petit rat tigré très-commun. Là aussi on trouve quantité de tortues de terre. Beaucoup de sources et de ruisseaux sont remplis de tortues d'eau à l'odeur puante.

L'ornithologie algérienne comprend les aigles, les éperviers, les vautours, les milans du Cap, les émouchets, les pigeons, les tourterelles, les perdrix, les corbeaux, les corneilles à bec rouge, les poules de Carthage, les ganga, les hiboux, les rossignols, les chardonnerets, les merles, les loriots aux jolies couleurs, les geais à plumes bleues, les flamands, les moineaux, les alouettes, etc. ; la pintade, ou poule de Numidie, est originaire de la province de Constantine, ainsi que ce gracieux échassier appelé *demoiselle de Numidie*.

Février ramène les cigognes ; les premiers froids du Nord, les étourneaux, les grives, les canards, les vanneaux, les pluviers, les bécasses, les bécassines ; les premiers beaux jours, les cailles, les ortolans, etc.

Les rochers de la côte sont couverts de goëlands et de mouettes aux ailes blanches.

Durant les chaleurs, tous les terrains nus, au voisinage des buissons, sont sillonnés par des caméléons et des lézards de différentes espèces. La tarente ou gecko habite les crevasses des vieux murs.

Il n'est pour ainsi dire pas de broussailles dans la plaine dont chaque branche ne ploie sous le poids de colimaçons qui, blanchis par la mort, jonchent en outre le sol environnant. Ils appartiennent la plupart à l'espèce comestible, l'hélice chagrinée.

De temps à autre le S'ah'ara envoie dans le Tell des légions de sauterelles qui y font de grands dégats.

Le scorpion est très-commun dans toutes les parties pierreuses du Tell ou du S'ah'ara.

Un autre reptile très commun dans certaines parties des solitudes s'ah'ariennes est ce gros lézard appelé Ouaran, dont les arabes utilisent la peau de différentes manières,

La vipère minute, le leffaâ, assez rares dans le Tell, sont au contraire très-communs dans le S'ah'ara, où l'on trouve aussi nombre de vipères à cornes (céraste). Ces trois serpents sont dangereux.

A l'exception de quelques poissons de mer qui remontent le cours inférieur des grandes rivières aboutissant à la côte, on ne pêche dans les eaux algériennes que des barbeaux et des anguilles.

Les poissons de mer les plus communs sont : le saint-pierre, le loup, le pajot, le maire, le rouget, le mulet, la sole, la bonite, la dorade, le thon, la sardine, l'alose, le brochet, le sar, la murène, le mustel, etc.

Il y a peu de homards, mais une assez grande quantité de langoustes et de crevettes.

L'oursin est commun dans ces parages, ainsi que le clovis, le praire et les moules.

Il y a des huîtres sur quelques points.

Le corail du littoral de Bône et de La Cale, est célèbre depuis longtemps.

Outre le bétail que l'on élève dans les villes et dans les villages, les Arabes ont des troupeaux considérables de bœufs, de moutons, de chèvres et de chameaux.

Le gros bétail est d'une plus petite espèce que le nôtre ; les vaches n'ont que peu de lait, mais les brebis et les chèvres y suppléent, et c'est principalement de leur lait que se font tous les fromages.

Quant au cheval, il joue un rôle si remarquable dans toute la vie arabe, que nous lui devons une attention toute particulière.

Le Cheval.

Associé par les Arabes à tous les actes importants de leur existence, ce bel et noble animal semble s'identifier complètement avec les événements dans lesquels il est appelé à jouer un rôle.

Vif, ardent, impétueux, intelligent, doux et bon, extrêmement sensible aux puissantes impulsions de l'amour-propre, il est, suivant les circonstances, d'une patience dont on se ferait difficilement une idée, d'une sobriété qui atteint les limites du possible, d'un courage que le danger ne fait qu'exalter et accroître, d'une force de résistance qui le rend capable de surmonter les plus grandes difficultés.

Quant à ses qualités physiques, elles sont restées ce qu'elles ont été toujours, et le cheval barbe est, sans aucun doute, après le cheval arabe, le premier cheval du monde.

C'est bien le même qui fit la gloire de l'ancienne Numidie, ce coursier célèbre par la suprême élégance de ses formes, la sûreté de son pas dans les terrains les plus difficiles, la rapidité de sa course, la soudaineté de ses mouvements, la promptitude avec laquelle il interprète les moindres pensées de son maître, digne en tout de sa haute origine.

Le cheval barbe n'est autre en effet que le cheval arabe, modifié par un séjour dans des régions légèrement différentes de celles où il se trouvait tout d'abord.

Les Berbères l'ont amené avec eux de l'Arabie même, des lieux où nous reportent les souvenirs les plus certains de leur primitive histoire.

Mais une fois fixé dans les régions atlantiques, le cheval arabe n'y a pas conservé partout sa pureté originaire.

Les chevaux du Tell ne valent pas à beaucoup près ceux du S'ah'ara.

Aussi le cheval du S'ah'ara est-il celui que l'Arabe a en vue lorsqu'il dit du cheval de race, du Chareb er Rieh', le *Buveur de Vent* :

« Le cheval de race est celui dont la conformation tient du levrier, du pigeon et du mah'ari, le chameau de course.

» Il doit avoir :

» Quatre choses larges :
Le front,
Le poitrail,
La croupe,
Et les membres ;

» Quatre choses longues :
L'encolure,
Le ventre,
Les rayons supérieurs,
Et les hanches ;

» Quatre choses courtes :
Les oreilles,
Les paturons,
Les reins,
Et la queue (1). »

(1) Voir la note 5 à la fin du volume.

Les races estimées dans la partie occidentale du S'ah'ara algérien, sont au nombre de trois ;

Celle H'aïmour, celle de Bou R'areb (le père du Garrot) et celle du Merizigue.

Leurs rejetons sont répandus chez les H'ameïans, les Ouled Sidi Chîkhr, les Lar'ouât K'sal, les Ouled Iak'oub, les Mak'na, les A'mour, les Ouled Sidi Nas'eur et les H'arâr.

Dans la partie centrale du S'ah'ara algérien, les les L'A'rba prisent fort la descendance de Rakebî ; elle est aussi répandue chez les A'r'azliâ, les Ouled-Cha'ib, les Ouled-Mok'tar, les Ouled-Khrelîf.

Les Ouled-Na'il font usage des descendants d'un étalon fameux nommé El Biod', *le Blanc*.

Quelle que soit d'ailleurs l'infériorité des chevaux telliens comparés à ceux du S'ah'ara, il y a cependant chez les premiers plusieurs familles remarquables par les qualités qui distinguent si éminemment les seconds.

L'administration de la guerre a pris du reste, dans ces dernières années, un ensemble de mesures qui ne peuvent qu'amener une amélioration remarquable dans la race du Tell. Aussi la retrouverons-nous bientôt riche de tous les avantages dont elle fut primitivement douée.

Règne Minéral.

Substances métalliques.

Les minéraux les plus communs en Algérie sont le fer, le cuivre et le plomb.

Les gisements de fer les plus remarquables sont ceux de Bône, comparables aux plus beaux dépôts de l'Europe, et qui donnent des fers d'une qualité supérieure.

Il y a encore des minerais de fer sur une infinité de points et entre autres au Mouzaïa, chez les Beni Slimân de Bougie, dans le Zakkar de Miliana, dans le Filaousen de Tlemsên, dans la vallée de la Tafna, à Tefesra, au Râs Filfila, près de Philippeville.

Les exploitations de cuivre de Tenès occupent un certain nombre d'ouvriers et celles du Mouzaïa alimentent les travaux d'un bel établissement métallurgique.

Il y a de riches mines de plomb dans le Djebel bou T'aleb, au Midi de Set'if; au Kef Oum et Teboul, le *Rocher des Scories*, près de La Cale ; dans les environs de Tenès et de Sebdou; à R'ar Roubbân, sur la frontière du Marok; dans l'Ouâncherich.

La plupart des minerais de plomb sont argentifères, et ceux d'Oum et Teboul sont même assez riches.

On a de plus trouvé :

De l'*or* dans le bassin de l'H'arrach, près de Rovigo, dans l'Oued el Dzeheb, la *rivière de l'Or*, près de Mila (Constantine);

De l'*antimoine* autour de Nemours, auprès de Lalla Mar'nia (province d'Oran), au Djebel Mtaïa, au Djebel Sidi Rer'éis (province de Constantine).

Substances non métalliques.

On a signalé le *soufre* pur sur plusieurs points, tels que le Chot't' de l'Ouest et la plaine appelée *El*

Kebrîta (la soufrière), à 32 kilomètres au Sud-Ouest de Bor'ar.

La *magnésie* abonde dans beaucoup de terrains que les eaux évaporées couvrent de blanches efflorescences.

Une des vallées des Beni Mis'ra, près de Blida, contient un riche gîsement d'*émeraudes*.

Deux vastes dépôts de *terre à porcelaine* s'étendent autour de Nedroma et de La Mar'nia.

Les roches du Cap de Fer ont fourni de beaux blocs de *porphyre*.

Toutes les substances calcaires, ou qui ont la chaux pour base, sont extrêmement abondantes en Algérie.

Les roches du Cap de Garde, à Bône, renferment des couches puissantes d'un marbre anciennement exploité par les Romains, et le Djebel Filfila, près de Philippeville, de très-beaux bancs de marbre blanc à gros grains cristallins.

La Numidie avait un marbre célèbre qu'on croit avoir retrouvé près de Set'îf.

Et la province d'Oran a, dans la vallée de l'Isseur, des carrières d'un marbre onyx translucide fort remarquable.

L'installation française a fait ouvrir, dans tous les lieux où elle s'est posée, des carrières de pierres à bâtir et de moellons.

La pierre à plâtre et la pierre à chaux sont également répandues partout, et il y a peu de contrées qui en soient dépourvues.

Quant aux argiles à briques, à tuile et à poterie, on en trouve sur une foule de points, et, pour ainsi dire, chaque fois qu'il en est besoin.

Un grand nombre de localités sont très riches en sel.

Les dépôts les plus considérables sont les salines naturelles d'Arzeu et des A'kerma, les sels gemmes d'A'ïn Temouchent (Oran); ceux des Rochers de Sel, sur la route de Media à Lar'ouât; ceux des Ouled Kebâb, à 18 ou 20 kilomètres de Mila; les sources salées des Rebaïa (Media); la montagne de sel de l'Out'aïa, entre Bât'na et Biskra, dont le sel est si agréable au goût que le chiite Obaïd Allah, le fondateur de la dynastie des Fatimites, l'avait réservé pour son usage personnel et celui de sa cour.

Sources Minérales.

Les eaux qui traversent le cœur de la terre acquièrent une plus ou moins grande chaleur, suivant leur plus ou moins grande profondeur, et s'imprègnent des substances minérales qu'elles rencontrent.

Ainsi, elles sont ferrugineuses si elles reposent quelque temps sur des minerais de fer, cuivreuses si elles passent sur des pyrites de cuivre, etc. Elles sont quelquefois simplement thermales ou chaudes.

L'Algérie possède un assez grand nombre de sources minérales et thermales. On en connaît aujourd'hui 42.

Les sources thermales les plus remarquables sont :

Dans la province de Constantine :

Les H'ammam Meskhroutine (les bains maudits), ainsi nommés de dépôts calcaires, quelquefois d'une hauteur de 10 mètres, affectant les formes les plus bizarres. Les Arabes croient y voir une noce entière, tentes, hommes et bêtes foudroyés et pétrifiés par la colère de Dieu.

La chaleur de ces sources est presque celle de l'eau bouillante, 95°.

Les H'ammam Bou Sellam, sur les bords de cette rivière, à 19 kilomètres au Sud-Ouest de Set'if, 49°.

Les H'ammam des Biban ou des Portes de Fer; sulfureuse, 70°.

Dans la province d'Alger :

Les H'ammam Melouan ou les bains colorés, qui doivent leur nom aux terres de diverses couleurs déposées par leurs eaux. Elles sont près de Rovigo, à l'entrée des gorges de l'H'arrach ; 42°.

Les H'ammam Rir'a, source auprès de laquelle s'élevait, du temps des Romains, la colonie d'*Aquæ Calidæ* ou des Eaux Chaudes. Elle est voisine d'Aïn Benîan Vesoul, sur la route de Blida à Miliana; 45°.

Les H'ammam des Eulma, près de Berouàguia, au Sud-Est de Media ; 42°.

Les H'ammam de Serguine, dans la vallée de Taguine (Media). Elles sont très-chaudes.

Dans la province d'Oran :

La source des Bains de la Reine, tout près d'Oran, sur la route de Mers el Kebir ; 47°.

Les H'ammam Bou H'adjar, la source des pierres, près de l'Ouêd Maleh' (Rio Salado) et à 19 kilomètres au Nord-Est d'A'ïn Temouchent; 48° et 60°.

Les H'ammam Sidi Ben En Nefîa, à 21 kilomètres Sud-Ouest de Mascara, et qui donnent leur nom à l'Ouêd el H'ammam; 50°.

Les H'ammam Sidi Abdeli, dans un site charmant, près du pont de l'Isseur et de la route d'Oran à Tlemsèn; 35°.

Les H'ammam Bou-R'ara, sur la Tafna, près de l'ancien pont de la route de Tlemsèn à Nemours; 48°.

L'HOMME.

La population de l'Algérie est d'environ 2,640,000 âmes.

Elle se compose d'éléments très-divers et très-dissemblables, de *K'ebaïls* ou Berbères; d'*Arabes* connus dans les villes sous le nom de Maures; de *Kourour'lis*, fils des Turks et des femmes indigènes; de *Nègres* importés du Soudan; d'*Israélites* et d'*Européens* appartenant à toutes les nations de l'Europe.

Ces éléments présentent les proportions suivantes :

Européens.	170,000
Arabes des tribus. . . .	1,300,000
Arabes des villes ou Maures.	122,000
Berbères ou K'ebaïls. . .	1,000,000
Kourour'lis.	8,000
Nègres	10,000
Israélites	30,000
Total. . .	2,640,000

Les deux races dominantes, celles qui forment la grande masse de la population, sont donc les Arabes et les Berbères.

Les Arabes.

Les Arabes de l'Algérie ne sont pas les fils d'individus établis dans ce pays à une époque dont on ait perdu le souvenir.

Comparativement parlant, leur arrivée en cette région est même assez récente.

Ils s'y montrèrent pour la première fois au déclin de la puissance romaine, aux dernières années du viie siècle de l'ère chrétienne.

Les combats qu'ils eurent à soutenir contre les populations pour s'emparer du pays, et surtout contre les Berbères, maîtres du pays avec les Romains, furent aussi longs qu'acharnés.

Cependant, déjà en 682, sous les ordres d'Okba ben Nafe, ils avaient traversé l'Atlantide dans toute sa longueur pour ne s'arrêter qu'à l'Océan Atlantique.

Mais il n'y furent définitivement installés qu'au viiie siècle.

Les Arabes sont entrés dans l'Atlantide par l'Est, par la Tunisie.

Ils venaient de l'Orient, de leur pays originaire, de l'Arabie, vaste contrée située au delà de l'Egypte et du Nil.

C'est une des branches de la grande famille de Sem, et leur sang est celui de la race blanche.

Ils sont généralement grands de taille, élancés et vigoureux, durs à la marche, résistants à la fatigue, assez mous au travail, sobres quand l'occasion le demande et grands mangeurs lorsqu'ils peuvent satisfaire leur appétit.

Leur tête est généralement allongée, le front fuyant, c'est-à-dire jeté en arrière, les yeux grands et noirs, le nez osseux, pincé et busqué, la bouche moyenne, les lèvres minces et le menton petit, les cheveux assez abondants, la barbe et les moustaches peu fournies.

Au moral, ils sont intelligents, fins et rusés, généralement bienveillants tant que le fanatisme et la haine ne les passionnent pas, hospitaliers, curieux, très-bavards, mais violents dans leurs emportements, et portés à la chicane.

Le costume des Arabes est assez simple, varie fort peu, et n'a sans doute éprouvé aucun changement depuis plusieurs siècles.

Il se compose d'une chemise à manches courtes (*gandoura*) généralement serrée à la taille par une ceinture tissée d'un genre quelconque, quelquefois d'un pantalon en toile fort ample ne dépassant guère le genou ; d'une pièce d'étoffe en laine, fort longue, peu large, appelée *h'aïk*, avec laquelle on s'enveloppe la tête et le haut du corps; enfin d'une sorte de grand manteau à capuchon, fermé à la hauteur du cou, et nommé *beurnous*.

Le h'aïk est presque toujours fixé à la tête par un long cordon en laine (*khrit*) s'enroulant plusieurs fois sur lui-même.

Ou l'Arabe va nu-pieds, ou il a pour chaussures des souliers en cuir à bouts ronds aussi larges à l'extrémité qu'au talon, ne couvrant que la partie avancée des pieds; des pantoufles en cuir jaune, vert ou rouge, qui, au contraire, montent par-dessus le coude pied, ou des espèces de sandales, en h'alfa, fixées à la jambe par des cordelles.

Sa coiffure se compose d'une calotte rouge plus ou moins ample (*chachîa*), dessous laquelle on met une ou deux calottes plus petites, plus justes, en laine feutrée.

Toutes les pièces de l'habillement, gandoura, h'aïk, beurnous, chachîa, sont en laine.

Il en est de même du costume des femmes, qui se compose d'une ou deux gandoura, et d'un h'aïk disposé, au moyen d'agrafes, de manière à couvrir la tête et le haut du corps.

Les chaussures sont les mêmes que celles des hommes.

La coiffure se compose d'un mouchoir en soie noire, ou d'un fichu quelquefois assez riche, enveloppant les cheveux et se nouant derrière la tête. On place le h'aïk par-dessus d'une manière assez gracieuse, et il retombe sur la poitrine, où il est fixé au moyen d'agrafes ou de broches.

Aux oreilles de grandes boucles, au cou des colliers de pièces de monnaie entremêlées de grains, de verre et de morceaux de corail. Aux poignets des bracelets massifs, ainsi que ceux qu'on porte aux jambes (*khrolkhrâl*) au-dessus de la cheville.

Ces bijoux sont en argent ou en or, suivant la fortune des personnes qui les portent.

Deux ingrédiens employés dans la toilette des femmes orientales depuis une époque immémoriale, le sont nécessairement par les femmes arabes. Ce sont le *koheul* et le *h'enna*. Le *koheul* est du sulfure d'antimoine en poudre impalpable, avec lequel on se noircit les sourcils et le bord des paupières; le *h'enna* est un petit arbrisseau dont les feuilles desséchées et broyées, appliquées sur la peau où les cheveux, les teignent en jaune orange.

Les Arabes habitent ou des tentes ou des gourbis.

Les grands personnages, les chefs seuls, ont de vastes habitations avec des appartements décorés et où l'on voit quelques beaux meubles ; habitations environnées de leurs dépendances, logements pour les domestiques, maisons pour les hôtes, écuries, hangars, jardins.

Le nombre des maisons en maçonnerie couvertes en tuiles, déjà assez considérable, augmente chaque jour.

Mais la grande masse des populations demeure sous des *tentes* ou dans des *gourbis*.

La tente (en arabe *Khrima* ou *Bit el Char*, la maison de poils), est formée de pièces d'une forte étoffe de laine appelée *felidje*, longues de plusieurs mètres, peu larges, que l'on coud les unes aux autres par le plus grand côté et que l'on tend sur des pièces de bois, des montants plus ou moins nombreux.

Le gourbi n'est autre chose qu'une chaumière, murs en pierres sèches, toit en roseaux et en dis.

De meubles, il n'y en pas tels que nous les entendons.

C'est dans des sacs en laine ou en peau que l'on dépose les grains et les provisions qui sont la base de la nourriture de la famille, les objets d'habillement, la laine mise en réserve.

On couche sur des nattes ou des tapis, presque toujours avec les vêtements que l'on porte.

Quelques poëlons, des pots, des vases en bois, en fer ou en cuivre, des corbeilles de différentes grandeurs, servent à la cuisine et au service ; la *gues'a*, ou grand plat de bois dans lequel se sert le kouskous, est le plus important de ces ustensiles.

La nourriture se compose de viande de mouton (rarement de bœuf) ou de volaille, de différentes préparations farineuses parmi lesquelles le *kouskous* tient le premier rang. C'est le plat national, et il y en a une assez grande variété. On y joint des fruits secs, des noix, des amandes, du raisin, des dattes, du miel, des légumes, beaucoup de piment et de poivre.

On mange ou avec les doigts ou avec des cuillers en bois. La fourchette n'est pas connue.

Dans les villes seules le café et le tabac sont d'un usage à peu près général. Dans les tribus, fort peu d'individus les connaissent ; quelques kaïds, çà et là, ont un homme chargé de faire le café, un *kahouadji*.

La religion des Arabes est celle dont les principes sont exposés dans un livre appelé K'oran, *el K'oran*, le livre par excellence, et que nous appelons *Musulmanisme* (du mot *Mosselmin*, les croyants, par lequel les Arabes se désignent personnellement), *Mohammédisme* ou *religion de Moh'ammed*.

Le K'oran a été écrit, en Arabie, par un Arabe de la tribu de K'oréïche nommé *Moh'ammed* (vulgairement *Mahomet*), au viie siècle de l'ère chrétienne, c'est-à-dire plus de 600 ans après la venue du Christ.

Les Arabes regardent Mo'hammed comme leur prophète. Ils ont d'ailleurs une grande vénération pour Notre Seigneur Jésus-Christ, pour la Vierge Marie et pour les prophètes des Ecritures, particulièrement pour Abraham (*Ibrahim, Braham, Brahim,* en arabe).

Le K'oran ne reconnaît qu'un Dieu unique, qui n'est et ne saurait être associé; incréé, éternel; il admet la résurrection des morts, la vie à venir, les prières expiatoires, les récompenses données aux bons, les punitions infligées aux méchants; il recommande avec insistance la prière, l'aumône, l'hospitalité.

Le Moh'ammédisme présente relativement au rite, c'est-à-dire à la manière dont se célèbre le culte, quatre grandes divisions:

      Le rite Maleki;
      Le rite H'anafi;
      Le rite Chefa'ï;
      Le rite H'anbali.

En Algérie, à Tunis, dans le Marok, c'est le rite Maleki qui domine, bien qu'il y ait un assez grand nombre d'individus du rite H'anafi pour qu'on ait cru devoir nommer des Meuftis (espèce d'évêques) de l'un et de l'autre rites.

Les cinq prescriptions fondamentales du culte mulsulman sont:

      La profession de foi, *el Cheh'ada.*
      La prière, *el S'alat;*
      L'aumône, *el Zekkat;*
      Le jeûne, *el S'îam;*
      Le pèlerinage, *el H'adje.*

Il y a cinq prières :

La prière du point du jour ;

La prière d'une heure après-midi ;

La prière de trois heures ;

La prière du coucher du soleil;

La prière de huit heures du soir.

Les prières doivent être précédées d'ablutions (*oudou*) qui sont d'obligation.

Le jeûne a toujours lieu dans le mois *Ramad'an* et dure trente jours. Il est très-rigoureux, et on ne peut manger que du coucher du soleil au point du jour, c'est-à-dire la nuit.

Les cérémonies du culte musulman se célèbrent dans des édifices plus ou moins vastes, d'une architecture plus ou moins riche, appelés *djemâ* (lieu de réunion), que l'on nomme en français *mosquées*, du mot arabe *mesguîd*, lequel désigne seulement une petite djemâ où ne se célèbre pas le service, une chapelle.

Le sixième jour de la semaine, notre *vendredi*, est le dimanche des musulmans, le jour des cérémonies les plus importantes.

Les chefs religieux de l'ordre le plus élevé qu'aient les musulmans algériens sont les *meuftis*.

Le service religieux, dans les mosquées, est fait par les *imams*, assités des *azzâb* et des *mouddén*, chargés d'annoncer la prière, aux différentes heures du jour, du haut des *s'oumah* (vulgairement appelés minarets), sortes de clochers carrés, quelquefois octogonaux ou ronds, qui dominent les mosquées.

Les Arabes, de même que la plupart des peuples de l'Europe, ont parmi eux des familles que le sentiment général place au-dessus de celles qui composent la masse de la population : ils ont une *noblesse*.

Les personnes qui appartiennent à cette catégorie sont dites *men dar kebîra* ou *de grande tente*, l'équivalent de notre expression *un homme de grande famille*.

A la tête de la noblesse se trouvent les *Cheurfa* (au singulier on dit un *Cherîf*) qui, soit par les hommes soit par les femmes, se rattachent plus ou moins directement aux descendants du prophète Moh'ammed.

A côté des Cheurfa se placent les nobles d'origine militaire. On les désigne dans l'Ouest sous le nom générique de *Djouâd*, dans l'Est sous celui de *Douaouda*.

Les tribus de Djouâds devaient jadis à cette position le droit de donner des chefs à la plupart des tribus voisines.

Enfin, il y a la noblesse d'origine religieuse, comprenant tous les individus qui doivent une influence plus ou moins grande, ou à leur caractère même de sainteté, ou à celui de leurs pères.

Ce sont ces individus que l'on nomme *Mrabot'*, *Mrabt'înes*, et vulgairement en français les *Marabouts*. Leurs tombes, couvertes très-souvent d'une petite chapelle avec coupole (*koubbâ* en arabe), prennent le même nom.

Les populations arabes sont divisées en groupes plus ou moins considérables, en arabe *el a'rch*, au pluriel *el a'rach*, mots auxquels nous avons donné pour équivalents ceux-ci, la *tribu*, les *tribus*.

Les tribus sont divisées en fractions, appelées le plus ordinairement *ferka* (au pluriel *ferkat*), et subdivisées en associations de tentes, auxquelles leur disposition habituelle en cercle, en rond, a fait donner le nom de *douar*.

Les tribus arabes les plus importantes de l'Algérie sont :

Dans la province de Constantine :
Les *H'anencha*, les *Ouled si Iah'ia Ben T'aleb*, les *Nememcha*, les *H'arakta*, les *Sellaoua*, les *Segnia*, les *Telar'ma*, les *Ouled Abd en Nour*, les *Eulma*, les *A'meur R'araba* (1), les tribus du *Bellezma* et de la *H'od'na*.

Les *Ouled Na'ïl Cheraga* ou de l'Est, composés des *Ouled H'arkat* et des *Ouled Sâsi*, les *Rah'mân*, les *Ouled Zekri*, les *Ouled Moulât*, les *Ouled Saïah*; ces cinq dernières dans le S'ah'ara.

Dans la province d'Alger :
Les *At't'âf*, les *Ouled K's'eïr*, les *Ouled Khrouïdem*, les *Sbeh'*, les *Arîb*, les *Beni Djaad*, les *Beni S'limân*; les *Beni Khrelifa*, les *Khrachna* et les *Beni Mousa* de la Mtidja, les *Beni H'asen*, les *Ouled Mok'tar*, les tribus du *Titri*; les *Zenakra*, les *Ouled Cha'ïb*, les *Rah'man*, les *Ouled Naïl* de l'Ouest, les *L'A'rba*, les *A'razlia*; toutes les cinq dans le S'ah'ara.

Dans la province d'Oran :
Les *Flîta*, les *H'achem*, les *Sdama*, les tribus de la *Iagoubia*, les *Djafra*, les *Beni A'meur*, les *R'osel*.
Les tribus du *Djebel A'mour*, les *H'arar* et les *H'ameïan*; trois groupes du S'ah'ara.

---

(1) L'adjectif *R'araba*, placé à la suite de certains noms de tribus, signifie les *Occidentaux*, ou de l'*Ouest*; ici ce sont les *A'meur de l'Ouest*.
L'adjectif *Cheraga*, qui veut dire *Orientaux* ou de l'*Est*, s'applique de la même manière.

Les Maures ou Arabes des villes ne présentent d'autres différences avec les Arabes des tribus que celles qui peuvent exister entre des individus habitant des maisons et ceux dont la tente est la demeure habituelle. Quelques légères modifications aussi dans la nourriture et le costume.

Du reste, la même langue, les mêmes croyances religieuses.

Les Kourour'lis, ou fils des Turks, ont calqué leur existence tout entière sur celle des Maures.

Quant aux Israëlites, ils ont les mœurs et les cérémonies religieuses de tous leurs coreligionnaires. Ils parlent ou arabe ou français, et ont un costume qui participe de celui de ces deux peuples.

Les Berbères ou K'ebaïls

En envahissant le sol de l'Algérie, les Arabes eurent à combattre non-seulement les soldats et les colons romains, mais encore un peuple nombreux qui occupait la plus grande partie du pays.

A une époque dont nul n'a gardé le souvenir, ce peuple avait conquis le Mar'reb sur les populations noires qui l'occupaient.

De son origine il savait fort peu de choses positives, bien qu'il n'en eût pas oublié le fait le plus saillant, celui qui le rattachait à l'ensemble de la grande famille humaine.

Il se rappelait en effet avoir eu pour père commun Berber, fils de Mâzigh, petit-fils de H'am, fils de Noé.

Et, ainsi que l'avaient fait tant de populations de

l'ancien Orient, ce peuple avait pris le nom de son père ; les fils de Berber, étaient devenus *les Berbères* (1).

Mais il est à peu près impossible aujourd'hui de déterminer la région qu'ils occupèrent tout d'abord, leur point de départ.

Lorsque l'histoire et les traditions en parlent pour la première fois, elles nous les montrent occupant la plus grande partie de l'Arabie, voisins des Syriens au Nord et des Arabes Himyarites au Midi.

Toutefois, ce ne fut là pour eux qu'une station dans le grand mouvement qui les transportait de l'Orient vers l'Occident.

De la Péninsule Arabique ils passèrent sur le continent africain, les uns par le Nord, par l'isthme de Souëïs ; les autres, et ce fut le plus grand nombre, par le Sud, par le détroit de Bab el Mandeb.

En Afrique, il nous est facile de suivre leur trace, depuis les ports de débarquement jusqu'à l'Océan Atlantique, car ils ont laissé partout des témoignages certains de leur passage.

Après avoir occupé les régions maritimes qui environnent les entrées de la mer Rouge à l'Est du Haut Nil, ils descendirent le grand fleuve jusqu'en Egypte, d'où ils s'avancèrent vers l'Atlantide, en suivant une ligne parallèle aux rivages méridionaux de la Méditerranée, par Sioua, Aoudjela, Maradèh, R'arîan, Nofousa et le Nifzaoua.

Puis, l'Atlantide n'offrant plus une place suffisante à leurs tribus pressées, les uns, tels que les Touâregs, se jetèrent dans le Grand Désert et s'avan-

---

(1) Comme les fils d'Assour devinrent les *Assyriens*; les fils de Héber, les *Hébreux* ; les fils d'Amalek, les *Amalékites*.

cèrent jusqu'aux rives du Niger et du Sénégal ; d'autres, montant de légères embarcations, allèrent s'emparer des îles Fortunées (les Canaries), dont la population était entièrement Berbère à l'arrivée des Français, en 1401.

Lorsque la conquête mit les Berbères en rapport avec les Carthaginois, les Romains et les Arabes, ceux-ci trouvèrent en eux de redoutables et infatigables adversaires.

Les Romains en les entendant se nommer retrouvèrent bientôt cette épithète de *Barbares* qu'ils jetaient avec tant de dédain à tout ce qui n'était pas romain.

Quant aux Arabes, ils eurent toujours peu de sympathie pour les Berbères dont la langue à leurs yeux n'était qu'un jargon sauvage qui leur faisait dire de tout homme parlant d'une façon inintelligible : *il berbérise* ; comme nous disons : *il baragouine*.

Et, pensant de plus que les Berbères ne se donnaient aucun nom général, les voyant divisés en tribus, en fractions de tribus sans nombre, ils les appelèrent *K'ebaïl*, les tribus.

Ce nom et celui de Berbères leur sont restés. Seulement par *Berbères*, les écrivains européens entendent toutes les populations qui ont le même caractère, qui parlent la même langue, et ils ont laissé plus particulièrement le mot de K'ebaïls aux Berbères de l'Algérie, qui d'ailleurs le connaissent fort bien.

Du mot *Berbères*, légèrement modifié en *Barbares*, on a formé le mot *Barbarie* qui a servi à désigner jusqu'en 1830 les trois États de l'Atlantide, le Marok, l'Algérie et Tunis, nommés aussi *États Barbaresques*.

Refoulés dans la montagne par les envahisseurs étrangers, les K'ebaïls occupent encore aujourd'hui les parties les plus hautes, les plus difficiles de l'Algérie.

Leurs masses principales se trouvent dans la province d'Alger et surtout dans celle de Constantine, dont ils occupent la presque totalité.

Dans la province d'Alger, toutes les montagnes qui s'étendent de l'Isseur à l'Ouêd Sah'el, tout le massif Djerdjerien, en un mot, leur appartiennent.

C'est ce que l'on appelle la GRANDE K'EBAÏLIE.

La PETITE K'EBAÏLIE comprend tous les massifs montagneux situés entre l'Ouêd Sah'el et la Sebous, entre Set'if, Constantine, Guelma et la mer.

Tout l'Aourès est, à peu d'exceptions près, peuplé de K'ebaïls.

Dans l'Ouest, les terres les plus vastes qui leur appartiennent sont le Dahra et l'Ouâncherich ; ailleurs, ils n'ont plus que des îlots disséminés çà et là.

Mais partout, de ce côté, à peu d'exceptions près, ils ont oublié leur langue pour l'arabe.

Les K'ebaïls ou Berbères ont un type, un genre de figure bien différents de celui des Arabes.

Ils ont la tête ronde, volumineuse, au lieu de l'avoir allongée ; le front large, droit, perpendiculaire sur les orbites, au lieu de l'avoir déprimé et fuyant ; toutes les arêtes obtuses, engorgées ; le nez et les lèvres épaisses et non aiguës et fines ; la figure carrée et non allongée.

Ils sont moins grands que les Arabes, et, comme tous les montagnards, un peu trapus. D'ailleurs robustes, forts et durs à la fatigue.

Les K'ebaïls parlent le *berbère*, une langue tout à fait différente de l'arabe, et qui n'a de commun avec elle que quelques mots dus principalement aux rapports que la religion a introduits entre les deux peuples (1).

Car les Berbères, qui avaient d'abord des croyances à eux, qui avaient aussi accepté en partie et le polythéisme romain et le christianisme, finirent par adopter le musulmanisme, après l'avoir accueilli avec une certaine répugnance.

Le mode d'habitations établit entre les Arabes et les K'ebaïls une ligne de démarcation tranchée.

Au lieu de tente, le K'ebaïl a une maison, et le village (*dechra*) remplace chez lui le douar.

Ses habitudes sont, par cela même, assez semblables à celles de nos paysans.

Sa nourriture diffère peu de celle des Arabes ; seulement, l'olivier étant sa principale richesse, il emploie plus d'huile que ces derniers.

Le beurnous, le haïk, la chachîa (ou calotte rouge), forment comme chez les Arabes les éléments principaux de son costume. Seulement les travailleurs y joignent une pièce caractéristique des K'ebaïls ; c'est un grand tablier de cuir, appelé *tabenta*, qui, s'attachant au cou, descend jusque sur les jambes. On le met pour l'exécution de tous les grands travaux, les labours, la moisson, etc.

La communauté de religion a donné, du reste, aux K'ebaïls et aux Arabes les mêmes cérémonies.

(1) Voyez la note 6 à la fin du volume.

Seulement les marabouts jouent chez les premiers un rôle bien plus important que chez les seconds. Le K'ebaïl, toujours plus ou moins réfractaire à toute espèce d'autorité, écoute bien plus volontiers la voix de l'homme de Dieu que celle de ses chefs.

Mais il y a, sous d'autres rapports, entre les mœurs des deux peuples, des différences très-remarquables.

La plus frappante pour l'étranger est dans le rôle considérable que la femme joue dans la société berbère.

Non-seulement elle va toujours visage découvert, elle se mêle aux hommes, se charge des rapports extérieurs de la maison avec le dehors; mais elle est considérée, elle peut aspirer aux honneurs et au pouvoir dévolu à la sainteté. Chez les K'ebaïls seuls on voit des koubbas dédiées à des femmes maraboutes.

Il est d'autres usages tout aussi particuliers à ce peuple.

Dans tous les pays arabes, le meurtre se rachète par la *diá*, le prix du sang; chez les K'ebaïls, il faut que le meurtrier succombe, et la vengeance se transmet de père en fils.

Les K'ebaïls ne coupent jamais la tête de leurs ennemis tombés dans le combat.

Ils louent le vol fait à l'étranger et le flétrissent partout ailleurs.

Ils prêtent leur argent à intérêt.

Ils ont honte du mensonge et préviennent toujours de l'attaque.

Chez les K'ebaïls, tout le monde peut danser; chez les Arabes, un homme ne saurait danser sans passer pour un fou.

Parmi les Arabes, la perte d'un individu, bien que suivie de beaucoup de bruit, ne préoccupe que fort médiocrement ; chez les K'ebaïls, la mort de l'un d'entre eux suspend le travail de tout le village.

Mais la coutume la plus singulière des K'ebaïls est celle de l'*anaïa*, du droit qu'a tout individu de rendre inviolable la personne qui se réclame de lui, que ce soit un compatriote ou un étranger.

Une fois qu'un K'ebaïl a donné l'*anaïa* à celui qui le lui a demandé, la tribu à laquelle il appartient doit aide, protection et vengeance au demandeur comme à l'un de ses enfants.

Les K'ebaïls sont, comme les Arabes, divisés en tribus (*a'rch* ou *k'ebîla*), subdivisées en fractions (*ferka*) qui comprennent un nombre plus ou moins grand de villages (*daechr*).

Chaque decherâ se nomme un chef, que l'on appelle *amîn*, et qui est chargé de maintenir l'ordre public, de veiller à l'observance des lois et des coutumes.

Les amines réunis forment une sorte de conseil appelé *djemâ*, lequel s'élit un chef dit *amîne el oumena*, l'amîne des amines, qui devient le chef régulier de toute la tribu, et conduit les guerriers au combat.

On retrouve cette institution des djemâ dans tous les pays k'ebaïls, et partout aussi ses membres sont promus à leurs fonctions par le suffrage universel

En général, il y a cette différence considérable entre la société k'ebaïle et la société arabe, que celle-ci admet l'existence et la hiérarchie d'un pouvoir, tandis que la première n'admet que l'élection. Les Arabes sont essentiellement aristocrates, les K'ebaïls foncièrement républicains.

Les tribus k'ebaïles, généralement assez faibles, cherchent des forces dans des alliances avec leurs voisins. Elles forment alors des confédérations dont toutes les parties sont solidaires les unes des autres et doivent toujours s'appuyer dans toutes les luttes qu'elles peuvent avoir à soutenir.

Les tribus k'ebaïles les plus importantes de l'Algérie sont :

Dans la province de Constantine :
Les *Beni Mehenna* et les *Beni T'ifout*, du Sah'el de Philippeville ;
Les tribus du *Zerdeza*, du *Zouàr'a*, du *Ferdjioua* ;
Celles du *Sah'el de Djidjeli* ;
Les tribus du *Babour* et du *Guergour*, au Nord et à l'Ouest de Set'if ;
Les *Beni Abbés*, dans le bassin de l'Ouèd Sah'el ;
Les *Mzaïa*, les *Toudja*, les *Fenaïa*, les *A'ït A'meur*, du cercle de Bougie.

Les tribus de *l'Aourès* ;
Les *Rouàr'a*, nom des habitants de l'Ouèd Rir', du S'aha'ra.

Dans la province d'Alger :
Les *Beni A'ïdel*, du cercle d'Aumale ;

Les *Zouaoua*, les *Flissa*, les *Guechtoula*, les *Nezlioua*, du cercle d'Alger ;

Les *Mouzaïa* et les *Soumata*, au Nord et au Nord-Ouest de Media ;

Les tribus de *l'Ouâncherich*, et des cercles de Cherchêl et de Tenès.

Dans la province d'Oran :

Les tribus du *Dahra*, les *Beni-Ourar'*, et les *Flîta*.

Les *Oulh'asa*, les *T'rára*, les *Msírda*, et les *Beni Snouss* dans la subdivision de Tlemsên.

Les Beni Mzab.

Parmi les populations Berbères, l'une des plus importantes est celle des *Beni Mzâb* (enfants du Mzâb), *Mzâbia* ou Mzabites comme on les appelle ordinairement.

Ils parlent un dialecte *berbère* appelé d'après eux *Mzâbîa*.

Les Beni Mzâb occupent dans le S'ah'ara oasien sept villes et villages, dont l'ensemble forme ce que l'on appelle l'*oasis des Beni Mzâb*, bien qu'elles ne constituent pas un groupe unique, compacte.

En effet, cinq d'entre elles seulement sont rassemblées sur un étroit espace, ce sont : R'ardéïah, leur capitale; Mellîka, Beni Isguen, Bou Noura, El At'euf ; les deux autres Berrian, El Guerara, en sont éloignées.

Les Beni Mzâb ont le même genre de vie que

8.

toutes les populations du Désert; seulement leurs mœurs sont plus sévères. Ils ont l'ivresse en horreur, ne prisent ni ne fument : c'est pour eux un péché.

Comme tous les Berbères, ce sont de rudes travailleurs; mais la terre qu'ils ont à leur disposition ne pouvant les nourrir tous, une partie d'entr'eux s'expatrient et vont dans les villes du Tell exercer différentes industries.

Leurs croyances religieuses, en les isolant, ont plus que tout autre chose contribué à en faire un peuple à part.

Les Beni Mzâb appartiennent à une secte tout à fait différente des quatre grandes sectes du Moh'ammédisme. Aussi les désigne-t-on tantôt sous le nom de *Khramsia*, les cinquièmes, ou de *Khrouaredj*, les sortants, les gens placés en dehors de la foi commune.

Les préceptes religieux des M'zâbites sont ceux des Ouah'âbites d'Arabie.

Ils n'admettent pas la Seunna, la tradition, et ne croyent qu'au K'oran seul. Ils pensent que le péché rejette le pécheur, sans rémission, en dehors de la loi ; d'ailleurs ennemis jurés du mensonge, religieux observateurs de la foi donnée.

Les Mzâbites peuvent être au nombre 20 ou 25,000.

INDUSTRIE

des Indigènes.

L'agriculture est le plus grand travail des Arabes comme des K'ebaïls, celui dans lequel ils ont acquis le plus d'expérience et d'habileté.

C'est à elle qu'ils doivent et leur nourriture et leur habillement, leur entretien et la possibilité de se procurer tout ce qu'ils ne peuvent produire, c'est à elle qu'ils donnent le plus de temps.

Ces deux peuples présentent en cela une différence essentielle :

Les Arabes, habitants des plaines et des vallées, ayant devant eux un sol sur lequel les charrues pouvaient marcher sans obstacles, se sont livrés plus particulièrement à la grande culture, à celles des céréales, du blé et de l'orge.

Quelques tribus k'ebaïles ont bien de vastes champs, mais c'est le plus petit nombre. Certaines d'entre elles sont obligées de descendre dans les plaines pour y louer des terres de labour.

Les populations k'ebaïles, tirant tout le parti possible de leur position, se sont adonnées principalement à la petite culture, à celle des oliviers et des jardins. Les oliviers sont, on peut le dire, leur principale ressource.

Il y a sur quelques points occupés par les Arabes de grandes masses d'oliviers de rapport, mais ceci n'infirme en rien ce que nous venons de dire, parce que ces territoires ont été dans l'origine occupés par des peuples berbères, qui y ont laissé en se croisant et leurs habitudes et leurs méthodes agricoles.

Dans presque toutes les tribus arabes on trouve des jardins, mais ils sont la propriété d'individus privilégiés; chez les K'ebaïls, on peut dire que tout le monde en a.

C'est encore au travail k'ebaïl que nous devons ces belles plantations de palmiers-dattiers, qui sont la richesse des oasis du S'ah'ara.

Ces arbres, dont l'absence est dans cette région l'emblème de la misère, se comptent non par centaines, mais par centaines de mille.

L'élève des troupeaux de bœufs, de moutons, de chameaux, de chèvres, celle des chevaux, est, après la culture des terres, la branche la plus importante de l'agriculture indigène.

Les tribus du Tell possèdent surtout des bœufs, des moutons et des chèvres; les s'ah'ariens des moutons et des chameaux, mais surtout des moutons, dont la laine forme leur principale richesse.

Un assez grand nombre de tribus arabes, beaucoup de tribus k'ebaïles, ont des *ruches,* et il en est quelques-unes pour qui la vente du miel constitue même un revenu.

Le miel des *Oulh'asa*, dans le pays de Tlemsên, est renommé.

Toutes les forêts voisines des villes et de nos principaux établissements sont exploitées par les tribus qui en sont propriétaires, pour les besoins de ces centres de population.

On en tire des poutrelles et des perches pour les constructions, du bois de chauffage et du charbon. Dans quelques contrées, comme dans les montagnes de Tlemsên et dans toute la K'ebaïlie, elles fournissent d'abondantes récoltes de glands (*ballout*).

L'extraction du goudron est une spécialité pour certaines tribus, telles que les *Guet'arnia* (les goudronniers, prov. d'Oran), qui lui doivent leur nom.

Dans toutes les tentes arabes à peu près, Tell ou S'ah'ara, dans toutes les maisons k'ebaïles, les femmes, à leurs moments perdus, blanchissent, cardent et filent de la laine.

Cette laine sert au tissage des beurnous, des h'aïks, des gandoura, des couvertures de cheval (*djellâl*), des habaïa (blouses), des brîma ou cordes en poil de chameau, des ceintures teintes en *lek* (kermès), des tapis, des tellis et des ghrerara (sacs de charge), des felidje avec lesquels se font les tentes, des a'mara, grandes musettes dans lesquelles on met l'orge des chevaux.

Les beurnous et les h'aïks, les gandoura et les habaïa se fabriquent presque exclusivement dans les villes, dans les villages k'ebaïls, dans les k'sours du S'ah'ara.

Nulle part il n'y a de fabrique proprement dite, mais des métiers isolés plus ou moins nombreux.

Parmi les tribus et les localités qui en ont le plus, on cite Mascara, Tlemsên, les Beni Snouss, les Msirda, dans la province d'Oran; et, en K'ebaïlie, les Beni Abbês, les Beni Ourtilân et Zammora.

Les beurnous gris et rayés des Beni Abbês, les beurnous blancs des Beni Ourtilân et de Zammora, les beurnous noirs de Maskara, sont d'une qualité supérieure et toujours plus chers que ceux provenant des autres lieux où il s'en tisse.

Les h'aïks de Nedroma, de Maskara et de Zammora sont aussi fort recherchés.

K'ala, près de Maskara, est le centre d'une fabrication de tapis assez importante.

Mais c'est dans les tentes du S'ah'ara que se confectionnent ces longs tapis à dessins nommés *hanbel*.

Dans la plupart des villes, il y a des ouvriers qui préparent des cuirs maroquinés, font des gazes de soie, des mousselines rehaussées d'or à couleurs tranchantes, des ceintures, des vêtements, des chaussures (*belr'a*), des bottes pour les cavaliers (*temague*), des objets de sellerie brodés en or.

La fabrication de la chaux, des briques et des tuiles est très-suivie dans les pays k'ebaïls, où l'on habite des maisons; elle est, au contraire, peu connue des Arabes qui n'y emploient guère aujourd'hui que des étrangers.

Mais les deux peuples entendent également bien l'art du potier.

Tout l'Ouest de la province d'Oran se sert des

grandes marmites en terre rouge (*guedra*), des *tajine*, sorte de grands plats creux, et des pots de différentes espèces venant de Nedroma.

Et les vases si variés qui se font à Cherchêl ont conservé toutes les formes de la poterie romaine.

La fabrication de la poterie est une industrie spéciale pour **Dellîs**.

Une tribu k'ebaïle des environs de Bougie, les Beni Slimân, exploitent quelques filons de fer de leur pays, et les habitants de Bou T'aleb, au Sud de Bougie, tirent un peu de plomb des riches mines de galène (sulfure de plomb) qui affleurent autour d'eux.

Chaque village k'ebaïl a un, quelquefois deux forgerons pour la réparation des outils et des instruments ; mais les Arabes font faire ces réparations dans les villes.

Seulement, et comme pour spécialiser un côté de la vie arabe, il est peu de tribus qui n'aient pas un maréchal-ferrant pour la préparation des fers et le ferrement des chevaux et des mulets.

Il y a des tribus qui ont une industrie à elles seules. Les Oulh'as'a (Oran-Tlemsèn) confectionnent ces grands chapeaux de feuilles de palmier nain si renommés dans l'Ouest. D'autres font des nattes, des couffins, des chouari (doubles couffins pour charger les mulets).

La plupart des localités un peu importantes du Tell et du S'ah'ara ont un ouvrier assez intelligent pour réparer les fusils, pistolets, ïat'r'ans et sabres arabes.

Certaines tribus k'ebaïles se livrent exclusivement à la confection des armes ou de différentes parties de la même arme.

Ainsi les Zouâoua et les Beni Abbés font des canons de fusil et des platines, les Beni H'alla des bois de fusil en noyer, les Flissa ces grands et larges sabres droits que les K'ebaïls appellent *khredâma*, et les Français du nom de la tribu.

Il en est des bijoutiers comme des armuriers : on en trouve dans la plupart des villes.

Chez les K'ebaïls, ce sont trois tribus, les Beni R'bah', les Beni Ouâsif et les Beni Ianni, appartetenant à la confédération des Zouâoua, qui ont en quelque sorte le monopole de la fabrication des bijoux, en même temps qu'elles livrent au commerce un grand nombre d'armes.

Dans tout le Sud, dans toutes les villes du S'ah'ara, ce sont les Juifs qui ont cette spécialité. Les uns sont à demeure fixe, la plupart passent seulement à certaines époques périodiques.

On doit citer, d'ailleurs, comme ayant une industrie toute spéciale :

Les *Maatka* pour leur poterie, d'une facture très-originale.

Les *Beni R'oubri*, pour leurs cultures de lin ;

Les *Beni Ismaël*, pour celle d'un tabac très-fort ;

Les *Beni Our'lis* et les *Beni Abbés* pour la fabrication du savon ;

Les *Reboula* (K'ebaïlie), dont chaque village, et pour ainsi dire chaque maison, est une fabrique de poudre à fusil.

Plusieurs autres populations berbères du S'ah'ara se livrent aussi à cette dernière industrie.

Enfin, il n'est pour ainsi dire pas un village k'ebaïl qui n'ait un ou plusieurs pressoirs.

Ce sont les montagnes des Ouled Amrioub et celles de Flis et de Mellil, qui fournissent presque toutes les meules de la K'ebaïlie.

INDUSTRIE

Des Européens.

L'agriculture est et sera toujours pour les Européens fixés en Algérie ce qu'elle est pour les populations indigènes, l'industrie la plus vraie, la plus positive, qu'ils puissent exercer.

Seulement, elle n'a et n'aura pas d'ici longtemps la même physionomie de part et d'autre.

Les Européens ne consommant pas autant d'orge que les Arabes, cultivent plus de blé, et plus de blé tendre que de blé dur.

Comme eux ils sèment le maïs, mais ils y ont de plus ajouté le seigle, le sarrazin et l'avoine.

Les Européens faisant entrer le fourrage dans la nourriture de leurs chevaux et de leur bétail, donnent aux prairies naturelles et artificielles une attention toute particulière, alors que les Indigènes ne s'en préoccupent point.

Les Européens ayant à répondre à de plus nombreux besoins, ont relevé ou développé des cultures que les Indigènes avaient abandonnées ou qu'ils ne faisaient plus que sur une petite échelle.

Ainsi, la culture du *coton*, qui fut pendant plusieurs siècles pratiquée avec succès dans tout le Mar'reb, tend à reprendre son ancienne importance.

Et le *tabac* est aujourd'hui, après les céréales, le produit le plus considérable des trois provinces.

Entre les mains des Européens, les cultures maraîchères ont pris un caractère plus arrêté, plus complet et plus continu qu'il ne l'ont chez les Arabes, pour lesquels ce n'est toujours qu'une occupation passagère.

A côté des vignes que les Arabes soignaient seulement pour leurs raisins, s'étendent aujourd'hui de véritables vignobles. Ceux de Medîa, Miliana, Maskara, Mostaganem et Tlemsên donnent déjà des produits d'une certaine importance.

Partout, sur les routes et les places, dans les rues et les jardins de tous les centres de population, on a fait de nombreuses plantations de bell'ombras, de mûriers, de platanes, d'ormes, d'acacias, d'azédarachs, de peupliers, de frênes, de saules pleureurs, etc., d'arbres fruitiers de toutes espèces.

Et ces plantations ont, en quelques années, pris sur plusieurs points (Boufârik, Miliana, Orléansville) un tel développement qu'elles ont mis hors de doute la question du reboisement, si sérieuse dans un pays où des régions entières offrent à peine à la vue quelques arbres isolés.

Aussi un service spécial, composé de compagnies (il y en a une par province) dite des *Planteurs militaires*, a-t-il été chargé du repeuplement des pentes les plus arides.

Chaque jour on améliore par la greffe le produit de cette multitude d'oliviers francs qui, en Algérie, couvrent à peu près exclusivement de leur ombre cinquante-cinq mille hectares. Le pays trouvera là plus tard l'une de ses plus grandes, de ses plus solides richesses.

La culture des légumes en primeurs pour l'exportation, tels qu'artichauts et petits pois, prend une importance de plus en plus grande.

Toutefois, les horticulteurs sont encore rares en Algérie, et les cultivateurs européens n'ont donné ni aux fleurs ni aux fruits le puissant intérêt qu'ils méritent, puisqu'avec de l'eau on peut ici, sans discontinuer, obtenir en ce genre les plus magnifiques résultats.

Blida est célèbre pour ses orangeries, mais elles existaient lors de notre arrivée et la plupart des fermes de la plaine en avaient également qu'elles ont encore. Le pays des Beni Mousa, qui enveloppe Blida, donne aussi beaucoup d'oranges excellentes.

Mais, par suite de cet esprit d'investigation que l'on puise au milieu d'objets qui vous étaient inconnus ou peu connus, les Européens ont cherché à mettre en œuvre une foule de productions dont l'importance, néanmoins, est toute réservée à l'avenir.

On a essayé la culture :
 Des plantes odoriférantes,
 Du nopal,
 Du thé,
 De la garance,
 De l'indigo,
 Du carthame,
 Du lin,

Du chardon,
Du colza,
Du sorgho à sucre,
Du riz sec,
De l'arachide,
Du ricin,
Du sésame,
Du pavot à opium,
Du figuier caoutchouc.

Et tout cela a parfaitement réussi, ainsi que réussiront les essais tentés sur mille produits que l'Algérie peut demander aux diverses régions du globe et qu'elle s'assimilera sans peine.

Les seuls nouveaux produits végétaux qui aient été vraiment utilisés jusqu'à présent sont :

Les fleurs de l'oranger et les plantes odoriférantes pour la préparation des essences employées en parfumerie ;

L'asphodèle, le *berouâg* des Arabes, dont on extrait de l'alcool ;

Le palmier nain, qui donne une bourre (en arabe *lifa*) assez utile, appelée *crin végétal*, et de la pâte à papier ;

Le *h'alfa*, avec lequel on fait tous les ouvrages de sparterie et qui fournit une pâte à papier supérieure ;

L'*arachide*, dont on extrait de l'huile et dont la graine se mange en partie sous le nom espagnol de *cacahouet*.

Les forêts algériennes, abandonnées jusqu'à présent à elles-mêmes, dévastées par la main des hommes, ravagées par la dent des bêtes, commencent seulement à être soumises peu à peu au régime des aménagements, qui finira, en les embrassant dans leur totalité, par leur donner toute l'importance qu'elles doivent déjà en partie à leur étendue.

La superficie des bois complètement livrés au service des eaux et forêts est aujourd'hui d'environ 90,000 hectares, et on en a déjà livré à l'industrie des parties assez considérables.

Dans l'Est (*province de Constantine*), on a autorisé des coupes de bois préalablement déterminées, dans :

Les forêts de l'Édour', au-dessus de Bône ;

Les forêts du Ferdjioua, au Sud de Djidjelli ;

Les bois du Cap-de-Fer et des Beni Salah', au Sud de Bône et à l'Est de Guelma ;

Les forêts du Djebel Tougourt et des montagnes environnantes, à l'Ouest de Bât'na.

L'extraction du *liége* se fait sur une grande échelle dans les bois des environs de La Cale, dans quatre peuplements peu éloignés de Philippeville et de Jemmapes (1).

On a de plus concédé :

Dans l'Est (*prov. d'Alger*), le bois dit des Soumata, en vue de l'exploitation des oliviers et des lentisques ;

Au centre (*province d'Oran*), la forêt dite de Moulè Ismaël, que traverse la route d'Oran au Sig et qui couvre tout le plateau, dont la crête domine la saline d'Arzeu à l'Est ; elle est presque exclusivement peuplée d'oliviers francs.

Des quatre espèces de chênes que possède l'Algé-

---

(1) Dans les forêts occidentales du massif de l'Edour', autour du Râs Touk'k'ouch, dans la forêt de l'A'ssafiâ, près de Robertville, dans celles du Zéramma et de Stora.

rie, l'une, le chêne zéen (le *zàn* des K'ebaïls), est particulièrement propre aux constructions navales.

Commun dans la plupart des massifs de la province de Constantine, il ne s'avance guère vers l'Ouest, au-delà du Djerdjera, où il forme encore des bois d'une grande étendue.

Quelques-unes des essences qui peuplent aujourd'hui les bois algériens, le thuya, l'olivier, le génévrier, le cèdre, le thérébinthe et le chêne, sont aujourd'hui fort recherchés par l'ébénisterie française, pour la confection des meubles de tous genres.

Mais le thuya, déjà si estimé des Romains pour le même objet, tient la première place.

L'exportation de ces bois en France devient de plus en plus active.

Jusqu'à ce jour, les Européens ne se sont guère occupés de l'élève du *bétail* ou des *chevaux;* cette branche de l'industrie agricole est restée entre les mains des Arabes qui ont, il est vrai, pour l'exercer toutes les facilités : de vastes landes, de grands pâturages naturels, d'immenses jachères.

Les Européens, d'un autre côté, élèvent seuls des *porcs*, qui sont pour les Indigènes l'objet d'un dégoût profond, dû seulement à leurs croyances religieuses.

Aux Européens seuls aussi appartient l'élève des *vers à soie*, que facilitent singulièrement en Algérie et la douceur du climat et la promptitude avec laquelle se développe le mûrier.

Les Européens sont encore les seuls qui se livrent à la *pêche*.

La pêche ordinaire se fait par 1,700 bateaux, dont le plus grand nombre est à Alger.

On a installé, sur trois points du rivage algérien, trois madragues pour la pêche du thon et des autres poissons de passage; l'une d'elles est sur la côte nord de la rade d'Arzeü.

Outre les poissons, les pêcheurs tirent de la mer différents coquillages tels que les huitres, des praires, des clovis, puis des langoustes et des crevettes.

La pêche du corail occupe annuellement 160 à 180 bateaux, montés principalement par des marins venant du royaume de Naples.

Cette pêche se fait surtout sur la côte de la province de Constantine, dans les parages de Bône et de La Cale, et, depuis peu de temps, sur celle de la province d'Oran, aux environs de Tenès.

Des lacs, de la plupart des marais et des mares, on extrait chaque année un nombre assez considérable de *sangsues* qui sont dirigées vers la France.

Le petit nombre d'extractions minéralogiques entreprises par les Indigènes sont exécutées au moyen de procédés grossiers qui ne méritent aucune attention.

Ce sont les Européens qui ont introduit en Algérie les véritables principes d'après lesquels doivent être conduites ces exploitations.

Le nombre des gisements signalés ou reconnus est déjà très-considérable; mais le pays ne possède pas encore les forces nécessaires pour l'exploitation coûteuse des richesses minérales qu'il possède.

De toutes les concessions faites jusqu'à ce jour, les seules qui aient été l'objet de travaux sérieux sont les suivantes :

Dans l'Est (*province de Constantine*) :

Les mines de fer de la Meboudja, du Khrarza, de Bou A'mra et d'Aïn Morkhra, aux environs de Bône ;

Les mines de plomb argentifère et aurifère du Kef oum et Teboul (*le Rocher des Scories*), près de La Cale ;

Les mines de plomb argentifère et d'antimoine de H'amîmat, à l'Aïn Bebbouch (*la Source de l'Escargot*) au Sud-Est de Constantine, sur le territoire des Harakta ;

Les carrières de marbre statuaire du Djebel Filfila, près et à l'Est de Philippeville ;

Celles de la vallée de l'Ouêd-el-A'neb.

Au Centre (*province d'Alger*) :

Les mines de cuivre de Mouzaïa les Mines et de l'Ouêd Meurdja, bassin de la Chiffa ;

Les mines de cuivre de Bou Khrandak, de l'Ouêd Allêla, de l'Ouêd Tafilalet et du cap Tenès, sur le territoire de Tenès.

Dans l'Ouest (*province d'Oran*) :

Les mines de plomb argentifère et zinc de R'ar Roubân, sur la limite même du Marok, à 28 kil., au Sud-Sud-Ouest de la Mar'nîa ;

Les mines de plomb et d'antimoine des Maaziz, dans la chaîne du Filaousen, près du col que franchit la route de la Mar'nîa à Nemours ;

Les carrières de marbre onyx d'Aïn Tak'balet, sur le flanc Nord de la vallée de l'Isseur, près de la route d'Oran à Tlemsên et à 24 ou 25 kil. d'A'in Temouchent ;

Les salines d'Arzeu, immense chaudière plate de 2,640 hectares, dans laquelle la nature prépare elle-même chaque année, par centaine de milliers de kilogrammes, un sel blanc très-pur ;

Les exploitations de pouzzolane de l'île de Rachgoun.

Puis, dans les trois provinces, les extractions de pierre de taille, de moëllons, de gypse, de terres à briques et à tuiles, qui se font autour de la plupart de nos centres de population.

L'administration a de plus fondé des établissements de bains aux sources thermales des H'ammam Meskhroutîn (province de Constantine), des H'ammam Rir'a (province d'Alger), et des bains de la Reine, près d'Oran (province d'Oran) ; un par province.

A cette mise en œuvre des divers produits qu'offrent à l'activité de l'homme les trois règnes de la nature, le règne végétal, le règne animal et le règne minéral, il faut ajouter les industries diverses qui en sont le complément direct.

Celles, par exemple, qui ont pour but de répondre aux principaux besoins des populations en leur donnant les moyens de se vêtir, de se chausser, de se coiffer, de se nourrir, de se loger, de se meubler ; elles ont motivé la création de la plupart des autres usines, telles que :

Les *moulins à farine*, soit à vapeur, à roue, à que jour ;

Les petites *fabriques de pâtes alimentaires*, se-turbines ou à vent, dont le nombre augmente cha-moule, vermicelle, macaroni, d'Alger, Média, Mostaganem, Tlemsên, Oran, Guelma, etc. ;

Les *moulins à huile* d'Alger, Tlemsên, Bougie, Philippeville, Bône, Guelma, etc. ;

Les *brasseries*, qui se multiplient tellement avec les besoins qu'il y en a pour ainsi dire dans toutes les villes ; quelques-unes donnent même déjà des bières recherchées ;

Les ateliers pour la préparation du *tabac* et la fabrication des cigares, à Alger, Oran, Philippeville, Constantine, Blida ;

Les *confiseries* de fruits, d'olives, de sardines d'Alger ; celles d'olives seulement de Bougie et de Tlemsên ;

Les *distilleries d'alcool* d'asphodèle, de l'Ar'a (près d'Alger), de Blida, Philippeville et Oran ;

La distillerie d'alcool de betteraves du H'amma, à Constantine ;

La grande *distillerie d'essences* à parfumerie du vallon de la Femme-Sauvage, à Hussein-Dey (près d'Alger), et celle de Cheraga ;

Les *ateliers* pour l'égrenage mécanique en grand du *coton*, établis à la Pépinière centrale, à Alger, à Oran et au Sîg ;

Les *filatures de soie*, à vapeur, annexes des pépinières officielles d'Alger et de Bône ;

Les *scieries mécaniques* d'Alger et de Bât'na, pour le débitage des bois ;

L'*usine pour la préparation de la pâte à papier* de palmier nain d'Alger ;

La *papeterie* de l'H'arrach, près d'Alger ;

Les *corderies* et *vanneries* des trois ou quatre villes les plus importantes ;

La *savonnerie* de Bône ;

Les *fabriques de chandelles* d'Alger, Miliana, Oran ;

Les *tanneries* et *teintureries* établies sur différents points ;

Les *ébénisteries* d'Alger ;

La *fonderie* mécanique à vapeur d'Alger, sur la route de Moustafa à la Pépinière centrale ;

Les ateliers pour la confection et la préparation

des *instruments aratoires* d'Alger, Oran, Constantine, etc.;

Les ateliers de *carrosserie*, de *charronnage* et de *maréchalerie*.

Les petits *chantiers de construction* d'Alger et de Stora, d'où ont été lancés, en 1854 et 1855, deux bâtiments entièrement construits avec des bois algériens.

Les fabriques de *chocolat* d'Oran et de Philippeville.

Les *imprimeries typographiques et lithographiques* d'Alger, Blida, Miliana, Oran, Tlemsên, Mostaganem, Constantine, Philippeville et Bône.

Faisons suivre cet aperçu général de l'industrie européenne, en Algérie, de détails sur ceux de ses produits qui, par leur importance, sont aujourd'hui dignes d'un véritable intérêt : les céréales, le tabac, le coton, les fourrages, les huiles, la soie, les bois, les minerais, le corail, les pépinières, les chevaux, etc.

Ces développements trouvent d'autant mieux leur place ici, que les Européens ne sont plus les seuls ouvriers dans le mouvement qui entraîne l'Algérie vers l'avenir, et que les Indigènes y entrent, à l'heure qu'il est, pour une part très-remarquable.

Les Céréales.

Le sol de l'Algérie n'a rien perdu de ce qui le faisait tant admirer dans l'antiquité, alors que les poètes le proclamaient le sol le plus fertile du monde.

Plus tard, aux grandes époques de Rome, cette région était l'une des principales réserves de l'Empire. Si elle n'est pas appelée à jouer tout à fait ce rôle vis-à-vis de la France, du moins faut-il s'attendre à voir celle-ci y puiser largement pour combler le déficit sans cesse croissant qui, depuis 1850, éloigne de plus en plus sa production de sa consommation.

Ainsi, l'Algérie qui, en 1850, recevait encore de la France et de l'étranger pour 14 millions et demi de francs de farine et de grains, ne leur en demande plus, en 1855, que pour 200 et quelques mille fr., et cette même année elle envoie, en France, seulement pour :

   18,482,775 fr. de blé,
 et 1,988,521 fr. d'orge ;

Cela, après avoir, en 1854 et 1855, fourni à l'armée d'Orient plus de 30 millions de kilos de blé, farine, orge, pain et biscuit.

L'étendue des surfaces occupées par les céréales répond naturellement à cette modification si profonde qu'éprouve la production. En 1854, les céréales occupaient 721,470 hectares ; en 1855, elles en couvraient 994,417, soit un million ; différence en plus : 275,000.

Ce million d'hectares était ainsi divisé :

Blé tendre,	20,028 hectares.
Blé dur,	524,764
Orge,	413,993
Seigle,	536
Avoine,	1,715
Maïs,	2,391
Fèves,	23,217
Millet (Bechna),	7,273
Total :	994,417

Mais lorsqu'on examine ces chiffres de près, on s'aperçoit que l'augmentation de production ne répond pas à l'augmentation de surface.

Ceci provient de ce que l'augmentation de surface est presque entièrement due aux mains arabes, et que la culture arabe est loin de donner ce que donne la culture européenne.

Ainsi, à ne prendre ici que le blé dur et l'orge, qui sont les deux céréales cultivées de préférence par les Arabes, on a, pour le rendement moyen, par hectare :

Chez les Indigènes.

En blé dur,	6 à 7 hectolitres.
En orge,	8 »

Chez les Européens.

En blé dur, 8, 10 et 12 hectolit.
En orge, 10, 12 et 14 »

La culture arabe a besoin des grandes amélioration que lui imposera le cantonnement.

LE TABAC.

La direction générale des tabacs, ne pouvant trouver en France quelques espèces de tabacs qu'elle était obligée de demander à l'étranger en grande quantité, pensa que la Corse et l'Algérie pourraient peut-être les lui donner.

Plusieurs essais ne laissèrent pas le moindre doute à l'égard de l'Algérie, et afin d'imprimer aux travaux des cultivateurs une bonne direction, on envoya sur les lieux une mission dite *Mission des tabacs*, dont l'active influence a produit les plus heureux effets. Sa création remonte à 1843. Elle est chargée de donner aux planteurs tous les renseignements qui peuvent leur être nécessaires, et d'opérer les achats plus ou moins considérables qui leur sont faits chaque année. Ces achats ne sont plus aujourd'hui les seuls moyens d'écoulement que les producteurs aient à leur disposition ; mais ils sont un des stimulants les plus énergiques de la culture.

C'est ce qu'établit d'une manière très-positive le développement des surfaces cultivées, rapprochées des quantités de tabac livrées à l'administration.

En 1844, il n'y avait de cultivé en tabac par les Européens, qu'*un* hectare 42 ares, et les achats faits par la mission ne s'élevèrent qu'à 20,864 fr.

Deux ans après (1846), cette somme se trouvait décuplée, et, en 1855, la production atteignait le chiffre de 4 millions et demi de kilogrammes, dont 3,430,149 francs achetés par l'Etat, le reste par le commerce.

Enfin, la quantité de tabac demandée par l'administration aux planteurs, a été, en 1857, de 6 millions de kilogrammes, représentant environ 6 millions de francs, et le commerce, de son côté, leur en a pris 700,000 kilos environ. Les superficies cultivées étaient, à cette époque, de 4,937 hectares.

Le Coton.

La France consomme, chaque année, 50 à 60 millions de kilogrammes de coton, qu'elle tire des Etats-Unis et de l'Egypte.

Or, il est facile de constater, l'histoire à la main, que, durant 600 années, le coton fut cultivé dans toute l'étendue de la région à laquelle appartient l'Algérie.

Et, lors de notre arrivée, il l'était même encore sur deux points, à Mostaganem et à K'ollo; à Mostaganem ce n'était que le dernier souffle d'un souvenir, mais à K'ollo elle s'est perpétuée et se fait encore.

Quelques essais tentés, d'ailleurs, dans les pépinières et chez plusieurs particuliers, ne tardèrent pas à en démontrer la parfaite possibilité.

A la Société centrale d'Agriculture de Paris revient le mérite du premier encouragement donné à cette industrie; en 1849, elle offrit un prix de 10,000 fr. au cultivateur qui obtiendrait, en Algérie, les meilleurs produits du cotonnier.

Mais l'administration, une fois suffisamment éclairée, résolut de donner à cette nouvelle branche de l'agriculture algérienne la plus rigoureuse impulsion.

On distribua des graines ; on mit entre les mains des cultivateurs tous les renseignements qui pouvaient leur être utiles ; on décida que l'Etat achèterait aux producteurs leur récolte; le ministère de la guerre créa des prix et des primes ; enfin, le 16 octobre 1853, l'Empereur, désirant encourager la culture du coton, consacra à cet objet une somme de *cent mille* francs, prise sur les fonds de sa liste civile, somme qui doit servir à donner, durant cinq ans, un prix annuel de 20,000 francs au planteur dont les champs offriront les plus beaux produits.

Ces mesures ont bientôt porté leurs fruits. 1852 est le véritable point de départ de l'industrie cotonnière en Algérie, et c'est le 24 juillet 1854 que les cotons algériens se sont montrés pour la première fois sur les marchés de France.

A peu près affranchie aujourd'hui des incertitudes qui ont signalé ses premiers pas, la culture du coton semble n'avoir plus qu'à grandir. La rapidité avec laquelle elle croît en étendue le prouve surabondamment.

En 1852, elle n'avait que   52 hectares ;
En 1853, elle en a   573 hectares ;
En 1854,   id.   1,720 hectares ;
En 1855,   id.   1,800 hectares ;
En 1856,   id.   1,923 hectares.
En 1857,   id.

Et les produits de cette dernière année ont dépassé deux cent mille kilos.

La supériorité des cotons algériens, constatée dès le début de la culture, sur les plus belles espèces des pays producteurs, s'est maintenue ; aussi ces cotons sont-ils toujours très-recherchés dès leur arrivée au Hâvre.

Les deux sortes de coton cultivées en Algérie sont celles que préfèrent les filatures, le Géorgie longue-soie et le courte-soie, dit Louisiane.

La Soie.

La rapidité avec laquelle le mûrier croît en Algérie, le développement qu'il y prend, la facilité avec laquelle les vers à soie y exécutent les évolutions de leur courte existence, indiquent suffisamment l'avenir qui est réservé à la production de la soie en Algérie.

Et comme la France est obligée d'en acheter chaque année, sur les marchés étrangers, pour environ cent millions de francs, les besoins de l'industrie nationale lui assurent des débouchés illimités.

Si la sériciculture n'a pas réalisé jusqu'à présent tout ce que l'on attendait d'elle, cela tient à des causes toutes momentanées dont elle ne tardera pas à s'affranchir, mais dont elle subit actuellement l'influence d'une manière remarquable, ainsi que le démontrent ces quelques chiffres de la quantité de soie produite annuellement par la [filature de la Pépinière Centrale :

En 1850,	389 kilos.
En 1851,	790 kilos.
En 1852,	923 kilos.
En 1853,	966 kilos.
En 1854,	900 kilos.
En 1855,	782 kilos.
En 1856,	255 kilos.

L'administration vient cependant encore ici en aide aux colons en achetant tous les cocons de leurs récoltes, cocons qu'elle prépare pour la vente dans deux filatures fondées, à cet effet, établies l'une à Alger, l'autre à Bône.

Les soies algériennes se sont vendues, à Lyon, au prix moyen de 80 à 90 francs le kilo.

Les Oliviers et l'Huile.

Le nombre des oliviers cultivés ou sauvages, qui existent dans toutes les parties de l'Algérie, est tel qu'il suffira d'accroître seulement d'un certain nombre la quantité des oliviers greffés, pour que l'Algérie fournisse à la France tout ce que celle-ci demande d'huile à l'étranger.

L'administration encourage cette culture par tous les moyens, et le nombre des oliviers greffés chaque année augmente dans une proportion considérable. On l'évalue aujourd'hui à 1,500,000 pieds.

En 1854, l'Algérie a produit plus de onze millions de litres d'huile, et elle a exporté, à destination de la France ou de l'étranger, pour 2,500,000 francs d'huile d'olive.

A cette époque, le nombre de moulins à huile appartenant aux Européens était de 65 ; on évaluait celui des Indigènes à 12 ou 1,500.

Les Fourrages.

Il y a peu de régions au monde aussi favorisées que l'Algérie sous le rapport fourrages naturels, et j'y sais des cantons entiers, livrés aux seules puissances de leurs facultés créatrices, qui sont couverts des plantes fourragères les plus belles. On en compte près de 130 espèces, parmi lesquelles se font remarquer les trèfles et les luzernes. En avril, le sainfoin d'Espagne orne de ses jolies fleurs tous les coteaux du Dahra.

Depuis de longues années, l'administration de la guerre prend tous ses approvisionnements en fourrages sur les lieux mêmes.

Ici, elle les doit à l'industrie privée ; ailleurs, elle donne, à cet effet, en adjudication des prairies artificielles dont l'étendue totale est de plusieurs milliers d'hectares.

Les Bois.

Le nombre, bien constaté aujourd'hui, des diverses essences de bois existant en Algérie, est de 300. Beaucoup de ces bois ne sauraient être jamais très-employés, les uns, à cause de leur nature même, les autres, par suite de leur plus ou moins grande rareté.

Voici les noms de ceux qui peuvent être utilisés avec le plus d'avantage.

Pour les *constructions navales*, le chêne zéen et le chêne à glands doux, qui réunissent toutes les qualités particulièrement recherchées dans les constructions maritimes;

Pour la *charpente*, le chêne zéen, le chêne à glands doux, le pin d'Alep, le cèdre, le chêne liége, l'érable, le micocoulier ou perpignan, le phillyréa (*K'tem*, en arabe), le mûrier, le platane, le pin maritime, le térébinthe;

Pour la *menuiserie*, le cèdre, le chêne liége, le chêne à glands doux, l'érable, le houx, le micocoulier, le mûrier, le peuplier blanc, le phillyréa, le pin, le prunellier, le sorbier;

Pour l'*ébenisterie* et la *tabletterie*, le thuya, qui, par la richesse de ses veines et de ses nuances, a pris d'emblée le premier rang sur tous les bois employés jusqu'ici par les ébenistes; l'arbousier, dont la racine a une grande ressemblance avec le marbre onix agatisé; l'olivier, appelé à prendre une grande place dans l'industrie des meubles; le houx, qui a une supériorité incontestable sur le houx de France; le cèdre, le citronnier et le cyprès, comme placages d'intérieur; le genévrier, le jujubier, le myrthe, le noyer, le dattier, le tamarisc, qui donne de très-beaux placages, le térébinthe;

Pour le *charronage*, l'orme et le frêne;

Pour la *boissellerie* et le *tour*, l'aune, le caroubier, le saule, le merisier, le laurier rose (Nérion), le poirier et le lierre;

Pour les *crayons*, le cèdre et le genévrier à feuilles de cèdre;

Pour la *teinture*, le sumac tézera, qui sert à teindre les maroquins rouges.

Le thuya, l'olivier et le cèdre ont été seuls, jusqu'à présent, l'objet d'une exploitation suivie, qui a donné lieu à des exportations du reste peu considérables; elles se sont élevées :

En 1853, à 535 fr.
En 1854, 2,641 fr.
En 1855, 12,909 fr.
En 1856, 36,108 fr.

LA LAINE.

La laine est destinée à devenir l'un des plus riches produits de l'agriculture algérienne, et déjà elle tient une place considérable dans son commerce extérieur; elle était le principal article d'exportation de l'ancienne Compagnie d'Afrique. Sa production est, du reste, à peu près exclusivement entre les mains des Indigènes et surtout des Arabes. Les Européens, n'ayant à leur portée que des espaces insignifiants, n'ont pu songer à s'occuper, avec suite, de l'éducation des moutons. Aussi n'en avaient-ils encore, en 1855, que 33,000, alors que les Arabes en possédaient plus de 10 millions.

Le Tell est en même temps un pays de grande culture et de pacage ;

La Steppe est presqu'exclusivement un pays de pâture.

Cette double division du pays, déjà si remarquable au point de vue des grands produits, est surtout frappante ici, parce que la Steppe s'y montre avec ce qui constitue aujourd'hui sa richesse principale, on pourrait dire son unique ressource.

Mais la différence est profonde, radicale. Ainsi, par exemple, si l'on ne comprend sous le nom de Tell que la région qui doit porter réellement ce nom, si l'on en exclut les Steppes de l'Est, on n'y trouvera que *trois millions* de moutons, tandis que les Steppes en renferment à elles seules plus de *six millions*.

Le commerce des laines algériennes n'a commencé à prendre une importance réelle qu'en 1850 ; depuis cette époque jusqu'en 1857, les transactions ont porté sur 20 millions de kilos représentant en francs une somme à peu près égale.

Les races ovines de l'Algérie sont remarquables à plus d'un égard ; c'est d'elles que descendent les mérinos d'Espagne. Mais si, dans les Steppes, elles sont restées ce qu'elles étaient, dans le Tell elles ont considérablement souffert, et l'administration a dû commencer à prendre d'énergiques mesures pour les relever de leur déchéance.

Le Corail.

C'est vers la fin du quatorzième siècle que la France créa, sur les côtes orientales de l'Algérie, la pêche du corail, et elle fut sa propriété exclusive depuis cette époque jusqu'en 1830, sauf quelques interruptions momentanées, dues aux évènements politiques qui agitèrnt le monde à la fin du siècle dernier et pendant les 16 premières années du siècle actuel.

Ce sont ces évènements qui, en faisant passer cette industrie entre des mains étrangères, lui ont donné la physionomie qu'elle a aujourd'hui. Les marins français n'y prennent plus, en effet, qu'une part très-minime ; elle est exercée surtout par des pêcheurs napolitains, sardes et toscans.

En 1854, sur 193 bateaux qui se livraient à cette pêche,

  130 étaient napolitains,
   27   toscans,
   20   sardes,
   16   français.

En moyenne, ils ont retiré du fond des eaux, 450 à 500 kilogrammes de corail par bateau, qui, au prix de 60 fr. le kilogramme, représentent une somme de plus de deux millions de francs.

Ces résultats appartiennent entièrement à la pêche qui a lieu entre le Cap de Fer des parages de Bône, et le cap Blanc, en Tunisie.

Mais, depuis 1851, la pêche du corail se fait aussi sur les côtes occidentales de l'Algérie, entre Tenès, et les Djafarînes, où elle occupe une trentaine de bateaux, presque tous espagnols ; ils en importent, par saison, 350 à 400 kilogrammes chacun, d'où l'on voit que le produit total de cette industrie est d'à peu près 3 millions de francs ; l'administration française, ses dépenses faites, n'en retire guère qu'une quarantaine de mille francs, l'Algérie à peu près rien, puisque tous les produits sont vendus en Italie (à Naples) ou en Espagne.

Substances Minérales.

Bien que l'Algérie soit fort loin d'être complétement explorée au point de vue minéralogique, elle a déjà donné de nombreux et puissants témoignages de sa richesse minérale.

Les grandes collections de l'Europe offrent, à l'admiration des connaisseurs, de superbes échantillons des substances si diverses que renferment ses roches multiples.

Mais il en est six surtout qui se font remarquer par leur variété et leur abondance. Ce sont : le cuivre, le plomb, le fer, l'antimoine, le marbre onyx d'Aïn Tak'balet et le marbre statuaire du Filfila.

Elles ont motivé la création d'établissements plus ou moins considérables sur onze points différents du territoire algérien.

A R'ar Roubbân, où l'on extrait du plomb argentifère et du zinc ;

Aux Maaziz, du plomb argentifère ;

Au Kef Oum et Teboul, du plomb argentifère ;

A Bou K'andak et à l'Ouêd Allela, sur le territoire de Tenès, du cuivre ;

A Mouzaïa-les-Mines, près de Media, du cuivre ;

A l'Ouêd Merdja, affluent du cours moyen de la Chîffa, du cuivre ;

Aux environs de Bône, du fer aciéreux et magnétique traité aux forges de l'Alelik. A l'H'amîmat, au pied du Djebel Sidi Rer'eïs (à 180 kilomètres S.-E. de Constantine), de l'antimoine ;

A A'ïn Tak'balet, sur la route d'Oran à Tlemsên, du marbre onyx, substance unique jusqu'à présent, et que l'on ne se lasse pas d'admirer ;

Au Filfila, près de Philippeville, du marbre statuaire qui rivalise avec les plus beaux marbres d'Italie.

En 1844, l'exploitation des métaux était nulle.

De 1845 à 1851, elle s'élève, en métaux divers, à 1,059,953 fr.

En 1851, elle prend une régularité constante, et de 1852 à 1857, en cinq années, les exploitations ont donné :

    8,544,351 kilos de fer.
    5,046,176 » de cuivre.
  18,291,457 » de plomb.
      451,857 » d'antimoine.

représentant une valeur d'un peu plus de six millions et demi de fr., dans lesquels le plomb entre pour cinq millions et demi.

Le Pépinières.

Dans un pays où il faut tout créer et tout faire, dont on ignore les forces créatrices et les propriétés climatériques, où l'agriculture est un art réduit à ses procédés les plus primitifs, où la silviculture et l'horticulture n'existent pas, les pépinières sont un des instruments de progrès et de richesse les plus énergiques. Aussi ont-elles déjà rendu à l'Algérie d'immenses services, et elle ne peut plus oublier désormais ce qu'elle doit aux essais de tous genres exécutés à la Pépinière centrale avec une intelligence et un esprit de suite dont on n'a que de rares exemples.

Outre un nombre assez considérable de pépinières particulières installées sur différents points, on compte aujourd'hui en Algérie dix-huit pépinières fondées par l'Etat, et qui ont été placées dans les divers centres administratifs, afin de se trouver plus à la portée des agriculteurs, c'est-à-dire à :

Alger,
Aumale,
Bât'na,
Bône,
Constantine,
Dellis,
Djidjelli,
Guelma,

Marengo,
Maskara,
Medía,
Miliana,
Mostaganem,
Orléansville,
Philippeville,
Sidi Bel Abbès,
Tiharet,
Tlemsên.

Le jardin d'acclimatation de Lar'ouât, qui n'avait donné que des résultats insignifiants, est devenu une simple pépinière. Mais celui de Biskra, dont les produits ont déjà été fort remarqués, est destiné à une vie plus longue.

Dans le cours de la campagne 1854-1855, dix-sept des dix-huit pépinières ont livré 359,000 pieds de végétaux ligneux, végétaux herbacés, boutures et greffes.

La part de la Pépinière centrale, sur ce chiffre, est de 171,000, et elle a de plus vendu 126,000 kilos de tubercules alimentaires, et 747,000 kilos de graines diverses.

Les pépinières particulières les plus importantes sont celles de Mserr'in, A'ïn Tedelès, A'ïn Nouïsi, Saint Denis du Sîg.

Industrie Chevaline.

L'industrie chevaline est déjà et sera, dans l'avenir, l'une des branches les plus importantes de l'agriculture algérienne. Elle existe, pour ainsi dire, à l'état latent dans le milieu où elle doit se développer ; elle y est, dans ces immenses Steppes que l'on dirait créées pour elle ; elle y est, dans le sol, dans l'air, dans les eaux, dans toutes les espèces de céréales qui lui sont surtout favorables, dans des fourrages naturels, aussi abondants que variés ; elle y est, enfin, dans la prédilection toute particulière des populations pour le cheval.

Il en fut ainsi de tous les temps, comme le prouve cette remarque d'un écrivain du premier siècle de notre ère, Strabon, qui observe qu'un des rois numides de l'Algérie possède en propre plus de cent mille poulains.

Il en eut été toujours ainsi, si les institutions politiques qui régissaient l'Algérie en dernier lieu n'étaient venues tarir cette source de la fortune publique. Les guerres de la conquête lui portèrent le dernier coup.

Mais les qualités si remarquables du cheval barbe, l'insuffisance incessante de la production française, la difficulté, pour ne pas dire l'impossibilité, d'acclimater les chevaux français en Algérie, éveillèrent la sollicitude du département de la guerre.

Un dépôt d'étalons fut donc créé, en 1844, dans

chacune des trois provinces, un à Mostaganem, un à Blida, un à l'Alelik, près de Bône ; puis, au mois d'octobre 1851, tous les services hippiques de l'Agérie, haras, dépôts d'étalons, commissions de remonte, furent réunis en un seul service, dont la direction a été confiée à un officier supérieur de l'armée.

Les Arabes, imbus d'idées fausses, obéissant à des préjugés ridicules, restèrent assez indifférents à tout ce qui se faisait relativement à l'amélioration de leurs chevaux.

On transigea avec leurs susceptibilités et leurs scrupules, dont le temps seul peut faire justice ; on porta le remède au cœur même du mal, on institua des *étalons de tribus*, producteurs d'élite, élevés dans le pays même, et qui, après avoir été approuvés officiellement, sont achetés par les tribus elles-mêmes, pour rester exclusivement affectés au service de la tribu propriétaire.

Des primes d'encouragement furent fondées pour les poulains et pouliches de la plus belle venue, et pour les chevaux adultes doués de qualités supérieures.

On arriva ainsi à introduire, en Algérie, l'institution des *étalons approuvés* qui, en France, est contemporaine de celle des haras ; leur nombre s'élève aujourd'hui à plus de 2,000.

Des courses annuelles aux chefs-lieux des grandes divisions politiques, attirèrent les cavaliers et les éleveurs des tribus les plus éloignés, et fournirent à tous l'occasion de mettre en relief la beauté de leurs élèves comme animaux de race et de distinction.

En 1851, le nombre des étalons possédés par l'Etat, dans les trois dépôts de Mostaganem, Blida et l'Alelik, était de 78, aujourd'hui il est de 111, et les tribus de leur côté, en possèdent 223 ; total 334.

Ainsi, sous l'influence des mesures qui avaient été prises, en l'espace de quatre années, la force étalonnière officielle a plus que quadruplé, et les Indigènes ont contribué pour les quatre cinquièmes à ce remarquable résultat.

Mais un encouragement plus efficace que les primes, ce sont les facilités et les garanties offertes à l'éleveur, pour le placement avantageux de ses produits. Ces facilités, il les trouvent dans le *service de la remonte*, fonctionnant au moyen d'un dépôt établi au chef-lieu divisionnaire. A chacun de ces dépôts sont attachés des *officiers acheteurs*, résidant à poste fixe dans les centres où l'on se livre plus particulièrement à l'industrie chevaline.

Aujourd'hui, l'Algérie est en voie de devenir un grand foyer de production chevaline d'une haute valeur. La race indigène verra bientôt sa taille relevée, son sang régénéré, ses formes perfectionnées ; on aura, d'ici à peu d'années, retrouvé dans toute sa force et dans toute sa beauté, le cheval numide, si vanté des anciens.

Ajoutons enfin, pour rester vrai, que la pensée première des mesures qui auront amené ces grands résultats appartient tout entière à M. le maréchal Randon, qui a, du reste, trouvé, dans M. le général Daumas et dans l'administration de la guerre, un concours aussi intelligent qu'énergique.

DE QUELQUES AUTRES PRODUITS DU RÈGNE VÉGÉTAL ET DU RÈGNE ANIMAL.

Les Orangers. — La culture de l'oranger, comme produit, appartient encore tout entière à la province d'Alger, où elle est, d'ailleurs, toute concentrée dans les parties centrales et orientales de la Mtîdja, autour de Blida, de Boufarik, de l'Arba', de Rovigo ; à K'oléa, dans le Sah'el, elle occupe une douzaine d'hectares.

Au 1er janvier 1854, le département d'Alger comptait plus de 300 orangeries, d'une superficie de 307 hectares, et formées d'environ 54,000 pieds d'arbres, d'un revenu annuel de plus de 200,000 fr.

Les plantes à essences. — Le climat de l'Algérie est on ne plus favorable à la culture des plantes à essences ; aussi cette industrie, bien que très-nouvelle, a déjà conquis une place assez importante dans la production, et s'étendait déjà, en 1852, sur plus de 12 hectares, plantés en géranium (avec lesquels on fait d'excellente essence de rose), jasmin, verveine rose, menthe, tubéreuse, acacia farnèse (la *Cassie* du Levant), etc. La fleur d'oranger est encore un de ses produits les plus importants. On compte déjà à Alger, à Blida et leurs environs, cinq ou six distilleries d'essences.

La Vigne. — L'Algérie est appelée à être, comme la France, l'une des plus riches terres à vin de l'Ancien Monde. La culture de la vigne y est, depuis quelques années, l'objet d'une attention très-sérieuse et très-suivie.

En 1854, elle couvrait déjà 2,307 hectares qui avaient donné environ 12,000 hectolitres de vin, et cette superficie doit aujourd'hui être au moins doublée.

Les vignobles les plus étendus sont ceux des environs de Mostaganem et de Maskara, dans l'Ouest ; de Miliana, de Media, de Blida et des environs d'Alger, au centre ; de Bône et de Philippeville, à l'Est.

Les vins de Maskara et de Media ont une réputation justifiée par quelques qualités assez remarquables.

Plantes oléagineuses. — La lenteur avec laquelle croît l'olivier, l'absence complète de ces arbres, sur des territoires fort étendus, ont invité les agriculteurs européens à faire sur quelques points la culture de certaines plantes oléagineuses, dont les produits sont employés, d'ailleurs, à d'autres usages que l'huile d'olive.

Telles sont l'arachide, la moutarde blanche, le ricin, le sésame, la navette, le colza, l'œillette, le madia sativa et la cameline.

En 1854, l'arachide couvrait 83 hectares, et la moutarde blanche 21.

Après l'olivier, le ricin est le végétal le plus avantageux à cultiver pour la production de l'huile ; cette huile n'est pas comestible, mais elle peut être employée pour l'éclairage, dans les arts et en médecine.

La graine de ricin rend à froid 58 0/0 d'huile.

L'Asphodèle. — Cette liliacée, que les Arabes nomment *El Berouâg*, est tellement abondante en Algérie, qu'Homère, désignant la Lybie, l'appelle poétiquement la *Terre des Asphodèles*. Et la dénomination de *Berouâguîa*, l'asphodelière, imposée par les Indigènes à certaines localités, n'a pas d'autre origine.

Les tubercules de l'asphodèle donnent une assez grande quantité d'alcool pour que l'on ait cru devoir fonder plusieurs usines, spécialement appropriées à leur distillation.

Le Sorgho à sucre. — C'est dans le courant de l'année 1853 que le sorgho a été importé en Algérie, où il réussit complètement. La quantité de sucre qu'il contient est assez considérable pour que ce nouveau produit soit devenu la base d'une exploitation déjà importante.

Les Plantes et substances tinctoriales. — Des différentes plantes tinctoriales que produit l'Algérie, le *sumac* est l'une de celles qui, par son abondance, peuvent devenir l'objet d'une exploitation fructueuse. Il est surtout commun dans l'Ouest, chez les Flita.

On recueille le *kermès* sur quelques points, et, entre autres, aux environs de Sa'ïda et d'Arzeu.

Quant à la *cochenille*, elle trouve en Algérie des éléments de réussite complets ; le *cactus nopal* y vient admirablement ; la température se prête on ne peut mieux au développement de l'insecte, et cependant cette industrie à beaucoup de peine à se développer.

Aussi l'administration a-t-elle pris le parti, depuis 1854, de l'encourager par des primes, en achetant de plus les récoltes, et distribuant gratuitement des cochenilles et des boutures de nopals.

Alger et Blida sont les points où les nopaleries ont pris le plus d'extension; en 1855, on en comptait 26.

Garance. — La garance croît spontanément dans tout le nord de l'Afrique, et l'espèce qu'emploie l'industrie européenne y acquiert, par la culture, toutes les qualités des types les plus renommés.

Le bétail, les chevaux et les bêtes de somme. — L'importance du bétail, des chevaux, des mulets, des chameaux et des ânes dans l'économie rurale de l'Algérie est telle, qu'il nous faut au moins ajouter quelques mots à ce que nous en avons déjà dit.

Ces quelques mots en seront tout simplement le dénombrement.

Au 1er janvier 1855, les Indigènes possédaient :

1,031,738 bœufs et vaches,
6,850,205 moutons (1),

(1) Ce chiffre pouvait alors être porté hardiment à 10 millions; aujourd'hui il n'est même plus ce que le donnaient les documents officiels de 1855, tant les Arabes ont perdu de menu bétail, par leur incurie, durant le rude hiver de 1857; je ne pense pas que le nombre des moutons dépasse actuellement 6 millions et demi à 7 millions.

3,484,902 chèvres,
131,000 chevaux,
109,069 mules et mulets,
213,321 chameaux.

Et les Européens :

20,891 bœufs,
4,225 vaches,
32,811 moutons,
14,280 chèvres,
10,073 porcs,
6,166 chevaux,
3,301 mules et mulets,
3,355 ânes.

VOIES DE COMMUNICATION.

Les Routes.

Les routes sont à un pays ce que les veines et les artères sont au corps humain, les canaux qui portent dans toutes ses parties le mouvement et la vie.

Aussi, la civilisation et la richesse d'un peuple sont-elles en rapport avec le développement et la nature de ses voies de communication.

Plus il y a de routes, et de bonnes routes dans une région quelconque, plus les relations y sont faciles, multipliées; plus les échanges s'y font avec commodité, rapidité, plus le pays se développe et prospère.

Avant notre arrivée, il n'y avait en Algérie que des sentiers, et, dans les principales directions, de grands chemins, restes des routes établies jadis sous la domination romaine.

Aujourd'hui, un ensemble de voies, larges et régulièrement tracées, réunit les diverses villes du littoral maritime aux villes de l'intérieur, d'où rayonnent d'autres voies qui les font communiquer entre elles et avec les centres de population qui en relèvent.

Les principales routes de l'Algérie sont :

Au Centre (*province d'Alger*) :

La route d'Alger à Blîda, qui se bifurque à sa naissance pour passer ensuite, d'un côté, à Douéra, de l'autre, à Bir Khradem, 48,000 mètres.

La route de Blida à Media, à travers les gorges de la Chiffa, où son tracé a été l'objet de travaux gigantesques, 41,000 mètres.

La route de Media à Bor'ar et à Lar'ouât, 320,000 mètres.

La route de Blîda à Miliana, 72,000 mètres.

La route de Blîda à Cherchêl, qui a avec la précédente une partie commune de 32,000 mètres, 113,000 mètres.

La route d'Alger à Aumale, par l'Arba', 130,000 mètres.

La route d'Alger à Dra el Mizân, 92,000 mètres.

La route d'Alger à Dellis, 96,000 mètres.

La route de Dellis à Aumale, 125,000 mètres.

Route de Dellis à Tizi Ouzzou, 30,000 mètres.

Route de Tizi Ouzzou à Fort-Napoléon, 25,000 mètres.

Route d'Aumale à Bougie, par la vallée de l'Ouêd Sah'el, 160,000 mètres.

La route de Miliana à Orléansville.

La route de Miliana à Cherchêl, 68,000 mètres, dont 23,000 de commun avec la route de Blîda à Cherchêl.

La route de Miliana à Teniet el H'ad, 60,000 mètres.

La route d'Orléansville à Tenès, 53,000 mètres.

Dans l'Ouest *(province d'Oran)* :

La route d'Oran à Mers el Kebir, remarquable par les travaux auxquels elle a donné lieu, 8,000 mètres.
La route d'Oran à Mostaganem, par Arzeu, 86,000 mètres.
La route de Mostaganem à Maskara, 84,000 mètres.
La route de Mostaganem à Relizane, par Aboukir, 54,000 mètres.
La route d'Oran à Maskara, 96,000 mètres.
La route de Maskara à Tiharet, 164,000 mètres.
La route de Maskara à Sa'ïda, 181,000 mètres.
La route de Maskara à Relizane, 54,000 mètres.
La route de Relizane à Tiharet, 90,000 mètres.
La route de Relizane à Orléansville, 90,000 mètres.
La route d'Oran à Sidi Bel Abbès, 82,000 mètres.
La route de Sidi Bel Abbès à Daïa, 71,000 mètres.
La route d'Oran à Tlemsên, 130,000 mètres.
La route de Tlemsên à Sebdou, 37,000 mètres.
La route de Tlemsên à La Mar'nia, par l'Ouêd Zitoun, 54,000 mètres.
La route de La Mar'nia à Nemours, 28,000 mètres.

Dans l'Est *(province de Constantine)* :

La route de Philippeville à Constantine, 83,000 mètres.

La route de Constantine à Bât'na et à Biskra, 236,000 mètres.

La route de Constantine à Tebesa, 188,000 mètres.

La route de Constantine à Djidjelli par Mila, 110,000 mètres.

La route de Constantine à Set'if, 130,000 mètres.

La route de Set'if à Bougie, 82,000 mètres.

La route de Set'if à Djidjelli, 80,000 mètres.

La route de Philippeville à Bône, par le Filfila, 82,000 mètres.

La route de Philippeville à Bône, par Jemmapes, 105,000 mètres, dont 16,000, depuis Saint-Charles, de communs avec la route de Philippeville à Constantine.

La route de Bône à La Cale, 60,000 mètres.

La route de Bône à Guelma, 66,000 mètres.

La route de Guelma à Souk Harras, 55,000 m.

Ces routes ont toutes été ouvertes par l'armée, sous les yeux des officiers du génie chargés d'en faire préalablement le tracé.

Dans la vaste étendue des territoires militaires, ce sont eux qui les font achever et veillent à leur entretien, tout en faisant ouvrir chaque jour celles qui doivent en compléter le réseau.

A aucune époque ces travaux n'ont été conduits avec autant d'esprit de suite et d'activité que sous l'administration du maréchal Randon, et aujourd'hui ils ont atteint un développement considérable.

Au 1ᵉʳ janvier 1854, la longueur totale des routes de première classe, des routes stratégiques et provinciales était de 3,500 kilomètres, celles des chemins vicinaux de 734.

Quand les territoires militaires passent sous l'administration civile, le génie fait remise de toutes les voies de communication, routes et chemins au service des ponts-et-chaussées qui, dès lors, demeure chargé de les entretenir, de les rectifier et s'occupe en outre de l'étude de nouveaux tracés.

Chemins de fer.

Cet ensemble de voies de communication, emprunté aux procédés les plus ordinaires de l'ingénieur, doit être complété par un réseau de voies ferrées qui leur donneront toute leur valeur, toute leur importance.

L'exécution en a été définitivement arrêtée en principe par un décret daté du 8 avril 1857.

Cette date, que l'avenir inscrira au premier rang, entre toutes celles auxquelles se rattachent les plus grands intérêts du pays, ouvre à l'Algérie une nouvelle ère de prospérité et de richesses.

D'après le décret du 8 avril, ce premier réseau des chemins de fer algériens se composera :

1° De deux grandes lignes partant d'Alger et se dirigeant l'une sur Oran, l'autre sur Bône, à travers les parties intérieures du Tell, ce qui leur a fait donner avec raison le nom collectif de *Grand-Central* ;

2° De lignes perpendiculaires à la mer, partant des principaux ports et aboutissant aux points les plus importants de la grande artère.

La partie du Grand-Central, qui doit mettre Alger en rapport avec les régions de l'Ouest, se sépare de la ligne de l'Est à la Maison-Carrée, passe par Boufarik, par Blida, par la vallée du Bou-Roumi et celle de l'Oued H'arbil (la rivière de Medîa), par A'moura, sur le Chelef, par Affreville, dans le bas de Miliana, par Orléansville et Relizane, sur la Mîna, par l'Oued Ilil, la Redoute-Pérégaux, l'Union et Saint-Denis du Sig, Sainte-Barbe et La Senia, d'où elle se dirige sur Oran, pour y aboutir au faubourg de Khrengentah'.

Mais la partie de ce tracé comprise entre Relizane et Oran ne saurait être considérée comme une portion du Grand-Central ; c'est une simple rattache obligée à la côte. De Relizane, le Grand-Central remontant la vallée de la Mîna, tourne bientôt à l'Ouest, pour passer au pied de Maskara, d'où il se dirige sur Sidi Bel Abbès et Tlemsèn.

Plus tard, il devra descendre de là dans la grande plaine, passer en vue de La Mar'nîa et d'Oudjda, et s'avancer sur Fês.

La partie orientale du Grand-Central, partant de la Maison Carrée, se dirige vers l'Isseur, pour aller chercher Aumale et le Bordj H'amza, d'où elle descend l'Ouêd S'ahel jusqu'à Ak'bou. Ici elle s'engage un instant dans la difficile vallée de l'Ouêd Bou Sellam, qu'elle quitte pour suivre un de ses affluents du sud, l'Ouêd Mah'adjeur, traverser la Medjana, toucher à Set'îf et à Constantine, suivre l'Ouêd Zenati et descendre sur Bône par la Sebous en ralliant Guelma et Mondovi.

Plus tard, enfin, le Grand-Central, pour conserver son nom, devra chercher à passer de Constantine dans la vallée de la Medjerda, qui le conduira à Tunis.

Reliure serrée

Les lignes qui doivent mettre les principaux points de la côte en rapport avec le Grand-Central sont :

A l'Ouest :

L'embranchement de Relizane à Mostaganem et à Arzeu ;

L'embranchement d'Orléansville à Tenès.

A l'Est :

L'embranchement d'Akb'ou à Bougie ;
L'embranchement de Set'îf à Bougie ;
L'embranchement de Constantine à Philippeville.

Voici, du reste, quel sera le développement de ces différentes lignes :

GRAND CENTRAL.

Ligne de l'Ouest.

D'Alger à Oudjda (frontière de Marok), 615 kilomètres.

D'Alger à Tlemsên, 545.

D'Alger à Oran, 447 kilomètres.

La ligne de l'Ouest se décompose en 10 sections principales :

1° D'Alger à Blîda ;
2° De Blîda à A'moura ;
3° D'A'moura à Miliana (Affreville) ;
4° De Miliana à Orléansville ;
5° D'Orléansville à Relizane (bifurcation) ;
6° De Relizane à Oran ;
7° De Relizane à Maskara ;
8° De Maskara à Sidi-Bel-Abbès ;

9° De Sidi Bel Abbès à Tlemsèn ;

10° De Tlemsên à Oudjda.

Il y a d'Alger à la Maison-Carrée, bifurcation des deux grandes voies, 10 kilomètres.

De la Maison Carrée à Boufarik, 25 kilomètres.

De Boufarik à Blida, 13 kilomètres.

De Blîda à la Chiffa, 5 kilomètres.

De la Chiffa à A'moura, par la vallée du Bou Roumi, le col du H'aouch el Mar'zen et l'Ouêd H'arbîl, 52 kilomètres.

D'A'moura à Miliana (Affreville), 25 kilomètres.

De Miliana à Orléansville, 90 kilomètres.

D'Orléansville à Relizane, 90 kilomètres.

De Relizane au Col de Tir'aza, 30 kilomètres.

Du Col de Tir'aza à Saint-Denis-du-Sig, 50 kilomètres.

De Saint-Denis-du-Sig à Oran, 50 kilomètres.

De Relizane à Maskara, 76 kilomètres.

De Maskara à Sidi Bel Abbès, 80 kilomètres.

De Sidi-Bel-Abbès à Tlemsên, 77 kilomètres.

Total, d'Alger à Tlemsên, 545 kilomètres.

De Tlemsên à Oudjda, 70 kilomètres.

Ligne de l'Est.

D'Alger à Bône, 580 kilomètres.

D'Alger à Souk Harras, 640.

D'Alger à Constantine, 405.

La ligne de l'Est se décompose en sept sections principales.

De la Maison-Carrée à Aumale.

D'Aumale à Ak'bou.

D'Ak'bou à Set'îf.

De Set'if à Constantine.
De Constantine à Guelma.
De Guelma à Bône.
De Guelma à Souk Harras.

Il y a :
D'Alger à la hauteur d'Aumale, 100 kilomètres.
D'Aumale à Ak'bou, 75 kilomètres.
D'Ak'bou à Set'if, par l'Oued-Chertioua, 110 kilomètres.
De Set'if à Constantine, 120 kilomètres.
De Constantine à Guelma, 100 kilomètres.
De Guelma à Bône, 75 kilomètres.
D'Alger à Constantine, il y a donc 405 kilomètres.
De Guelma à Souk Harras, 60 kilomètres.

Embranchements.

L'embranchement du Col de Tir'aza ou de l'Ouêd Mekhrellouf à Mostaganem a 35 kilomètres.
L'embranchement de Mostaganem à Arzeu, 45.
L'embranchement d'Orléansville à Tenès, par le Col de K'irba, a 53 kilomètres.
L'embranchement d'Ak'bou à Bougie a 65 kilomètres, ce qui mettra Bougie à 240 kil. d'Alger par Aumale, jusqu'à ce que l'on puisse y arriver par la vallée de l'Ouêd Sebaô, direction suivant laquelle il n'y a plus d'Alger à Bougie que 165 kilomètres.
L'embranchement de Bougie à Set'if a 85 kilom.
L'embranchement de Constantine à Philippeville, 85 kilomètres.
En résumé, le développement total du premier réseau des chemins de fer algériens, lignes princi-

pales et embranchements compris, dépasse 1,600 kilomètres ainsi divisés :

    D'Alger à Tlemsèn. . . . . 545 kilom.
    D'Alger (Maison Carrée) à Bône. 580
    Embranchements 498
                                    1623

Ponts.

En Algérie, les ponts semblent n'être bien souvent que des constructions assez peu nécessaires puisque les rivières n'y ont la plupart du temps que peu ou point d'eau. Mais indépendamment de leur utilité pour la traverse de ravins toujours assez profonds, ils en ont une considérable dans les circonstances exceptionnelles, dans les grandes crues, et c'est alors qu'il faut en apprécier l'importance.

Le nombre des ponts construits en Algérie jusqu'à ce jour n'est pas considérable, et la plupart sont des ponts en bois, tels que ceux d'Orléansville, de la Mina à Sidi Bel A'sel, de la Chiffa, celui de l'Isseur de l'Est, construit en septembre 1857 par l'Artillerie.

Mais il faut citer le beau pont en pierre élevé au-dessus de l'embouchure du Chelef, sur la route de Mostaganem à Tenès (1848), le pont de la Sebous à Guelma, le pont de l'Isseur de l'Ouest, sur la route d'Oran à Tlemsèn. Le pont de la Maison Carrée, sur l'H'arrach, et le pont dit *El K'antra*, sur le Chelef, sont d'anciens ponts turcs réparés.

Le pont qui, sur la route de Constantine à Biskra, porte encore ce nom de El K'antra (*pont*, en arabe) est un monument romain, et celui qui, à Constantine, passe sur l'abîme du Roumel est également un édifice antique en partie relevé par Salah Bey, en 1700 ; il s'est écroulé récemment, le 18 mars 1857, et on s'occupe à le remplacer par un autre, placé un peu plus haut sur le ravin.

Ports.

Les principaux ports de la côte algérienne sont, en marchant de l'Orient vers l'Occident, La Cale, Bône, Philippeville, Stora, Collo, Djidjelli, Bougie, Dellis, Alger, Cherchêl, Tenès, Mostaganem, Arzeu, Mers el Kebir, Oran et Nemours.

Alger n'avait autrefois qu'un mauvais abri derrière quelques îlots situés là où s'élève le phare et auxquels elle doit même son nom, *Al Djezaïr*, les îles. En 1518, Khraïr ed Din rattacha ces îlots à la côte par une large jetée, et forma ainsi un bassin d'une surface de trois hectares et d'une profondeur de trois à cinq mètres.

Mais l'importance qu'Alger ne tarda pas à prendre après l'occupation française, rendit cette surface bientôt très-insuffisante. Un projet définitivement adopté en 1848, et dont l'exécution est aujourd'hui en grande partie achevée, lui a donné, au moyen de deux jetées, d'un développement total d'environ 2,000 mètres, un port dont la superficie est de 90 hectares.

Bougie, par sa position au fond d'une rade vaste et sûre, est appelée à de grandes destinées maritimes.

Cherchêl possède un bassin de refuge d'une étendue de deux hectares et d'une profondeur de trois mètres au-dessous des plus basses eaux.

On a construit à Oran un petit port marchand qui facilite singulièrement ses relations commerciales par mer, en débarrassant les navires de l'obligation d'aller mouiller à Mers el Kebir.

D'ici à peu d'années Bône aura ce qui intéresse à un si haut degré sa prospérité à venir, un beau et vaste port, dont les travaux sont commencés.

A Nemours, Mers el Kebir, Arzeu, Mostaganem, Tenès, Dellis, Bougie, Djidjelli, Stora, Bône, La Cale, on a construit des quais, des débarcadères et des cales de radoub.

Phares et Fanaux.

L'éclairage de la côte de l'Algérie est actuellement ordonné ainsi qu'il suit :

A Nemours, un feu de port fixe.

A Mers el Kebir, un phare à feu tournant à éclipses.

A Oran, feu de port sur le fort Lamoune.

A Arzeu, sur l'îlot, un feu de port fixe.

    Id.   sur le fort,   id.

A Mostaganem,   id.

A Tenès,   id.

A Cherchêl,   id.

A Alger, un phare à feu tournant à éclipses.
A Dellis, un fanal à feu fixe.
Au cap Carbon, un phare.
Au cap Bouac, un fanal à feu fixe.
A Bougie, un feu de port fixe.
A Djidjelli,   id.
A Stora, sur l'îlot des Singes, un feu de port fixe.
A Stora, un phare sur l'île Srigina.
A Philippeville, un feu de port fixe.
Au cap de Garde, un phare à feu tournant à éclipses.
A Bône, un feu de port sur le rocher du Lion, fixe.
    Id.   au fort Cigogne, fixe.
A La Cale, un feu de port fixe.

COMMERCE.

Le commerce d'un pays est de deux natures :

Ou il se fait par les différentes parties du pays entre elles, et c'est alors ce que l'on nomme le *commerce intérieur* ;

Ou il a lieu entre ce pays et les contrées voisines, soit qu'on le fasse par terre, soit qu'on le fasse par mer : c'est le *commerce extérieur*.

Le commerce intérieur est une des bases du commerce extérieur.

Commerce Intérieur

Le commerce intérieur se fait par les villes et par les marchés, lieux déterminés où les producteurs viennent apporter les différents objets qu'ils veulent mettre en vente ou échanger.

Les marchés ont, chez les indigènes, une importance qu'ils ne sauraient avoir pour nous, qui sommes sans cesse environnés de marchands et de détaillants, toujours prêts à satisfaire nos désirs.

En K'ebaïlie, où y il a quelques petites villes et nombre de villages, leur utilité n'est guère moins sérieuse que dans les territoires arabes, qui n'ont depuis longtemps qu'un petit nombre de centres de population, placés bien souvent à des distances considérables.

Ces lieux de réunion, pour ainsi dire obligés, voient donc s'accomplir et les plus infimes achats auxquels puissent donner lieu les besoins de chaque jour, et les grands échanges qui forment la base de la vie générale du pays.

On se ferait, du reste, une idée très-fausse de ces marchés, si on se les figurait semblables aux nôtres, couverts ou environnés de constructions plus ou moins importantes.

Le marché k'ebaïl ou arabe, est un espace généralement nu et assez sale, placé au voisinage d'un marabout qui semble en être le protecteur obligé, aussi abandonné, aussi solitaire qu'on peut le supposer, jusqu'au moment où la spéculation y ramène l'animation et le bruit.

Dès le matin, on y voit les bouchers dresser leurs étaux tout garnis de viandes saignantes, les maréchaux ferrants et les cordonniers exercer leurs modestes industries, en même temps que les colporteurs juifs ou arabes, arrivés des lieux voisins, y établissent leurs petites tentes de toile blanche, dominées bientôt par la grande tente du K'aïd, ou par celle de l'officier du bureau arabe, prétoires continuellement assaillis par des plaignants plus ou moins fondés.

Puis, une foule compacte et bruyante s'empare du terrain, grouillant, allant et venant, circulant ou stationnant autour des denrées de toutes espèces, amoncelées çà et là au milieu des chevaux, des mulets, des ânes, des bœufs, des vaches, des chèvres, des moutons ou des chameaux. Enfin, les transactions se terminent peu à peu, et tout le monde se disperse par les sentiers, comme il était venu, pendant que le soleil achève sa course diurnale.

Les marchés prennent ordinairement chez les Arabes comme chez les K'ebaïls, le nom du jour où ils se tiennent, joint au nom du lieu où ils se sont installés ou au nom de la tribu sur le territoire de laquelle est le marché.

Ainsi on dit :

L'*Etsnîn* de Boufarik, le 2ᵉ (jour) ou lundi de Boufarik.

Le *Tleta* de Guelma, le 3ᵉ ou le mardi de Guelma.

L'*Arba'* des Djendels, le 4ᵉ ou le mercredi des Djendels, entre Media et Miliana.

Le *Khremis* des Beni Snouss (subdivision de Tlemsèn) le 5ᵉ ou le jeudi des Beni Snouss.

La *Djema'a* (1) de Media, le 6ᵉ ou le vendredi de Media.

Le *Sebt*, le 7ᵉ ou le samedi, des H'adjouts, dans la Mtîdja.

Le *H'ad* (abréviation de *Ouâh'ad*, le 1ᵉʳ), le dimanche ou le premier jour des Blâl, qui a donné son nom à *Teniet el H'âd*, le col (sous entendu : du marché) du dimanche.

Malgré le grand intérêt qu'ont les tribus à voir

---

(1) On aurait dû dire *El Sets*, le sixième ; mais comme le sixième jour de la semaine, notre vendredi, est le jour des exercices religieux, le jour de la réunion (*djema'a*), le dimanche des musulmans, cette circonstance a dominé et a fait oublier un instant l'ordre numéral.

un marché s'installer sur leur territoire, toutes n'en ont pas.

La fondation de ces grands rendez-vous a eu lieu ou par suite de l'importance des tribus, ou par suite de l'heureuse disposition des lieux situés à la jonction de plusieurs chemins ou de plusieurs vallées ou au centre de pays de facile accès.

On en compte 50 dans l'Ouest (province d'Oran), 95 au Centre (province d'Alger), et 103 dans l'Est (province de Constantine); total, 248.

Voici les noms des principaux marchés de l'Algérie, avec le chiffre approximatif des affaires qui s'y faisaient en 1855.

Ce sont, dans l'Ouest (province d'Oran), ceux :

D'A'ïn Tedelès, le lundi (Etsnîn).	400,000 fr.
D'A'ïn Temouchent, le jeudi (Khremis)........	800,000
D'Ar'bal, le mercredi......	300,000
Des Douaïrs, le mardi......	600,000
De K'ala'a, le samedi.......	500,000
De Maskara, tous les jours....	4,000,000
De Mostaganem, tous les jours..	8,000,000
De Nedroma, tous les jeudis...	300,000
De Nemours, tous les jours ...	200,000
D'Oran, tous les jours.......	4,000,000
De l'Ouêd Rîhou, le mardi ...	500,000
Des Ouled A'li, le vendredi ..	500,000
Des Oulh'as'a, le lundi	4,000,000
De Relizane, le jeudi	500,000
Des R'sêl, le vendredi	800,000
De Sa'ïda, le lundi........	300,000
De St-Denis-du-Sîg, le dimanche	500,000
De Sidi Bel Abbès, le jeudi ...	500,000

De Tîharet, le lundi. 700,000
De Tlelat, le mardi 300,000
De Tlemsên, tous les jours. . . . 10,000,000

Au centre (province d'Alger), ceux :

Des A'bîd, le dimanche. . . . . 500,000 fr.
Des Adaôra, le jeudi. 1,000,000
D'Alger, tous les jours 10,000,000
De l'Arba', le mercredi 500,000
De l'A'rba des Djendel, le mercredi 12,000,000
Des A'rib, le lundi et le vendredi. 3,000,000
Des At't'af, le mercredi et le vendredi 1,000,000
Des Aziz, le samedi. 2,000,000
De Blıda, tous les jours 3,000,000
De Bor'ar (au K's'ar Boukhrari), le lundi. 5,000,000
De Boufarik, le lundi 12,000,000
Des Brâz, le jeudi et le mardi. . . 1,200,000
Des Bt'ia, le lundi. 500,000
De Cherchêl, tous les jours. . . . 2,000,000
Des Douaïrs, le mardi. 500,000
Des Frah'elia, le mardi 3,000,000
Des Issers de l'Ouest, le vendredi 500,000
De Marengo, le mercredi 250,000
De Medîa, le vendredi. 3,000,000
De Mouzaïaville, le samedi (1) . . 300,000
D'Orléansville, tous les jours. . . 10,000,000
Des Ouad'ia, le dimanche 500,000
Des Rbaïa, le dimanche. 600,000
Des Ouled Sidi Aïsa, le lundi . . 1,000,000
De Tenès. 5,000,000

(1) L'ancien marché si connu sous le nom de Sebt des H'adjouts.

Dans l'Est (province de Constantine), ceux :

D'Aïn Beïd'a, le mercredi et le dimanche	300,000 fr.
De Bât'na, tous les jours	800,000
Des Beni Iala, le mercredi	900,000
Des Beni Our'lis, le mercredi	300,000
De Biskra, tous les jours	800,000
De Bône, tous les jours	5,500,000
De Bougie, tous les jours	2,500,000
De Bou Sa'da, tous les jours	600,000
De Chemorra, le jeudi	1,00,0000
De Constantine, tous les jours	16,000,000
De Djidjelli, tous les jours	250,000
D'El H'arrouch, tous les jours	200,000
D'El Khroub, le samedi	200,000
Des Eulma, le lundi et le jeudi	300,000
De Guelma, le mardi et le samedi	7,000,000
De K'ollo, le vendredi	200,000
De La Cale, le jeudi	300,000
De Lambesa, tous les jours	250,000
De Msîla, le lundi, le mardi, le le mercredi	400,000
Des Ouled Djellâl, tous les jours	400,000
De Philippeville, tous les jours	1,000,000
Du Râs el A'ioun, le jeudi	400,000
De Saint-Charles, le mercredi	500,000
De Set'if, tous les jours	3,000,000
De Souk Harras, le mercredi et le jeudi	200,000
De Tebesa, le dimanche et le mercredi	150,000
De Tougourt, tous les jours	200,000

En définitive, les transactions qui ont lieu sur les

marchés représentent, non pas la totalité, mais la partie la plus claire, la plus positive du travail des populations indigènes et européennes de l'Algérie, c'est-à-dire une valeur d'au moins 200,000,000 de francs.

C'est sur les marchés que s'échangent entre les tribus tous les articles de consommation générale : le blé, l'orge, le gros bétail, les moutons, les chèvres, le sel, l'huile, le bois, le charbon, les fruits, les étoffes de laine, les beurnous, h'aïks, et autres produits de l'industrie indigène et de l'industrie étrangère.

C'est dans les villes que l'on transporte ceux de ces produits qui doivent entrer dans le commerce extérieur.

Les principales villes qui servent d'entrepôt à ces produits sont ;

Dans l'intérieur :

TIEMSÊN,
SIDI BEL ABBÈS,
MASKARA,
ORLÉANSVILLE,
MILIANA,
MEDÎA,
BOUFARIK,
AUMALE,
SET'ÎF,
CONSTANTINE,
GUELMA ;

Sur la côte :

Nemours,
Oran,
Arzeu,
Mostaganem,
Tenès,
Cherchèl,
Alger,
Dellîs,
Bougie,
Djidjelli,
K'ollo.
Philippeville,
Bône,
La Cale.

Commerce Extérieur.

Si l'on voulait se rendre exactement compte de la différence capitale qu'il y a entre l'économie politique plus que primitive des nations orientales et la nôtre, ils suffirait de comparer le tableau du commerce de l'Algérie avant la conquête avec celui que nous allons faire de ses relations commerciales depuis 1830.

Aujourd'hui, la différence, envisagée au seul point de vue des valeurs engagées, est celle qu'il y a entre 150 millions et quelques millions jadis fort péniblement et très-inégalement mis en circulation.

Le mouvement commercial de l'Algérie, pendant la grande période de 1831 à 1855 inclusivement, s'est élevé à 1,742 millions de francs (1) dont 1,463 pour les importations et 279 pour les exportations.

Les importations se subdivisent en :

1° Marchandises d'origine et de fabrique françaises, 866 millions.

2° Marchandises étrangères et des colonies fran-

(1) Si l'on tient compte de la valeur réelle plutôt que de la valeur officielle de la marchandise, on peut élever ce chiffre à 2 milliards au minimum.

çaises, apportées des entrepôts de France par navires français, 188 millions.

3° Marchandises étrangères venant directement de l'étranger, 374 millions.

4° Marchandises étrangères déposées dans les entrepôts algériens pour la consommation du pays et pour le commerce de réexportation, 55 millions.

Quant aux exportations, elles se partagent en :

1° Produits algériens, à destination de France, 191 millions ;

2° Produits algériens et français, et marchandises étrangères extraites des entrepôts réels, à destination des pays étrangers, 88 millions;

Les marchandises qui ont principalement fait la matière des importations en Algérie durant la grande période de 1831-1855 sont :

Les tissus,
Les grains,
Les farines et autres denrées alimentaires,
Les vins et spiritueux,
Les matériaux de construction,
Les fontes,
Les fers,
Les aciers,
Les bois,
Les sucres,
Les cafés,
Les tabacs,
Les peaux préparées et les ouvrages en peaux,
La quincaillerie,
La mercerie.

En tissus seulement, l'Algérie a tiré de la France pour une valeur de plus de 290 millions; en vins et en spiritueux, pour 135 millions.

L'Algérie a tiré de l'étranger, de 1835 à 1851, pour plus de 200 millions de céréales, en grains et farines.

Les principales matières d'exportation ont été :
Les huiles,
Les laines,
La cire,
Les peaux brutes,
Les minerais de fer, de cuivre et de plomb auro-argentifère,
Et aussi, dans les dernières années, les blés, les orges, les farines, les tabacs, la soie, les cotons, le corail, le bétail et les chevaux.

Le commerce que fait l'Algérie depuis l'occupation française présente deux périodes très-distinctes en harmonie parfaite avec son histoire politique :

La première, qui correspond à la prise de possession et à l'occupation, s'étend de 1831 à 1848, c'est-à-dire de l'époque du débarquement à celle de la reddition d'Abd el Kader, le seul véritable élément de résistance et de trouble qu'eussent eu parmi elles les populations indigènes.

Les Indigènes, désormais plus calmes, de mieux en mieux administrés, reprennent avec activité leurs travaux agricoles, et ils arrivent même à leur donner le plus grand développement, en présence des prix avantageux qu'on leur offre de leurs produits.

L'agriculture européenne, elle aussi, se développe, et le nombre des agriculteurs, il y a encore peu de temps si minime, atteint le *tiers* du chiffre de la population totale.

L'ancienne législation commerciale ne pouvait rester debout en face d'une modification aussi profonde dans l'état du pays.

Il fallait, ce qui n'était pas alors, que les produits algériens n'eussent plus à redouter la libre concurrence des produits étrangers; il fallait qu'on pût les expédier avec avantage à l'étranger, où ils étaient considérés comme produits français et frappés, comme tels, de droits de douane, ils fallait enfin qu'ils pussent se présenter sur les marchés de la métropole, où ils étaient pour le moment regardés comme produits étrangers et soumis à un tarif onéreux.

La loi des douanes du 11 janvier 1851 leva toutes ces difficultés et permit au commerce algérien de prendre désormais un plus grand essor.

De 1831 à 1848, les importations constituent pour ainsi dire tout le commerce ; aussi suivent-elles simplement le mouvement ascensionnel du chiffre de l'armée et du chiffre des Européens qui venaient se fixer en Afrique; elles s'élèvent de 6 millions à 100 millions, de même que le chiffre de l'armée s'était élevé de 18,000 hommes à 100,000 hommes, et que le nombre des colons était passé de quelques centaines à 100,000 aussi.

Les exportations eurent de la peine à atteindre 10 millions, et il ne faut guère s'en étonner. La guerre avait apporté un grand trouble dans les travaux agricoles des Indigènes, nos relations avec eux étaient bornées, et la vraie colonisation, celle qui a pour but l'agriculture, ne pouvait songer à se développer. Il n'y avait, en un mot, que des consommateurs et pas de producteurs.

Le commerce extérieur de l'Algérie fut d'abord règlementé, pendant quelques années (1830-1835), par les arrêtés des commandants en chefs et des gouverneurs généraux ; et, ensuite, par l'ordonnance royale du 11 novembre 1835, dont le régime fut en somme plus favorable au commerce des étrangers qu'au commerce de la France et de l'Algérie.

Deux ordonnances du 16 octobre 1843 vinrent modifier profondément cet état de choses, sans cependant donner complètement droit aux réclamations et aux besoins du commerce français.

Les ordonnances de 1843 dégrèvent bien certains produits algériens importés dans la métropole, mais leur caractère spécial, leur effet le plus remarquable, a été de favoriser l'importation en Algérie des produits français aux dépens de ceux de l'étranger.

Aussi le chiffre des marchandises d'origine ou de fabrique française importées, qui n'était que de 32 millions en 1843, atteint sous le régime de ces dernières ordonnances une moyenne de 52 millions dour la période 1844 à 1850.

1848 ouvre la seconde grande période du commerce algérien, la période la plus importante, celle où les produits mêmes du pays vont se montrer sur les marchés extérieurs et y prendre une place importante.

L'effet en a été complété par le décret du 21 juillet 1853, qui organise le service des douanes des frontières de terre.

Quelques chiffres rendront tout cela plus sensible.

Voici la valeur des importations et des exportations depuis 1848 :

ANNÉES.	IMPORTATIONS.	EXPORTATIONS.
1848	86,214,619	7,105,772.
1849	65,251,622	13,729,085.

1850	72,692,782	10,262,791.
1851	69,950,582	19,792,791.
1852	65,392,044	21,554,519.
1853	72,788,015	30,782,592.
1854	81,234,447	42,176,068.
1855	105,452,027	49,320,029.
1856	108,946,296	39,100,720.

En 1847, les importations étaient encore d'environ cent millions. En 1848, elles subissent une diminution due principalement à ce que le pays trouvait en lui-même une portion de ce qu'il était obligé de demander au dehors, et ce qui le prouve, c'est que la diminution devient bientôt permanente, qu'après cela les importations se relèvent avec le chiffre de la population, mais non pas en rapport avec elle, comme dans le cours de la première période.

Quant aux exportations, qui s'étaient très-notablement accrues en 1849 et 1850, elles se trouvent, sous l'influence de la loi du 11 janvier 1851, *doublées* tout à coup; après un temps d'arrêt momentané, elles croissent d'après une proportion considérable, qui ne se maintiendra peut-être pas aussi forte, mais qui ne cessera cependant pas d'exister, puisqu'elle résulte des développements incessants du travail agricole, autant chez les Indigènes que chez les Européens, le nombre de ces derniers tendant de plus en plus à s'accroître sans cesse.

Nous ferons suivre ces considérations générales d'une analyse du commerce extérieur de l'Algérie en 1855, afin d'en faire mieux apprécier le caractère.

Le mouvement commercial de l'Algérie s'est élevé, en 1855, à une valeur de 155 millions, dont 105 millions pour les importations, et environ 50 millions pour les exportations.

La part de la France a été :

1° Dans les importations, de 82 millions pour les marchandises d'origine et des fabriques nationales, et de 4 millions 1/2 pour les marchandises étrangères ou des colonies tirées de nos entrepôts.

2° Dans les exportations de 37 millions en produits algériens, composés principalement de céréales, de laines, de dépouilles d'animaux, de tabac, d'huile d'olive, de fourrages, de minerais, de corail.

La part du commerce étranger dans les importations algériennes de 1855 a représenté une valeur de 18 millions 1/2. Sa part dans les exportations a été de 12 millions, desquels il faut déduire 6 millions, représentant la valeur des denrées expédiées à l'armée d'Orient sous le titre de Turkie.

Les droits de douane perçus dans la même année sur les marchandises importées en Algérie, se sont élevés à 2 millions 1/2 ; les droits de navigation à 320,000 fr., les recettes accessoires et accidentelles à 269,000 fr., ce qui porte à 3,129,000 fr. les recettes affectuées par la douane algérienne au profit du trésor. Les droits d'octroi également perçus par la douane algérienne, mais au profit de la colonie, sur certains produits et denrées importés par mer, se sont élevés à 2,382,000 fr. En sorte que le chiffre total des taxes de toute nature perçues par la douane sur les marchandises et denrées des diverses provenances importées en 1855, et à titre de taxes de navigation, a dépassé cinq millions 1/2.

Voici maintenant la nomenclature des principales

marchandises qui ont formé la matière du mouve-commercial de l'Algérie en 1855.

IMPORTATIONS.

Tissus de coton............	22,309,000 fr.
Tissus de laine............	7,154,000
Sucres raffinés	5,152,512
Vins de toutes sortes.......	4,862,634
Peaux préparées et ouvrages en peaux.............	3,560,000
Tissus de soie............	3,047,000
Cafés....................	2,296,713
Tissus de lin et de chanvre..	2,263,000
Eaux-de-vie et alcools	1,758,353
Savons ordinaires	1,636,746
Bois sciés	1,444,604
Fontes, fer et acier.........	1,233,852
Acide stéarique ouvré......	1,205,058
Houille	1,197,407
Tabacs...................	1,159,360
Huiles de graines grasses....	844,708
Verres et cristaux..........	803,686
Meubles..................	774,000
Fruits frais	760,579
Fromages................	736,058
Huile d'olive..............	715,251
Papier et carton...........	653,805
Faïence, porcelaine et grès commun...............	629,834
Total............	66,198,360

Report.......	66,198,360
Bois à construire, bruts ou équarris................	540,335
Viandes salées.............	538,176
Riz.......................	498,353
Sucres bruts..............	474,613
Graisses, saindoux........	373,516
Pommes de terre...........	302,784
Fruits secs ou tapés........	302,770
Fruits oléagineux..........	299,563
Légumes secs et leurs farines.	288,597
Farines...................	203,876
Poissons..................	183,737
Poterie de terre grossière....	173,217
Autres articles............	30,725,000 (1)
Total général...	105,452,027

L'état comparatif des principales marchandises importées fait ressortir des augmentations très-marquées.

Si l'on en excepte les farines, les tabacs fabriqués, l'huile de graines grasses, les matériaux et la houille, tous les produits offrent des excédants sur l'année 1854.

Les diminutions constatées sur les farines et les tabacs fabriqués sont entièrement à l'avantage de l'Algérie; partout des machines s'établissent, la fabrication du tabac s'étend, et l'on emploie sur place dans une plus forte proportion le tabac indigène.

La diminution sur les matériaux s'explique par la création d'un grand nombre de briqueteries.

---

(1) Les *monnaies* importées entrent seules, dans la composition de ce chiffre, pour une valeur de 14,000,384 fr.

Parmi les augmentations, la plus remarquable est celle des tissus de coton, qui offre surtout un grand intérêt, parce que les tissus de coton français tendent chaque jour à entrer de plus en plus dans la consommation indigène. En 1854, il n'en était arrivé de la métropole que pour une valeur d'environ 15 millions de fr. En 1855, l'importation a atteint plus de 18 millions : augmentation 3 millions. Ceux de l'étranger présentent, au contraire, une réduction de plus de 1,500,000 fr.

Les tissus de laine, de soie, de lin et de chanvre offrent aussi des excédants, mais moins importants.

Les denrées alimentaires, entre autres les sucres, les cafés, les vins, les spiritueux, les huiles d'olive, sont arrivés en quantités plus considérables, par suite de l'augmentation de la population.

Les bois de construction, les merceries commune et fine, les ouvrages en peaux présentent également de l'augmentation.

La valeur totale des importations de 1855, rapprochée de celle de 1854 (81,234,447 fr.), fait ressortir une augmentation de plus de 24 millions, soit près de 30 0/0. Il faut remarquer que dans cette somme de 24 millions, il y a près de 7 millions représentant un excédant des monnaies importées, résultat qui témoigne de l'accroissement qu'acquièrent chaque jour les transactions commerciales de l'Algérie, et la confiance que l'on a dans son avenir.

Les produits étrangers n'ont figuré dans le mouvement des importations que pour un sixième, presque toutes les denrées étant tirées de France.

Les pays étrangers qui alimentent les marchés algériens sont en première ligne l'Angleterre, l'Espagne et les Etats Barbaresques.

L'Angleterre y a envoyé des tissus de coton, de la houille, des tabacs, des fers et des peaux préparées.

Le commerce avec l'Espagne consiste particuliè, rement en riz, pommes de terre, légumes secs et surtout en vins.

La valeur des marchandises importées des Etats Barbaresques en Algérie est de 4,358,197 fr.; l'année précédente, elle était seulement de 1,961,172 fr, c'est-à-dire du tiers.

L'Autriche, la Suède et la Norvège ont donné les bois de construction et les fers.

Quant à l'Egypte, les marchandises qui en sont arrivées sont, en totalité, des tissus et des tapis de laine importées par les pèlerins de la Mekke.

Voici, du reste, dans quelle mesure, par rapport au chiffre total, chaque puissance a participé aux importations :

France et entrepôts	82 25 0/0
Angleterre	5 66
Espagne	4 27
Etats Barbaresques	4 13
Autriche	0 98
Suède et Norvège	0 74
Ports non occupés de l'Algérie	0 48
Etats Sardes	0 41
Deux-Siciles	0 36
Egypte	0 30
Toscane	0 24
Etats Romains	0 13
Autres puissances	0 05

L'importance relative des importations par port s'établit de la manière suivante :

Alger	45	31 0/0
Philippeville	21	77
Oran	18	02
Bône	7	63
Mers el Kebîr	4	08
Mostaganem	1	32
Bougie	0	53
Tenès	0	46
La Cale	0	29
Cherchêl	0	23
Stora	0	24
Djidjelli	0	12
Nemours	0	06
Arzeu et Dellis	0	04

Alger occupe donc toujours le premier rang et représente presque à lui seul la moitié du commerce d'importation.

Philippeville prend, en 1855, le second rang, dévolu, en 1854, à Oran. Cela provient, il est vrai, d'une importation de 8 millions d'argent monnayé, envoyé dans la province de Constantine pour achat de laine et de grains.

Les autres ports conservent à peu près le même rang que l'année précédente. Toutefois, Bône l'a emporté sur Mers el Kebîr, et a repris ainsi sa première importance.

Le pavillon français a participé dans la proportion des 9/10 aux importations.

L'introduction des marchandises étrangères, venant de Tunisie et du Maroc, par les lignes de terre, s'est élevée à la somme de 2,810,498 fr., au lieu de 1,533,066 qu'elle avait atteint en 1854. L'augmentation porte presque entièrement sur les bestiaux, les peaux et ouvrages en peaux et les tissus.

Les bureaux frontières, installés depuis deux ans à Tlemsen, Souk Harras, La Mar'nîa, Biskar et Tebessa acquièrent chaque jour plus d'importance.

EXPORTATIONS.

Céréales.	Blé...........................	18,482,775
	Orge	3,826,529
	Maïs...........................	5,802
	Avoine.........................	61,753
	Farines........................	1,257,423
Minerais	de fer.........................	73,884
	de cuivre.....................	84,712
	de plomb......................	1,644,391
	d'antimoine...................	1,184
Tabacs	en feuilles ou en côte........	3,680,059
	fabriqués.....................	1,014,570
Laine en masse..............		2,836,741
Fourrages.....................		1,571,328
Huiles d'olives................		1,517,625
Peaux brutes..................		724,947
Corail brut...................		579,150
Pain et biscuit de mer........		507,659
Bêtes à laine..................		347,976
Chevaux.......................		253,080

Os, sabots et cornes de bétail	202,950
Drilles	175,186
Crin végétal	163,857
Graisses de toutes sortes	161,461
Cire brute	129,432
Coton	122,830
Soies	107,986
Sangsues	69,695
Objets de collection	46,731
Bêtes bovines	30,603
Feuilles de palmier nain	29,446
Nattes et tresses	25,848
Vannerie	16,526
Autres articles	8,649,419
	49,320,029

De même que les importations, les exportations ont continué leur mouvement ascensionnel. Elles dépassent de plus de 7 millions celles de 1854; cette dernière année s'était elle-même soldée par un avantage de 14 millions sur la période précédente.

Depuis quelques années, l'Algérie devient pour la métropole d'une utilité extrême, surtout par l'envoi des céréales; elle lui fournit aussi des légumes verts et des primeurs.

La culture du tabac grandit sans cesse. Les produits s'améliorent. En 1857, l'administration en prend aux colons pour une somme de six millions.

Les exportations de blé qui, en 1854, avaient été de 1,048,320 hectolitres, se sont élevées, en 1855, 1,232,185.

Les orges, farines, tabacs en feuilles et fabriqués,

laines en masse et minerais, présentent également de l'augmentation.

A côté des augmentations qu'offrent certains produits de l'exportation, on doit signaler quelques diminutions qui portent sur les bestiaux, les peaux brutes, le corail et l'huile d'olive.

L'établissement de tanneries importantes en Algérie explique la diminution dans l'exportation des peaux brutes. Les autres diminutions sont dues à des causes momentanées.

Les envois faits par l'Algérie à la métropole et aux différentes puissances avec lesquelles elle est en relation, ont eu lieu dans les proportions suivantes :

France	75 08 0|0
Turkie....................	11 58
Espagne	10 41
Angleterre.................	1 67
Toscane....................	0 68
Etats Barbaresques...........	0 29
Deux-Siciles	0 23
Etats sardes................	0 04
Autres puissances...........	0 02

On voit que les 3\|4 des produits algériens exportés au dehors l'ont été en France.

L'Espagne a tiré de l'Algérie, avec des tissus de coton, des bêtes à laine, des tabacs, des joncs et roseaux, etc.

Les diminutions qui affectent les exportations faites en Angleterre, dans les Etats sardes, les Deux-Siciles et la Toscane, ont leur source dans la prohibition des céréales à la sortie.

Les envois faits à la Turkie étaient destinés à l'armée d'Orient, et n'ont par conséquent rien de ce qui caractérise un commerce réel.

Les Etats Barbaresques ont surtout demandé à l'Algérie des tabacs indigènes.

Dans le mouvement d'exportation, le pavillon national figure pour les 3|4 (18|24); précédemment, il prenait les 4|6 (16|24).

Voici le mouvement relatif des divers ports dans le mouvemement des exportations :

Alger	29 29 0|0
Oran.	12 88
Philippeville.	12 44
Mers-el-Kibir	11 22
Bône.	9 77
Mostaganem	6 60
Tenès	4 67
La Cale	4 27
Bougie.	4 15
Djidjelli	2 19
Arzeu	1 64
Nemours.	0 33
Cherchêl.	0 32
Stôra-Philippeville	0 28
Dellis.	0 07

Entrepôts réels et fictifs.

Les marchandises importées sur les différents points des côtes où se fait le commerce, ne trouvent pas toujours à s'y placer de suite.

Afin de donner aux négociants le temps nécessaire pour effectuer les opérations dont elles peuvent être l'objet, l'administration des douanes a créé, dans les ports de commerce, des *Entrepôts réels* et des *Entrepôts fictifs*.

Les Entrepôts réels sont de vastes magasins où les marchandises sont déposées jusqu'au jour de leur réexpédition ou de leur mise en circulation sur les marchés intérieurs, sans avoir à payer d'autres frais que les droits d'emmagasinage.

Les Entrepôts fictifs n'existent que dans les localités où les transactions commerciales ne sont pas assez considérables pour que l'on ait cru devoir y établir un Entrepôt réel. Ce sont des magasins privés où le commerçant est autorisé à placer la marchandise qui n'a pas encore acquitté les droits, et d'où elle ne sort qu'aux mêmes conditions que celles qui ont été déposées dans l'Entrepôt réel.

Il n'y a, en Algérie, que deux Entrepôts réels, à Alger et à Mers-el-Kebir (1); leurs opérations ont été, jusqu'à présent, d'une importance secondaire.

On y a entreposé, en 1854, pour 800,000 francs

---

(1) L'Entrepôt réel de Mers-el-Kébîr a été supprimé par décret du 20 juin 1857, et remplacé par celui 'Oran, ouvert le 1er juillet de la même année.

de marchandises, principalement de tissus de coton destinés à être versés en fraude, sur les côtes d'Espagne.

Toutes les villes maritimes possèdent des Entrepôts fictifs qui ne reçoivent généralement que des objets destinés à la consommation locale et intérieure.

En comparant les résultats de 1855 avec ceux de 1854, on trouve, qu'à l'exception d'Alger, d'Oran et Bône, tous les autres ports présentent des diminutions qui, réunies, forment un total de plus de 730,490 francs à l'entrée, et de 1,083,467 francs à la sortie.

Ces diminutions, presque générales, ont deux causes déterminantes : le ralentissement dans l'importation des vins et des eaux-de-vie, qui sont les principaux éléments de ce mouvement ; et l'application, depuis le 1er juillet 1853, aux droits de douane et d'octroi, du crédit et de l'escompte, dont les avantages, appréciés par le commerce, auront pour résultat de diminuer, sinon de supprimer, les opérations d'entrepôt, lesquelles constituent d'ailleurs par elles-mêmes un crédit indirect sujet à des charges et à des gênes que nécessitent les garanties du trésor.

CABOTAGE.

On appelle *Cabotage*, ou commerce de cabotage, le commerce que font entre eux les différents ports d'un même pays ou de pays voisins.

Le Cabotage entre les divers ports de l'Algérie

accuse, en 1854 et 1855, des relations plus nombreuses que les années précédentes. Elles ont leur cause première et dans le développement des forces vitales du pays, et dans celui des divers centres de populations maritimes.

Les céréales, les légumes de toutes sortes, les vins et les spiritueux, en un mot les denrées alimentaires forment les principaux éléments de la navigation du cabotage.

L'ensemble des opérations a donné, en 1855, les résultats suivants :

	Nombre.	Tonnage.
Navires entrés.........	3,928	144,464
Navires sortis.........	3,983	145,142
	7,911	289,603

L'accroissement de 1855 sur 1854 a été de 1,066 navires jaugeant 71,543 tonneaux. Celui de 1854 sur 1853 avait été de 2,121 navires jaugeant seulement 74,550 tonneaux.

Les 7,911 navires de 1855 ont transporté :

Marchandises entrées......	586,809 quint. mét.
Marchandises sorties......	590,340
	1,177,149

C'est un quart de plus qu'en 1854.

En 1854, cette différence était d'un tiers sur 1853.

La part de chaque port, dans le commerce de cabotage, peut être fixée de la manière suivante :

Entrée

Alger	55 39 0/0
Oran	18 25
Dellis	3 78
Tenès	3 40
Bougie	2 89
Nemours	2 87
Bône	2 78
Cherchêl	2 38
Arzeu	2 36
Mostaganem	2 32
La Cale	1 83
Stora-Philippeville	1 08
Djidjelli	0 67
Mers-el-Kebir	» »

Sortie

Tenès	23 36 0/0
Mostaganem	21 92
Alger	12 83
Nemours	11 80
Oran	6 86
Arzeu	5 94
Bougie	3 77
Cherchêl	2 66
Bône	2 64
Dellis	2 26
Djidjelli	1 86
La Cale	1 62
Stora-Philippeville	1 56
Mers-el-Kebir	0 95

Remarquons que les localités voisines des plaines les plus riches en céréales, occupent les premiers rangs à la sortie.

NAVIGATION.

La navigation est à la mer ce que la circulation des bêtes de charge, des voitures et autres moyens de transport sont à la terre. C'est par elle que les contrées les plus éloignées sont mises en rapport; elle a fait disparaître ces éternelles barrières que les mers avaient mises entre les peuples, et elle les a rapprochés.

La navigation est intimement liée au commerce, dont elle est une des expressions les plus significatives; comme lui, elle languit ou prospère, suivant qu'il reste stable ou qu'il grandit.

L'importance de la navigation algérienne ne saurait être mieux démontrée que par des chiffres.

En 1853, il était entré, dans les ports de l'Algérie, 2,485 navires jaugeant 212,806 tonneaux.

En 1854, il était entré 3,129 navires jaugeant 326,426 tonneaux.

En 1855, il est entré 3,137 navires jaugeant 396,997 tonneaux.

En 1853, il est sorti, des ports de l'Algérie, 2,395 navires jaugeant 205,347 tonneaux.

En 1854, il en était sorti 3,024 jaugeant 314,974 tonneaux.

En 1855, il en est sorti 3,069 jaugeant 394,528 tonneaux.

L'augmentation de 1854 sur 1853 était donc de 1,273 navires, jaugeant ensemble 223,247 tonneaux.

La différence, entre 1854 et 1855, est seulement de 53 navires, jaugeant 150,125 tonneaux.

L'excédant des navires est peu considérable, mais il faut remarquer combien ils sont d'une plus grande contenance.

Les puissances qui ont le plus contribué à cette amélioration générale sont la France d'abord, et ensuite l'Angleterre, l'Espagne, la Suède, l'Autriche, les États Sardes, les Deux Siciles, les États Romains, et les États Barbaresques.

La part réservée à la France est inférieure en nombre, mais supérieure en tonnage à celle de l'étranger. Voici dans quelle proportion :

France... Nombre : 44 0/0 Tonnage : 57 0/0
Étranger. — 56 0/0 — 47 0/0

Il est bon de faire remarquer que la différence en moins, observée dans le nombre, ne doit pas être considérée comme une cause d'affaiblissement, par la raison que nos échanges avec la métropole s'effectuent, en majeure partie, contrairement à ce qui a lieu avec l'étranger, par des bateaux à vapeur d'un tonnage plus élevé que les navires à voiles, et qui transportent, par conséquent, à chaque voyage, une plus forte quantité de marchandises; c'est ce qui explique l'augmentation donnée au tonnage.

Voici, d'après le tonnage des navires, le rang occupé par chaque pavillon :

Français............................	56 07 0/0
Anglais............................	12 58
Autrichien.......................	6 68
Espagnol.........................	6 57
Sicilien et Napolitain...........	4 94
Sarde...............................	2 89
Norvégien........................	2 76
Américain........................	2 68
Suédois...........................	2 39
Toscan............................	1 01
Romain...........................	0 49
Grec...............................	0 32
Autres pavillons................	0 62

COMMERCE DU SUD.

Le Sud de l'Algérie, le S'ah'ara algérien, région représentée par les Steppes et le S'ah'ara oasien, a une population d'environ 500,000 âmes.

Indépendamment de la part qu'elle prend au commerce général, elle a des relations et un commerce à elle, qu'il est utile de connaître (1).

Le transport des marchandises dans le S'ah'ara

---

(1) J'emprunte ces détails à l'ouvrage de M. E. Carette, intitulé : *Recherche sur la Géographie et le Commerce de l'Algérie méridionale* (Publications de la Commission scientifique de l'Algérie), en leur faisant subir, toutefois, les modifications que l'administration française a introduites dans toute l'économie politique du S'ah'ara, depuis cinq ans, sous l'impulsion puissante de M. le maréchal comte Randon.

algérien se fait du sud au nord et du nord au sud, principalement par les tribus voyageuses (Nedja'), de l'est à l'ouest et de l'ouest à l'est, par les caravanes marchandes (Gafla).

Presque toutes les tribus du S'ah'ara sont soumises à un régime annuel de pérégrination qui a dû exister de tout temps, parce qu'il est fondé sur la nature des productions et du climat et sur les premiers besoins de la vie. Ce mouvement général s'effectue de la manière suivante.

Les tribus passent l'hiver et le printemps dans les landes du S'ah'ara, parce que, pendant cette période de l'année, elles y trouvent de l'eau et de la végétation; mais elles ne séjournent dans chaque lieu que trois ou quatre jours, et ploient leurs tentes lorsque les pâturages en sont épuisés, pour aller s'établir un peu plus loin.

Vers la fin du printemps, elles passent dans les villes du S'ah'ara, où sont déposées leurs marchandises, chargent leurs chameaux de dattes et d'étoffes de laine, et s'acheminent vers le nord, emmenant avec elles toute la cité nomade, les femmes, les chiens, les troupeaux et les tentes.

C'est l'époque où, dans le S'ah'ara, les puits commencent à tarir et les plantes à se dessécher; c'est aussi l'époque où, dans le Tell, les blés sont mûrs. Elles y arrivent au moment de la moisson, lorsque les grains sont abondants et à bas prix.

Les tribus du S'ah'ara passent l'été dans le Tell, où règne, pendant ce temps, une grande activité commerciale. Les dattes et les tissus de laine apportés du sud s'échangent contre les céréales, la laine brute, les moutons et le beurre.

Pendant ce temps aussi, la terre se repose; la

moisson est faite, les grains sont rentrés, la récolte n'a rien à redouter du parcours ; le sol ne peut qu'y gagner ; les troupeaux broutent librement dans les pâturages.

La fin de l'été donne le signal du départ, on charge les chameaux, on plie les tentes, et les cités ambulantes se remettent en marche vers le sud, à petites journées, comme elles sont venues.

Elles arrivent dans le S'ah'ara à l'époque de la maturité des dattes, c'est-à-dire vers le milieu d'octobre. Un mois s'écoule à faire la récolte et à la rentrer; un autre mois est consacré à échanger le blé, l'orge et la laine brute contre les dattes de l'année et les tissus de laine produits du travail annuel des femmes.

Lorsque ces opérations sont terminées et les marchandises déposées dans les magasins, les tribus s'éloignent de la ville et vont conduire leurs troupeaux, de pâturages en pâturages, dans les landes désertes du S'ah'ara, jusqu'au moment où le retour de l'été nécessitera les mêmes voyages et les mêmes travaux.

Telle est, dans sa plus grande généralité, la loi du mouvement et du commerce des tribus du Sud.

La nécessité impérieuse qui pousse chaque année la population mobile des oasis algériennes dans le Tell, leur a fait choisir, sur la zône limite des deux régions, un certain nombre de points où s'installent, au moment des échanges, autant de marchés plus ou moins importants.

Ce sont dans la province d'Oran :

Le marché du Khremis des Beni Snous et celui du R'or, auxquels on a substitué, depuis, le marché de Sebdou, ouvert officiellement le 2 avril 1852 ;

Le marché des Djafra, près de Saïda ;

Le marché de Tîharet, qui a remplacé celui de Loh'a ;

Dans la province d'Alger ;

Les marchés des Ouled A'iâd, des Ouled el Akreud et des Ouled Cherîf, près de Teniet el H'ad ;

Le marché des Djendel, près d'A'moura, sur le Chelef ;

Le marché du K's'ar Boukhrari, au-dessous de Bor'ar ;

Le marché des Rbeïa ;

Le marché des Ouled Mokhretar ;

Le marché des Adaôra.

Dans la province de Constantine :

Le marché des Ouled A'bd en Nour ;

Le marché de l'A'tmeniia, le nœud commercial de cette région, et qui se tient sous la présidence du Chîkhr el A'rab.

Le marché des H'arak'ta ;

Le marché des Segnia ;

Le marché des Telar'ma.

Les marchés du centre n'ont pas, à beaucoup près, la même importance que ceux de l'Ouest et de l'Est. Cette infériorité est due au voisinage d'une ville dont la concurrence leur enlève un grand nombre d'affaires ; cette ville est Bou Sa'da.

Bou Sa'da est en relation journalière avec Alger, par Aumale. Elle entretient de plus une correspondance active avec Media au Nord-Ouest, avec Constantine au Nord-Est, avec Biskra et Tougourt au Sud-Est, avec Lar'ouat et le Mzâb au Sud-Ouest.

Les autres marchés ne sont que des lieux d'é‑change, Bou Sa'da est, de plus, un lieu de dépôt : les autres marchés sont temporaires, Bou Sa'da est un marché permanent.

Indépendamment de ses relations intérieures, le Sud de l'Algérie fait un commerce assez suivi avec la Tunisie d'un côté, avec le Marok de l'autre.

Ses relations avec la Tunisie ont lieu par une grande ligne de plus de 1,000 kilomètres de développement, qui commence à Metlili, s'étend jusqu'à Tunis, en passant par Tougourt, le Souf et les oasis du Djerîd tunisien.

Les principaux articles sont :

Pour l'importation : les objets de mercerie et de parfumerie, les étoffes de soie et les foulards de Tunis, les ceintures et les cotonnades d'Europe, les h'aïk's fins du Djerîd, les armes et le soufre ;

Pour l'exportation : les étoffes de laine de qualité ordinaire, les dattes de première qualité, dites *deglet en nour*, provenant de l'Ouêd Souf, les chapeaux à larges bords en feuille de palmier, fabriqués dans l'Ouêd Souf et la garance récoltée à Tougourt.

Le commerce entre le S'ah'ara algérien et l'empire du Marok porte également sur des objets de luxe ; mais les communications sont moins faciles de ce côté que dans l'est, et se ralentissent chaque jour, par suite du peu de sécurité des routes et des exactions auxquelles sont exposés les voyageurs.

Le commerce du Marok est surtout fait par les gens des oasis du Mzâb et des Ouled Sidi Chîkhr, qui sont en relation avec les villes de Mogador, Fês, Mek'nès, Tanger et Tétouan.

Les principaux objets d'importation sont les cuirs

de Marok, préparés à Tafilelt et appelés pour cette raison *filâli*, des chaussures de peau ou *belr'a*, les h'aïk's ou voiles de laine, les armes, le fer, les toiles de coton et articles de mercerie, le *tfol* ou terre à foulon, employée comme savon, les peignes de femmes, les calottes rouges, les étoffes de soie, les chevaux.

Les principaux objets d'exportation sont la soie filée venue de Tunis et les étoffes de laine fabriquées dans les oasis.

Dans le commerce du sud avec la Tunisie et le Marok, la plupart des articles d'importation tels que soie, les merceries, les articles de toilette, les cotonnades, le fer, le soufre, sont de provenance européenne. Ces marchandises sont versées dans l'empire de Marok par Gibraltar et dans la régence de Tunis par l'Italie, la France et Malte.

Cet état de choses tend, il est vrai, à se modifier profondément par suite de l'action lente, mais sûre de notre commerce sur les populations indigènes, qui demandent aujourd'hui presque tous les articles dont il vient d'être question à Constantine, Alger et Oran.

RELATIONS DE L'ALGÉRIE AVEC L'AFRIQUE CENTRALE.

L'Algérie est, ainsi que la Tunisie et le Marok, séparée de l'Afrique Centrale par le grand S'ah'ara, zone immense qui s'étend sans discontinuité de l'Océan Atlantique aux rives du Nil.

En Algérie, les Zibàn et Biskra, le cours inférieur de l'Oued Djedi, le K'sir el H'aïran, l'A'ssafia, La r'ouât, A'ïn Mad'i, Brizina, L'Abiod' Sidi Chikhr, les deux Mor'ar, Figuigue, sont au bord même de cette solitude sans fin dont les plages sont baignées par le Sénégal et le Niger.

Ce sont deux des plus grands fleuves de cette région que les Arabes connaissent sous le nom de *Bled-el-Soudan*, le pays des Noirs, que nous appelons *Nigritie*, dénominations également justes, également vraies, puisque c'est là une partie considérable du vaste pays des Nègres.

D'un bord à l'autre du S'ah'ara il y a bien loin, presque toujours 1,600 à 1,800 kilomètres ; c'est sa largeur moyenne.

On la franchit par des routes que suivent les caravanes, et que jalonnent des oasis tantôt isolées, tantôt semblables à des groupes d'îles.

Parmi ces routes, qui dessinent à la surface du désert comme un réseau à grandes mailles, il en est qui représentent les artères par lesquelles les régions du Nord communiquent sans cesse avec les entrepôts de l'Afrique Centrale.

Un de ces entrepôts, Tenboktou (ou Tombouctou suivant la prononciation des Noirs) tient, depuis plusieurs siècles, une place considérable dans le commerce de l'Afrique Septentrionale.

Il la doit surtout à sa position, qui en fait le rendez-vous des caravanes du Marok, de l'Algérie, de Tunis et de Tripoli.

La route du Marok à Tenboktou est la plus courte de toutes, mais la plus mauvaise. On peut s'en faire une idée par le récit de Réné Caillé qui l'a parcourue dans toute son étendue.

Les différentes routes qui partent de l'Algérie, la route des H'améïan, la route des H'arar, la route de Lar'ouât par El Goléa', la route de Biskra par Tougourt, Ouargla et El Goléa', celle de Tougourt au Souf et à R'damès, convergent toutes à Ins'alah, dans le Touàt.

Les routes des H'améïan et des H'arar, qui ont pour point de départ les oasis dépendant de Tlemsên et ceux des Ouled Sidi Chîkhr, servent aux communications entre la province d'Oran et le Touât; elles sont difficiles, mais peu longues.

La province de Constantine est en rapport avec Ins'alah' par deux routes. Celle qui, de Biskra, passe par Tougourt, par le Souf et par R'damès, est longue et peu praticable.

La seconde qui, ayant aussi pour tête Biskra, traverse tout l'Ouàd Rir', Tougourt, Ouargla et El-Goléa', est bien moins longue et bien plus commode.

Quant à la route de Lar'ouât à Ins'alah' par le Mzâb et El-Goléa', qui n'est en définitive que la route de la province d'Alger, elle est incontestablement la plus facile de toutes.

Le grand avantage qu'elle présente est d'aboutir à Alger et de ne commencer réellement qu'à Lar'ouât, puisque les communications entre la capitale de l'Algérie et cette dernière ville se font aujourd'hui au moyen de voitures et avec la plus grande facilité.

Ins'alah' dont il vient d'être question est pour ainsi dire le cœur du S'ah'ara; c'est une position d'une extrême importance. On peut dire que toutes les routes du Nord de l'Afrique viennent y aboutir, car bien qu'il y ait une route directe du Marok à Tenboktou, une bonne partie des marchandises exportées de cet empire arrivent encore au Touât.

Ins'alah' est un k's'ar comme Lar'ouât, comme tous ceux de notre S'ah'ara, situé au milieu du groupe d'oasis le plus austral du Touât, à 1,100 kilomètres d'Alger et à la même distance des bords du Niger.

D'Ins'alah' à Tenboktou il y a 1,075 kilomètres, et la route est jalonnée de nombreuses stations parmi lesquelles se trouvent deux ou trois petites villes, l'A'raouân, Mabrouk, Tlemsên, Bousbéia.

Pour se rendre d'Ins'alah' à Kano, dans le H'aoussa, il y a une autre route qui traverse l'oasis d'Aïr et la ville d'Agadès, son chef-lieu.

Le commerce de l'Algérie avec l'Afrique Centrale roule principalement sur les marchandises suivantes;

Exportations :

Céréales, moutons, graine, beurre, légumes secs, huile, dattes et plumes d'autruche, marchandises de fabrication européenne, articles de merceries et de toilette, soie filée, draps écarlates pour beurnous, clous de gérofle, canelle et autres épices, verroterie, corail, foulards de soie, calottes rouges (chachia), haïk's fins, beurnous blancs;

Importations :

Nègres, poudre d'or, noix de gourou (gour), plumes d'autruche, peaux de buffle, dents d'éléphants, toile bleue fabriquée dans le Soudan, bekhrour noir ou gomme du Soudan, parfum très-recherché, ser-r'în, plante odorante très-employée par les Touâregs, séné, natron (trona) venant du Fezzâne.

Au commencement du 16e siècle, à l'époque de l'arrivée des Turcs en Algérie, le commerce de ce pays avec les régions de l'Afrique centrale était assez actif; les principales villes du S'a'hara, telles que Ouargla, Ngousa, Tougourt, Metlîli, R'ardeïa, Lar'ouât, lui devaient une grande partie de leurs richesses. Léon l'Africain en a laissé dans ses récits un témoignage certain. Mais, après la conquête ottomane, ce commerce cessa peu à peu, et, à notre arrivée, il en restait à peine quelques vestiges ; à partir du dix-septième siècle, une décadence fatale pesa sur tout le S'ah'ara et ne s'arrêta pour ainsi dire plus. Aujourd'hui la plupart des oasis s'ah'ariennes sont à moitié ruinées, et il ne faudra rien moins que l'énergique influence de l'administration française pour les relever. A Lar'ouât, dans l'Ouád Rîr', elle s'est déjà révélée par des résultats tels qu'ils ne permettent pas de douter que l'heure de la résurrection ne soit tout à fait arrivée.

L'ALGÉRIE DEVANT LE MONDE.

En 1855, la France se prit enfin à exécuter une ancienne idée qui lui appartenait et que l'Angleterre venait de réaliser de la manière la plus brillante. Elle ouvrit à toutes les nations cet immense palais élevé récemment à Paris aux arts et à l'industrie, en les y appelant dans un vaste concours au tribunal sévère de l'opinion publique. La lutte, bien que pacifique, allait être, dans ses conséquences, décisive, absolue.

L'Algérie devait-elle apparaître dans ce champ clos du travail universel où elle pouvait craindre un jugement redoutable ? La réponse aux vives interpellations qui allaient lui être adressées à ce sujet, était pour elle une question de vie ou de mort ; il s'agissait presque d'être ou de ne pas être. Tous ceux qui l'aiment éprouvèrent là un moment de cruelle alternative et d'anxieuse inquiétude.

Elle descendit bravement dans l'arène, et on eut alors un admirable spectacle.

Ce pauvre pays, encore tout ému du choc des dernières batailles, où venaient de s'installer à peine quelques milliers de colons, décimés trop souvent par les maladies et la misère, mais pleins d'une énergie, d'une persévérance que rien n'avait pu abattre, ce pauvre pays qui ne comptait réellement que huit à dix ans d'existence à peine, se posa modestement, avec assurance toutefois, à côté des premiers peuples du monde, et il les étonna tous.

Il leur montra de magnifiques gerbes de blé et d'orge, où deux cents épis sortent quelquefois d'un même grain, des tabacs trop bons pour être assez estimés, des cotons qui ont jeté une grande inquiétude au cœur des Américains, de la soie tissée à Lyon même, l'appréciatrice-mère, en de ravissantes étoffes, ses laines longues et soyeuses, ses bois qui venaient primer sans conteste les plus splendides produits des grandes forêts du Nouveau Continent, ses huiles qui seront sans égales, ses vins que l'on rangera bientôt à côté des crûs les plus célèbres, ses plantes tinctoriales qui promettent à l'industrie de précieuses ressources, ses alcools extraits de dix matières différentes, ses essences enfin dont le parfum, la suavité et l'arôme dépassent tout ce que l'on connaît.

Il exposa à leurs regards surpris son inestimable marbre onyx, ses marbres statuaires aussi beaux que ceux de l'Italie, ses minerais de plomb argentifère et aurifère, ses cuivres si abondants, ses fers transformés en aciers superbes, son antimoine, son zinc, son mercure et son corail resté incomparable.

L'Algérie avait apporté là ses oranges, ses grenades, ses bananes, ses figues, ses dattes, ses pistaches, ses légumes et ses fruits européens, mais plus appétissants que ceux de l'Europe, ses plantes textiles si variées et de si bonne qualité, son h'alfa, son dis, son palmier nain qui donnent d'excellentes pâtes à papier, son crin végétal extrait aussi du palmier nain.

Elle put leur montrer aussi mille produits nouveaux enlevés à toutes les régions de la terre, et que ses pépinières livrent aujourd'hui sans crainte à la grande culture : la cochenille, l'opium, l'indigo, la canne à sucre, le sorgho sucré, l'ananas, l'igname, la patate, la goyave, la vanille, le riz sec, le carthame, le bambou, le vétiver; elle put leur dire aussi d'aller admirer dans ses jardins des arbres magnifiques que la nature avait faits pour d'autres latitudes; l'araucaria excelsa, un des géants du règne végétal, le grevilea robusta, le suevia, le paulonia, le jacaranda, etc.

Et à ceux qui, après tant de preuves d'une vitalité sans exemple, doutaient encore de son avenir, elle fit observer que ces merveilleux résultats étaient le produit d'un travail de quelques années, sans cesse contrarié par les tâtonnements inséparables de toutes les premières créations.

La cause de l'Algérie était irrévocablement gagnée, et l'histoire allait avoir à inscrire sur ses tables immortelles l'un des plus grands faits économiques de ce siècle, déjà témoin de tant d'autres prodiges. L'irrésistible énergie d'une race nouvelle venait de faire surgir du sol tout un jeune Etat que chacun des jours qui passent rend plus vivace et plus fort.

La colonisation des plaines et des vallées de l'Atlas, pareil à l'Antée des vieilles légendes, ne peut plus être étouffée que par qui sera assez fort pour la séparer de la terre, et personne désormais n'aura assez de puissance pour le faire.

GOUVERNEMENT ET ADMINISTRATION.

L'Algérie est aujourd'hui une terre entièrement française, régie par les Codes français et par des lois particulières. D'après la constitution du 14 janvier 1852, la sienne doit être réglée par un sénatus-consulte émanant du Sénat.

Elle est placée sous la haute direction d'un *gouverneur général*, nommé par le Chef de l'État, investi de tous les pouvoirs civils et militaires, et qui exerce ses attributions sous les ordres directs du Ministre de la guerre.

Cette subordination des pouvoirs et l'impérieuse nécessité où l'on se trouvait de rattacher l'un des pays à l'autre, pour le faire rentrer dans le grand mouvement de l'unité française, a établi dans l'administration algérienne deux centralisations distinctes, deux grandes divisions, l'une placée à Paris et qui constitue ce que l'on appelle l'*administration centrale*, et l'autre, siégeant aux lieux mêmes sur lesquels elle est appelée à faire sentir son action; celle-ci se divise en *administration générale*, *administration provinciale*, *administration des territoires militaires*, *administration des territoires civils*, *admi-*

nistration municipale, administration des populations indigènes.

Administration Centrale.

L'administration centrale, siégeant à Paris, forme un corps administratif appelé *Direction des affaires de l'Algérie.*

C'est une des huit grandes directions du ministère de la guerre ; elle est sous les ordres d'un général de division, directeur.

La direction de l'Algérie est divisée en quatre bureaux :

1er bureau : Administration générale, municipale et affaires arabes.

2e bureau : Colonisation, agriculture, domaine.

3e bureau : Travaux publics, mines, forêts, contributions diverses.

4e bureau : Commerce, douane, statistique.

Un décret du 2 avril 1850 a institué auprès du Ministre de la guerre un *comité consultatif de l'Algérie,* composé d'anciens fonctionnaires civils ou militaires, ayant exercé en Algérie. Ce comité examine et discute tous les projets de lois, décrets et règlements généraux relatifs à l'Algérie, qui lui sont envoyés par le Ministre de la guerre ; il est appelé également à donner son avis sur toutes les questions et affaires administratives qui lui sont transmises de la même manière.

Administration Générale.

L'administration générale est celle dont les détails embrassent la totalité du pays, abstraction faite des divisions et subdivisions politiques, celle qui s'enquiert surtout des besoins généraux.

Elle comprend :

Le gouvernement général,
La division administrative du pays,
L'organisation religieuse,
L'instruction publique,
La justice,
Les finances et le budget de l'Algérie,
Le service de la marine,
Le service de l'assistance publique,
Le service des télégraphes électriques ou aériens,
Le service des poids et mesures,
Le service sanitaire,
Le service des haras,
Les institutions diverses concourant aux progrès de l'agriculture, de l'industrie et du commerce.

Gouvernement Général.

Le gouvernement général de l'Algérie comprend le commandement de toutes les forces militaires et la haute administration du pays.

Il se compose :

Du gouverneur général,
D'un conseil de gouvernement.
Un secrétaire général du gouvernement, nommé par l'Empereur, est chargé de la préparation et de l'expédition des affaires administratives attribuées au gouverneur général.

Attributions du gouverneur général.

Le gouverneur général est chargé de la défense intérieure et extérieure des possessions françaises dans le nord de l'Afrique.

Il a sous ses ordres immédiats les troupes de toute nature, régulières ou irrégulières, les milices urbaines et rurales, ainsi que la gendarmerie.

Il promulgue les lois, décrets et règlements exécutoires en Algérie.

Il assure le maintien de l'ordre et de la sécurité publique.

Dans les cas imprévus où les intérêts seraient gravement compromis, il prend sous sa responsabilité les mesures autorisées par les lois de la métropole.

Il en rend compte immédiatement au **Ministre** de la guerre.

Il veille à la bonne et prompte distribution de la justice dans la limite des juridictions et des compétences.

En matière civile, il ne peut empêcher ni retarder l'exécution des jugements et arrêts.

En matière criminelle, il prononce le sursis lorsqu'il y a lieu de recourir à la clémence impériale.

Il n'autorise l'exécution des arrêts emportant peine capitale qu'autant que le chef de l'État a décidé de laisser un libre cours à la justice.

Il peut faire surseoir aux poursuites pour le paiement des amendes.

Il assure à chacun le libre exercice de son culte et de ses droits, et maintient, à chaque autorité, son rang et ses attributions.

Il pourvoit directement aux mesures de haute police à l'égard des personnes dont la présence serait reconnue dangereuse pour l'ordre et la sécurité publique.

Il saisit le conseil du gouvernement des affaires qui doivent lui être soumises, transmet au Ministre, avec son avis, les délibérations de ce conseil.

Il arrête provisoirement, en conseil supérieur d'administration, les budgets à soumettre au Ministre.

Il adresse les propositions de nomination, d'avancement ou de révocation, relatives aux fonctionnaires, et délivre les congés.

En cas d'absence, il est suppléé par l'officier général investi du gouvernement intérimaire.

Les prérogatives du gouverneur général ont été considérablement étendues, dans tous les ordres inférieurs de l'administration, par le décret du 30 décembre 1856, sur la décentralisation administrative en Algérie.

Du reste, voici l'énumération des principaux services administratifs concourant à l'administration du pays sous la haute direction du gouverneur général.

L'administration militaire proprement dite est dirigée par le chef d'état-major général de l'armée d'Afrique; c'est lui qui transmet aux différents corps les ordres émanés du Ministre ou du gouverneur général, et qui veille à leur bonne et prompte exécution.

Le service judiciaire est sous la direction d'un procureur général.

Le culte catholique, qui est celui de la grande majorité des Européens, est dirigé par un évêque, dont l'Algérie forme le diocèse, et qui est suffragant de l'archevêché d'Aix, en Provence.

L'Algérie ne forme également qu'une académie universitaire sous les ordres d'un recteur.

C'est à un contre-amiral qu'est généralement dévolue la direction du service maritime.

Quant au service du génie, qui est, toute proportion gardée, bien plus important qu'en France, parce qu'il touche à des intérêts plus nombreux et bien plus variés, il relève tout entier d'un général, chef supérieur.

Le service de l'intendance militaire n'est plus aujourd'hui, comme il l'était autrefois, entre les mains d'un seul intendant; il y a un intendant par division militaire.

Tout ce qui est relatif à l'administration des populations indigènes relève du chef du bureau politique, qui a remplacé, auprès du gouverneur général, l'ancien directeur central des affaires arabes.

Il n'a été dérogé au principe de centralisation qui a mis toutes les forces administratives de l'Algérie entre les mains du Ministre de la guerre et du gouverneur général, que pour le service des douanes, celui du trésor et des postes, qui sont placés dans les attributions du Ministre des finances.

Du conseil de gouvernement.

Le conseil de gouvernement assiste le gouverneur général dans l'examen de toutes les affaires qui intéressent la haute administration de l'Algérie.

Sont membres de ce conseil :

Le gouverneur général, président ;
Le secrétaire général du gouvernement ;
Le procureur général ;
Le chef d'état-major général de l'armée ;
L'évêque ;
Le recteur de l'académie d'Alger ;
Le commandant supérieur de la marine ;
Le commandant supérieur du génie ;
L'inspecteur général des finances ;
Le chef du bureau politique ;
Et quatre conseillers civils, rapporteurs.

Le conseil de gouvernement est appelé à donner son avis sur toutes les questions d'intérêt général et spécial qui lui sont soumises par le Ministre ou par le gouverneur général.

Attributions du secrétaire général du gouvernement.

Le secrétaire général du gouvernement centralise le travail du gouverneur général en ce qui touche ses attributions administratives.

Il signe pour le gouverneur général, et par son ordre, la correspondance que le gouverneur général lui a spécialement déléguée.

Division administrative.

Administration provinciale.

L'Algérie est divisée en trois grandes provinces, qui s'étendent des rivages de la mer jusqu'aux dernières limites du pays, au Sud, et qui constituent ainsi comme trois zônes perpendiculaires aux grandes divisions naturelles, formant elles-mêmes trois zônes dirigées de l'Ouest à l'Est.

Ces trois provinces sont celles :

D'Alger, au Centre ;
D'Oran, à l'Ouest ;
De Constantine, à l'Est.

On distingue dans chacune de ses provinces, un *territoire civil* ou *département*, plus ou moins étendu, et un *territoire militaire*.

Le *territoire civil* ou *département* est soumis au régime administratif de la métropole, sauf les exceptions résultant de la législation spéciale de l'Algérie.

Les *territoires militaires* sont administrés directement par le gouverneur général, par l'intermédiaire des officiers généraux commandant les divisions.

Chaque province forme une division militaire partagée en un certain nombre de subdivisions et de cercles, de la manière suivante :

Division d'Alger.

Subdivision de Blida.

Pas de cercle.

Subdivision de Dellis.

Cercle d'Alger.
Cercle de Dellis.
Cercle de Tizi-Ouzzou.
Cercle de Fort-Napoléon.
Cercle de Dra el Mizan.

Subdivision d'Aumale.

Pas de cercle.

Subdivision de Media.

Cercle de Media.
Cercle de Bor'âr.
Cercle de Lar'ouât.

Subdivision de Miliana.

Cercle de Miliana.
Cercle de Cherchêl.
Cercle de Teniet el H'ad.

Subdivision d'Orléansville.

Cercle d'Orléansville.
Cercle de Tenès.

PROVINCE D'ORA.

Subdivision d'Oran.

Cette subdivision ne comprend aucun cercle.

Subdivision de Mostaganem.

Cercle de Mostaganem.
Cercle d'Ammi-Mousa.

Subdivision de Maskara.

Cercle de Maskara.
Cercle de Tîharet.
Cercle de Sa'ïda.
Cercle de Géryville.

Subdivision de Sidi-Bel-Abbès.

Pas de cercle.

Subdivision de Tlemsên.

Cercle de Tlemsên.
Cercle de Nemours.
Cercle de La Mar'nia.
Cercle de Sebdou.

Province de Constantine.

Subdivision de Constantine.

Cercle de Constantine.
Cercle de Philippeville.
Cercle de Djidjelli.
Cercle d'Aïn Beïda.
Cercle de Tebesa.

Subdivision de Bône.

Cercle de Bône
Cercle de La Cale.
Cercle de Guelma.
Cercle de Souk-Harras.

Subdivision de Setíf.

Cercle de Set'if.
Cercle de Bougie.
Cercle de Bordj Bou A'riridj.
Cercle de Bou Sa'da.

Subdivision de Bât'na.

Cercle de Bât'na.
Cercle de Biskra.

Le territoire des subdivisions est fractionné entre chacune des tribus plus ou moins nombreuses qui l'habitent, lesquelles y occupent un espace plus ou moins considérable.

Chaque tribu constitue ce que l'on appelle un *K'aïdat*, à moins que, la tribu n'étant considérable, ses fractions n'aient elles-mêmes à leur tête un *K'aïd*; alors la tribu est commandée par un *K'aïd des K'aïd*.

Les *Ar'alik* ou *Bach Ar'alik* sont des divisions administratives indigènes, formées d'un certain nombre de tribus ou K'aïdats.

Les différents territoires sur lesquels la population européenne s'est le plus particulièrement concentrée, ont été enlevés à l'administration militaire, et placés sous le régime exclusif de l'administration civile, tout comme des territoires français.

Ils forment, à l'heure qu'il est, trois départements, un pour chacune des trois provinces, et, comme leurs chefs-lieux sont aussi ceux de ces trois grandes divisions, leurs noms sont les mêmes, c'est-à-dire qu'il y a :

Un département d'Alger,
Un département d'Oran,
Un département de Constantine.

Les départements sont divisés en arrondissements, commissariats civils ou districts, de la manière suivante :

Département d'Alger.

Arrondissement d'Alger.

Commissariat civil de Cherchêl.
Commissariat civil de Tenès.
Commissariat civil d'Orléansville.
Commissariat civil de Dellis.

Arrondissement de Blida.

Commissariat civil de Marengo.
Commissariat civil de Miliana.

Département d'Oran.

Arrondissement d'Oran.

Commissariat civil d'Arzeu.
Commissariat civil de Saint-Denis-du-Sig.
Commissariat civil de Tlemsên.

Arrondissement de Mostaganem.

Pas de commissariat civil.

Département de Constantine.

Arrondissement de Constantine.

Commissariat civil de Set'if.
Commissariat civil de Guelma.

Arrondissement de Philippeville.

Commissariat civil de Jemmapes.
Commissariat civil de Bougie.

Arrondissement de Bône.

Commissariat civil de La Cale.

Organisation Religieuse.

Culte catholique.

Dans les premiers temps de la conquête, les aumôniers de l'armée furent chargés en même temps du service religieux pour les populations civiles. Un pareil état de choses fut bientôt reconnu insuffisant. Il fut alors question de confier l'administration spirituelle d'Alger et de ses dépendances à la congrégation de Saint-Lazare, qui, avant l'occupation, et depuis 200 ans, desservait à Alger une mission fondée par Saint-Vincent de Paul. Mais ce projet rencontra des difficultés, et les négociations entamées à ce sujet avec la cour de Rome aboutirent à la création d'un évêché constitué sur les mêmes bases que les évêchés de France.

La bulle papale est du 9 août 1838; l'ordonnance qui érige l'évêché et en détermine la circonscription est du 25 du même mois de la même année.

Le personnel du diocèse d'Alger se compose :

D'un évêque ;
De deux secrétaires de l'évêque (dont un servant d'interprète) ;
De deux vicaires généraux titulaires, agréés par le gouvernement ;
De huit chanoines, dont deux remplissent les

fonctions de vicaires généraux, et en touchent le traitement ;

De desservants, divisés en deux classes :

Ces desservants sont nommés directement par l'évêque et révocables à sa volonté. Il n'y a pas en Algérie, comme en France, de curés dont la nomination soit soumise à l'agrément du gouvernement, et qui soient revêtus du caractère inamovible ; seulement les desservants de première classe, établis dans les chefs-lieux des départements ou des arrondissements, portent vulgairement le titre de curés ;

De vicaires ;

De prêtres auxiliaires, qui ont pour mission d'aller porter les secours de la religion dans les localités dont la population n'est pas assez importante pour avoir un desservant à résidence fixe.

Au 1er janvier 1858, le nombre des titres ecclésiastiques rétribués par l'Etat, dans l'évêché d'Alger, était de

Le diocèse d'Alger possède un grand et un petit séminaire.

Le nombre des catholiques existant en Algérie est de 154,000.

Culte protestant.

Le culte protestant a une organisation régulière, qui a pour base l'ordonnance du 31 octobre 1839.

Toutes les communautés protestantes de l'Algérie sont placées sous l'autorité d'un consistoire central séant à Alger. Le consistoire est mixte. Les deux communions y sont représentées par un certain nombre de pasteurs et de membres laïques.

Le pasteur d'Alger appartient au culte réformé;

et, contrairement à ce qui se pratique en France, il a de droit la présidence du consistoire, quel que soit son degré d'ancienneté.

Il a été institué une place de pasteur adjoint pour la confession d'Augsbourg.

La communion réformée possède, en outre, deux oratoires, l'un à Oran, l'autre à Philippeville.

Le culte de la confession d'Augsbourg en a trois : à Douéra, Blida et Bône.

On compte en Algérie une population protestante d'environ 4,500 âmes.

Culte israélite.

D'après l'ordonnance du 9 novembre 1845 sur le culte israélite, il y a un consistoire algérien séant à Alger, et deux consistoires provinciaux, séant l'un à Oran, l'autre à Constantine.

Les consistoires provinciaux sont subordonnés au consistoire algérien.

Le consistoire algérien se compose de quatre membres laïques et d'un grand rabbin, nommés par l'Empereur, et chaque consistoire provincial de trois membres laïques et d'un rabbin, nommés par le Ministre des cultes.

Le consistoire algérien règle l'organisation, le nombre et la circonscription des synagogues particulières, ainsi que le nombre et le mode de nomination des ministres nécessaires à l'œuvre du culte; il préside à l'expédition des affaires religieuses des israélistes, en Algérie. Il est à cet égard placé dans une situation analogue à celui du consistoire central de France.

La population israélite de l'Algérie est évaluée à 30,000 âmes.

Culte Musulman.

Le culte musulman est encore tout entier dans les attributions du ministre de la guerre. Il a reçu un commencement d'organisation par l'arrêté du 30 avril 1851.

Jusque-là, le personnel du culte musulman se trouvait, quant au nombre et au chiffre des traitements, à peu près dans la position où il était avant la conquête. On n'avait déterminé ni la classe des mosquées, ni, suivant la classe, le nombre des employés à y affecter.

Aujourd'hui, à l'exception de la mosquée d'Alger qui reste placée hors ligne, toutes les mosquées de l'Algérie sont divisées en cinq classes. La première comprend les mosquées à grands minarets ; la deuxième, celle qui ont une tribune pour la *Khrotba* (le *Domine salvum fac imperatorem* des musulmans) ; la troisième, les mosquées à tribunes moins importantes ; la quatrième, les mosquées sans tribune ; la cinquième, enfin les petites chapelles.

On compte : mosquées de première classe, 6; de deuxième, 9 ; de troisième, 12; de quatrième, 14; de cinquième, 37.

Les mosquées des trois premières classes sont seules administrées par des *Meuftis* (sortes d'évêques), assistés d'un ou deux *imams* (espèces de curés) et d'un certain nombre d'agents inférieurs. Les mosquées des deux dernières classes ont à leur tête des *imams*.

Le personnel inférieur des mosquées se compose de *Mouderès*, explicateurs du K'orân, de *azzab*, lecteurs, de *Mouddén*, crieurs, de *Mouak'tin*, préposés à la fixation de l'heure, de *Nas el Houdour*, élèves rétribués.

La population musulmane de l'Algérie comprend tous les individus de race arabe et de race berbère, c'est-à-dire qu'elle s'élève au chiffre de 2,600,000 âmes.

Instruction Publique.

L'Algérie forme, sous le rapport de l'instruction publique, une seule division administrative, qui prend le nom d'*Académie d'Alger*.

Elle est dirigée par un recteur, secondé par deux inspecteurs d'académie et trois inspecteurs de l'instruction primaire, un par province.

L'instruction primaire est donnée aux enfants dans des écoles communales de filles et de garçons, où l'on admet indistinctement tous les éléments de la population européenne; dans des écoles arabes françaises pour les indigènes; dans des institutions privées de filles et de garçons, dont l'enseignement ne dépasse pas celui des écoles communales.

Au 1ᵉʳ janvier 1857, on comptait :

Dans la province d'Alger :

66 écoles de filles, fréquentées par 3,145 enfants.

64 écoles de garçons, fréquentées par 4,298 enfants.

29 salles d'asile, recevant 3,126 enfants.

Dans la province d'Oran :

43 écoles de filles, fréquentées par 1,989 enfants.

47 écoles de garçons, fréquentées par 2,805 enfants.

17 salles d'asile, recevant 2,063 enfants.

Dans la province de Constantine :

32 écoles de filles, fréquentées par 1,457 enfants.

34 écoles de garçons, fréquentées par 2,136 enfants.

21 salles d'asile, recevant 1,666 enfants.

En tout, 286 écoles, fréquentées par 15,830 enfants, et 67 salles d'asile, recevant 6,855 enfants.

L'instruction secondaire est donnée dans quatre collèges, placés à Oran, Mostaganem, Bône et Philippeville, et au lycée impérial d'Alger, où le cadre des études est beaucoup plus large et beaucoup plus étendu.

L'enseignement supérieur ne comprend que les cours publics de langue arabe qui sont faits au chef-lieu de chaque département, c'est-à-dire à Alger, Constantine et Oran.

L'instruction publique existe chez les indigènes depuis une époque reculée, mais elle n'embrasse que les éléments les plus infimes de l'enseignement élémentaire, un peu de lecture et d'écriture, l'explication de quelques versets du K'orân.

Il n'y a guère de tribus qui n'ait une ou plusieurs de ces petites écoles, *el Msîd*, où les enfants, groupés autour de leur maître, assourdissent le voisinage du cri de leurs leçons; et il y en a également un nombre plus ou moins considérable à Alger, Constantine, Tlemsên, Blîda, Medîa, Mostaganem, etc.

Deux décrets, l'un du 14 juillet, l'autre du 30 septembre 1850, ont posé les bases premières de l'instruction publique indigène en Algérie.

Le premier a organisé l'instruction primaire, en constituant dans les principales villes de l'Algérie des écoles musulmanes, dirigées par des maîtres français, et où l'on enseigne simultanément le français et l'arabe. A Alger, l'effet de ces établissements a été si prononcé, qu'il a fallu bientôt dédoubler les deux seules écoles fondées primitivement. On compte aujourd'hui, dans cette ville, deux écoles arabes françaises pour les garçons et deux pour les filles; à Blîda et à Tlemsèn, une école pour les garçons.

es six écoles, prises dans leur ensemble, reçoivent plus de 600 élèves.

Le décret du 30 septembre a eu pour objet de réglementer l'enseignement supérieur donné par des professeurs arabes, lettres, législation, instruction religieuse.

Il a créé dans chacune des trois villes de Tlemsèn, Media (transférée depuis à Blîda) et Constantine, une *Mdersa*, établissement d'un genre particulier, qui a quelque chose de nos colléges et de nos cours publics.

Afin de compléter cette organisation, un décret du 14 mars 1857 a fondé le collége impérial arabe français d'Alger, qui répond à nos établissements d'instruction secondaire, et où, sous la direction de maîtres français, connaissant la langue et les mœurs des indigènes, 150 internes et un nombre variable d'externes musulmans reçoivent une éducation appropriée à leurs besoins et d'une application immédiate toute pratique.

Au 1er janvier 1857, les écoles indigènes des territoires militaires étaient au nombre de 3,442 fréquentées par 50,805 élèves, ainsi répartis dans chacune des trois divisions :

ÉCOLES.

	1er degré.	2e degré.	Élèves.
Division d'Alger,	530	77	11,262
Division d'Oran,	1,379	813	31,493
Division de Constantine,	489	154	8,050
	2,398	1,044	50,805

JUSTICE.

La justice est rendue, en Algérie, par des tribunaux français et des tribunaux indigènes.

Tribunaux français.

Les tribunaux français se composent : d'une cour impériale, de tribunaux de première instance, de tribunaux de commerce, de justices de paix.

Le ressort de la cour impériale embrasse la totalité de l'Algérie, sauf la juridiction des conseils de guerre.

La juridiction des tribunaux de première instance et des tribunaux de commerce, celle des justices de paix, s'étend sur tous les territoires civils.

La cour impériale connaît, en matière civile et commerciale, de l'appel des jugements rendus par les tribunaux de première instance et de commerce et par les tribunaux musulmans.

La cour impériale siège à Alger.

Il y a des tribunaux de première instance à Alger,

Blida, Oran, Mostaganem, Philippeville, Bône et Constantine.

Des tribunaux de commerce à Alger et à Oran.

Des justices de paix à :

Alger (deux, canton nord, canton sud), Blida, Douéra, Koléa', Media, Tenès, Orléansville, Miliana, Aumale et Dellis, dans la province d'Alger ;

A Oran, Mostaganem, Saint-Cloud, Maskara, Sidi-Bel-Abbès et Tlemsên, dans la province d'Oran;

A Constantine, Bougie, Setîf, Djijelli, Philippeville, Bône, Guelma et Bât'na, dans la province de Constantine.

Tribunaux musulmans.

La justice musulmane a été complétement organisée par un décret impérial du 1er octobre 1854.

L'organisation des tribunaux musulmans comprend :

Les Meh'ak'ma de K'ad'is.
Les Medjelès.

Il y a par circonscription judiciaire, déterminée par des arrêtés du gouverneur général, un K'ad'i Maléki, et, lorsque le chiffre de la population H'anefite le rend nécessaire, un K'ad'i H'anefi.

Des arrêtés du gouverneur général instituent des Medjelès partout où besoin en est.

Ces arrêtés, pris en conseil de gouvernement, déterminent les Meh'ak'mas de K'ad'is qui ressortent à chacun des Medjelès.

Le personnel de chaque Meh'ak'ma de K'ad'i est fixé selon les besoins du service, par arrêté du gouverneur général, pris sur l'avis du général commandant la division, pour les territoires militaires, et du préfet, pour les territoires civils.

Ce personnel doit se composer du K'ad'i et de deux adels (assesseurs) au moins, dont l un remplira les fonctions de naïb ou suppléant, en cas d'empêchement du K'ad'i, et dont l'autre remplira les fonctions de greffier.

Les Medjelès se composent de quatre membres, choisis parmi les Meuftis, K'ad'is et Eulema de la circonscription du Medjelès, et de deux adels, dont l'un remplira les fonctions de Bach adel (adel chef).

Les tribunaux musulmans connaissent des matières civiles et commerciales, entre indigènes musulmans, ainsi que des infractions, qui, d'après la loi française, ne constituent ni crime, ni délit, ni contravention, et sont spécialement punis par la loi musulmane, sans que ces tribunaux puissent, en aucun cas, prononcer la peine de mort.

La poursuite et la répression des crimes, délits et contraventions prévus et punis par le code pénal français ainsi que par les lois, ordonnances et arrêtés locaux, appartiennent aux tribunaux français.

Un arrêté du gouverneur général du 30 novembre 1855 a divisé le territoire de l'Algérie en 123 circonscriptions judiciaires de Meh'ak'ma de K'ad'is, dont l'existence est devenue légale à partir du 1ᵉʳ janvier 1856.

Organisation des Services Financiers.

Les recettes et les dépenses publiques sont administrées en Algérie comme elles le sont en France ; les services financiers y fonctionnent aussi bien dans les territoires militaires que dans les territoires civils.

L'administration des finances comprend en Algérie :
Le service du Trésor et de la poste,
Le service des contributions directes,
Le service de l'enregistrement et du domaine,
Le service du cadastre,
Le service des douanes,
Le service des forêts,
Le service des tabacs,
Le service des poudres.

Ces différents services sont sous la haute direction d'une mission des finances, composée d'un inspecteur général des finances et de plusieurs sous-inspecteurs.

Le service des contributions directes est chargé de la perception des contributions arabes, de celles des droits de patente et de licence, seuls impôts perçus au profit du Trésor sur les Européens.

Le service de l'enregistrement et des domaines est chargé de la perception des produits de l'enregistrement, du greffe, du timbre, des hypothèques, des forêts et des mines, et de l'administration des biens domaniaux.

Ces deux services sont sous la direction exclusive du ministre de la guerre, ainsi que le service du cadastre.

Le service du Trésor et des Postes, le service des Douanes sont placés dans les attributions du ministère des finances ; mais aucune modification ne peut être apportée à leur attribution en Algérie et à leur réglementation que du consentement du ministre de la guerre.

Les dépenses sont acquittées par des trésoriers payeurs cumulant les fonctions dévolues en France aux receveurs-généraux et particuliers, et aux payeurs.

Le personnel des différents services financiers, sauf quelques agents spéciaux à l'Algérie, ou en sous-ordre, est emprunté aux services similaires de la métropole.

Les services sont centralisés au chef-lieu de chaque département, et ils sont gérés dans chaque localité, ville ou village où leur action est jugée nécessaire, par des comptables assujettis à un cautionnement.

DE L'IMPOT DES POPULATIONS INDIGÈNES.

Les redevances demandées aux tribus sont de deux natures :

L'*A'chour* ou dixième, la dîme, ou impôt sur les récoltes de céréales ;

Le *Zekkat*, taxe d'origine religieuse, ou impôt sur les troupeaux.

Dans la province de Constantine, le zekkat n'existe pas ; il est remplacé par le *h'ok'or* (représentation du loyer de la terre), impôt en argent qui se perçoit d'après les mêmes bases que l'A'chour.

Au commencement du printemps, les K'aïds ou les Ar'as fournissent des listes constatant, par tribu, l'étendue des terres cultivées et le dénombrement des bestiaux.

Ces listes sont soumises à la commission consultative de la subdivision, qui arrête les rôles d'impôt. Les ordres pour la perception du zek'k'at sont immédiatement transmis à chaque K'aïd par l'intermédiaire des bureaux arabes. La rentrée de l'a'chour a lieu après la moisson ; dans la province de l'Est, les deux perceptions se font en même temps.

Les sommes provenant de l'impôt sont versées dans la caisse du receveur des contributions diverses, et on décompte ensuite à chaque chef arabe la part qui lui est attribuée dans les frais de recouvrement.

La base d'après laquelle est établie l'a'chour est la mesure agraire appelée *zouïdja* ou *djebda*, étendue de terrain qu'une paire de bœufs peut labourer dans une saison, c'est-à-dire de sept à dix hectares. Chaque zouïdja doit à l'Etat une mesure de blé et une mesure d'orge.

Depuis quelques années l'impôt sur les grains se perçoit en argent, afin de soulager les tribus dont la récolte a été très-médiocre ; il est évalué pour la province de Constantine à la somme de 25 fr. par zouïdja.

Le zekkat est établi d'après les fixations suivantes :

Un mouton sur cent.
Un bœuf sur trente.
Un chameau sur quarante.

On détermine, par subdivision, un prix moyen pour chaque espèce d'animaux, et la contribution est acquittée en numéraire.

Dans l'Est, le h'ok'or est fixé à 25 fr. par djebda; on perçoit, en outre, 5 fr. alloués au K'aïd comme frais d'administration, ce qui, joint à l'a'chour, porte à 55 fr. la contribution de chaque dix hectares.

Ces deux redevances, l'a'chour et le zekkat, sont demandées d'une manière à peu près générale à toutes les tribus arabes du Tell; quant aux K'ebaïls, aux montagnards rangés récemment sous notre autorité, et qui ne payaient aucun impôt au gouvernement turk, ils acquittent une contribution en argent appelée *lezma*, dont la quotité est peu élevée. La répartition de cet impôt est faite par les chefs indigènes, d'après les errements particuliers à chaque localité. Pour ces tribus, les rôles sont arrêtés aussi par la commission consultative; mais les justifications sont nécessairement moins complètes.

Les tribus et les populations s'ah'ariennes sont soumises à la lezma. Leurs habitudes nomades ne permettent pas de leur appliquer les procédés usités dans le Tell. Cet impôt est fixé, d'après la richesse de chaque tribu, en bestiaux et en chameaux, sans entrer dans des détails de répartition.

Dans les oasis s'ah'ariennes l'impôt est établi d'après une base qui leur est propre; il porte sur la source même de leur richesse agricole, le dattier; chaque pied en rapport doit une redevance de 40 centimes.

BUDGET DE L'ALGÉRIE POUR 1858.

Dépenses.

Le budget des dépenses de l'Algérie se divise naturellement en deux parties distinctes.

La première est relative aux dépenses que nécessite l'effectif des troupes entretenues en Algérie; la seconde, aux dépenses qu'exige l'administration et l'appropriation du pays.

En voici les chiffres :

I.

Troupes françaises, état-major, gendarmerie et légion étrangère, solde et entretien.	41,048,547 fr.
Corps indigènes id.......	10,424,542
Matériel de l'artillerie et construction................	562,210
Matériel du génie et construction................	4,103,000
Total.........	56,138,299

Mais, il ne faut réellement imputer à l'Algérie, sur ces 56 millions, que ce qui est relatif à la Gendarmerie, aux trois régiments des Zouaves, aux trois régimen's de chasseurs d'Afrique et aux corps indigènes, effectif spécialement créé pour elle, puis le surcroit de dépenses dans lequel elle a entrainé le matériel de l'artillerie et du génie, soit environ vingt millions.

II.

Gouvernement et Administration	2,201,800
Service maritime	979,000
Services financiers	1,795,750
Expropriation	100,000
Colonisation	2,943,800
Etablissements disciplinaires	610,000

Travaux civils.

Personnel	605,670
Travaux ordinaires	700,000
Dessèchements et irrigations	275,000
Routes et Ports	2,150,000
Aqueducs, Canaux, Fontaines et travaux de grande voirie	250,000
Port d'Alger	1,500,000
Ports secondaires, Phares et Fanaux	600,000
Bâtiments civils	570,000
Travaux sur les Territoires militaires	50,000
Dépenses secrètes	150,000
Total	15,481,020

L'Algérie se trouve comprise dans le budget des ministères de l'Intérieur et de l'Instruction publique et des Cultes pour une somme de 2,500,000 fr., ce qui forme un total de 18 millions, ou, pour l'ensemble de toutes ses dépenses, un chiffre général de 74 millions.

Revenus.

Les revenus de l'Algérie pour 1858 sont ainsi évalués :

Contributions directes............	550,000 fr.
Enregistrement, timbre et domaine	3,500,000
Produits et revenus fonciers......	150,000
Douanes et sels................	6,000,000
Contributions indirectes	1,600,000
Douane et Postes..............	800,000
Contributions arabes	7,400,000
Produits divers..	800,000
Recettes diverses...............	300,000
	21,400,000
Budget local et municipal	7,134,190
Budget des communes, environ.	1,500,000
Total approximatif......	30,000,000

Service de la Marine.

Le contre-amiral, commandant supérieur de la marine en Algérie, réside à Alger, où fonctionnent d'ailleurs quelques-unes des branches les plus importantes du service de la marine tel qu'il est organisé en France.

Dans chacun des ports de la côte, le service de la marine est confié à un officier de la marine impériale, qui prend le titre de directeur du port militaire et du port de commerce.

D'après le décret du 30 octobre 1854, le commandant supérieur de la marine en Algérie est chargé de la surveillance de tous les établissements de pêche existant sur le littoral algérien.

D'un autre côté, la pêche côtière a été réglementée par un arrêté ministériel du 24 décembre 1856, qui divise à cet effet la côte algérienne en douze quartiers ou directions de ports, dont voici l'énumération en marchant de l'est à l'ouest : Bône, Stora, Djidjelli, Bougie, Dellîs, Alger, Cherchêl, Tenès, Mostaganem, Arzeu, Mers el Kebir et Nemours.

Service Télégraphique.

Le service de la télégraphie, tant électrique qu'aérienne, en Algérie, est placé sous les ordres d'un inspecteur général qui relève immédiatement du gouverneur général.

Pour le service de la province d'Alger, le directeur principal a sous ses ordres trois directeurs de station de 1re ou de 2e classe, faisant fonctions d'inspecteurs.

Dans chacune des provinces d'Oran et de Constantine, le service est placé sous les ordres d'un inspecteur de 1re ou de 2e classe, et de trois directeurs de station de 1re ou de 2e classe faisant fonctions d'inspecteurs.

Le service télégraphique a été organisé, en Algérie, pour la première fois, en 1842, d'après les règles et les procédés adoptés en France.

La première ligne de télégraphie électrique a été posée, entre Oran et Mostaganem, en 1854.

A cette époque, Alger communiquait, par les télégraphes aériens, avec tous les chefs-lieux de subdivision et quelques chefs-lieux de cercles; l'étendue de ces communications était de 2,144 kilomètres,

Aujourd'hui, il en est de même pour la télégraphie électrique, seulement il faut ajouter aux chefs-lieux des trois provinces et aux chefs-lieux des subdivisions, comme localités d'un autre ordre, le Fort-Napoléon, centre de notre autorité en K'ebaïlie, le Bordj-Bou-A'rîrîdj, Tizi-Ouzzou, Marengo, Cherchêl, Tenès et Arzeu.

Enfin, le 1er novembre 1857, l'Algérie a été mise en rapport avec la France par un cable électrique qui, partant de Bône, franchit d'un bond le vaste espace (300 kilomètres) qui sépare à la côte de la province de Constantine de l'extrémité méridionale de la Sardaigne, traverse cette île, le détroit de Bonifacio, la Corse, et va se rattacher au continent, à la Spezzia, sur le rivage de l'Italie. La communication se fait de là avec Paris, soit par Turin et Lyon, soit par Marseille ; il y a de Paris à Bône, par la première de ces deux voies, 1,500 kilomètres.

Service des Poids et Mesures.

L'uniformité des poids et mesures a été établie en Algérie par l'ordonnance du 26 décembre 1842.

Par suite de cette disposition, trois bureaux de vérification ont été installés en Algérie, savoir : à Alger, à Oran et à Constantine.

Chacun de ces bureaux comprend dans son ressort la vérification de toute la province.

Des tournées de vérification ont lieu régulièrement pendant neuf mois de l'année, d'après un itinéraire dressé par le gouverneur général.

Les vérificateurs sont placés sous l'autorité des préfets ou des généraux, suivant les territoires.

Bien que le système métrique soit généralement employé par les populations indigènes de l'Algérie, au moins dans ses unités principales, les Arabes et les K'ebaïls se servent aussi assez souvent des monnaies, poids et mesures qui leur étaient seules connues avant leur arrivée. Voici les plus usités :

Monnaies.

D'or.	Le quadruple d'Espagne,	83 00	à 86 f.
	Le Sult'ani ou sequin,	8 37	»
	Le Mah'boub,	5 58	»

D'argent. La piastre d'Espagne, appelé généralement Douro bou Medfa' (1), 5 fr. 50
Le thaler d'Espagne (Talari), 5   58
Rîal Boudjou, 1   86
La piastre d'Alger, 3   72
Le Boudjou d'El H'adj Ah'med, 0   93
Le Boudjou de Tunis, 0   93
Le Rbia' d'Alger, 0   47
Le Mouzouna, 0 7^c à 8^c

POIDS ET MESURES.

Le Rot'l ou livre.
- A't't'ari, 0 kilog. 546 gr.
- Khred'arî, 1   614
- S'ah'ari, 0   500

Le Saa' (1).
- Pour le blé, 106 kilog. 00
- Pour l'orge, 80   00
- Pour le sel, 135   00

Le Mitk'al d'Alger répond à   4 milligr. 669 mill

La Kolla' vaut environ,   16 litres.
La K'arouba,   10

Le Pik turk,   636 millimètres.
Le Pik arabe,   476

(1) Le *Douro aux Canons,* ainsi nommé de ce que les Arabes ont pris pour des canons les deux colonnes d'Hercule qui sont figurées sur l'une de ses faces.

(2) Le Saa' n'a pas tout à fait la même valeur sur tous les marchés.

Organisation de l'Assistance publique.

Le décret du 13 juillet 1849 est le point de départ de l'organisation de l'assistance publique en Algérie.

Cette organisation embrasse tout ce qui concerne les hôpitaux et hospices, les bureaux de bienfaisance, le service médical, les dépôts d'ouvriers, les enfants trouvés, les orphelinats, les asiles indigènes et les aliénés.

Hôpitaux. — L'Algérie ne possède pas encore d'hospices, mais seulement des hôpitaux.

Trois grands hôpitaux civils existent en ce moment en Algérie : le premier à Alger, le second à Douéra pour le massif d'Alger, le troisième à Oran, sous le titre de Saint-Lazare. Ces établissements sont les seuls qui reçoivent des malades des deux sexes.

Des hôpitaux moins considérables ne reçoivent que des femmes ; ce sont ceux de Constantine, Bône et Philippeville.

En territoire militaire, les civils sont traités dans les hôpitaux et ambulances des centres où ils se trouvent, ou qui sont placés à leur proximité ; l'administration civile rembourse à l'administration militaire les frais de traitement.

Les hôpitaux de l'Algérie jouissent des mêmes priviléges et ont la même organisation que les hôpitaux de France.

Bureaux de bienfaisance. — La constitution de ces institutions est pareille à celle des bureaux de bienfaisance de la métropole.

On en compte aujourd'hui dix : à Alger, Blida, Oran, Mostaganem, Tlemsên, Constantine, Philippeville, Bône, Media et Maskara.

Le bienfait de ces créations vient d'être étendu à la population indigène d'Alger par un décret du 5 décembre 1857, qui organise un bureau de bienfaisance musulmane.

Dépôts d'immigrants. — On a fondé dans chacune des quatre principales villes du littoral, Alger, Oran, Philippeville et Bône, des *dépôts d'immigrants* ou *dépôts d'ouvriers civils*, établissements ouverts pour recueillir les immigrants à leur débarquement et leur donner la facilité de trouver du travail, et recevoir les convalescents qui doivent retourner en France.

Service médical. — Le peu d'importance des nouveaux centres de population au début de leur installation, leur éloignement des villes où leurs habitants pourraient trouver des secours en cas de maladie, la difficulté des communications, ont engagé le gouvernement à prendre les mesures nécessaires pour sauvegarder la santé publique. Et cette préoccupation était toute simple, si on réfléchit à toutes les causes perturbatrices au milieu desquelles se trouvent placés les nouveaux arrivants.

Tel a été le motif de l'arrêté ministériel du 21 janvier 1853, qui a divisé les territoires colonisés de l'Algérie en 68 circonscriptions médicales, et institué les *médecins de colonisation*, placés, pour tout ce qui concerne leur service, sous les ordres immédiats de l'autorité administrative.

Ils doivent gratuitement les soins et les secours de leur art à toute personne indigente de leur circonscription ; ils sont tenus de faire des tournées périodiques, de donner des consultations gratuites, de constater les décès, de fournir à l'administration tous les renseignements et documents statistiques relatifs à l'hygiène publique.

Dans les territoires civils les circonscriptions sont desservies par des médecins civils nommés *ad hoc*, dans les territoires militaires par les officiers de santé de l'armée désignés à cet effet.

Enfants trouvés. — Les enfants trouvés et abandonnés sont confiés à des nourrices par l'intermédiaire de sœurs chargées dans chaque province du service hospitalier. L'administration paie les frais de layette et accorde une subvention de 15 fr. pour chaque enfant, jusqu'à l'âge où il peut être admis dans un orphelinat.

Il existe à K'oubba, sous la direction des sœurs de Saint-Vincent de Paule, et comme annexe des orphelinats de la province d'Alger, une maison de sevrage dite de la Sainte-Enfance, pour les enfants sans famille de trois à dix ans. Cet établissement est subventionné par l'administration ; son régime est celui des salles d'asile.

Orphelinats ou *Maisons d'apprentissage.* — Ces établissements sont au nombre de sept, dont quatre pour les garçons, deux pour les filles et un mixte.

Les quatre orphelinats pour garçons sont ceux de Ben Ak'noun et de Boufarik, dans la province d'Alger; celui de Mserr'în dans la province d'Oran, et celui de Medjez H'amar dans la province de Constantine.

Les deux orphelinats de filles sont celui de Moustafa supérieur, à Alger, et celui d'Oran.

La province de Constantine n'a pas d'établissement spécial pour les filles ; mais les orphelines de cette province sont confiées par l'administration aux soins des sœurs qui desservent les hôpitaux civils de Constantine, Philippeville et Bône.

L'orphelinat mixte est consacré à recevoir les enfants des deux sexes des communions protestantes. Il est établi dans l'ancien hôpital de Deli Ibrahim, près d'Alger, et placé sous la direction du consistoire central protestant.

Les orphelinats de garçons sont établis dans des domaines ruraux, où les élèves sont formés aux travaux de l'agriculture et apprennent les métiers de l'utilité la plus immédiate aux habitants de la campagne.

Les jeunes filles des orphelinats reçoivent une instruction primaire et religieuse assez étendue, et sont formées, en outre, aux travaux de leur sexe et aux soins du ménage.

Service des aliénés. — L'Algérie ne possède pas d'établissement où puissent être recueillis les malheureux frappés d'aliénation mentale. L'administration les dirige en ce moment sur l'asile public d'Aix (Bouches-du-Rhône).

Asiles indigènes, service médical indigène. — L'administration a ouvert, dans les deux villes qui contiennent le plus grand nombre de musulmans indigènes, Alger et Constantine, deux maisons connues sous le nom d'*asiles indigènes*, et il y a en même temps organisé un service médical spécial pour les Musulmans.

Monts-de-Piété, Caisses d'épargne. — Aux établissements de bienfaisance que nous avons mentionnés, ajoutons les Monts-de-Piété et les Caisses d'épargne.

Il n'y a encore, en Algérie, qu'un Mont-de-Piété institué à Alger, par le décret du 8 septembre 1852.

Un autre décret du 22 septembre de la même année constituait la caisse d'épargne et de prévoyance d'Alger, et fut suivi d'un troisième, rendu bientôt après, qui déclarait applicables à l'Algérie les lois métropolitaines.

Trois décrets du 12 et du 14 avril 1852, du 15 août 1855, ont autorisé la création d'établissements analogues dans les villes de Bône, Philippeville et Oran.

Inspection permanente des Établissements de Bienfaisance.

Un arrêté ministériel du 28 avril 1856 a créé, pour les trois provinces de l'Algérie, une inspection permanente des établissements de bienfaisance.

Le service de l'inspection relève directement du secrétariat général du gouvernement.

Service sanitaire.

Les ports de l'Algérie forment trois circonscriptions militaires correspondant aux trois provinces, et dont les chefs-lieux sont établis à Alger, Oran et Bône.

Ils sont répartis en trois classes : Port de 1re classe, Alger ; — Ports de 2e classe : Mers el Kebir (Oran), Stora (Philippeville), Bône ; —Ports de 3e classe : La Cale, Djidjelli, Bougie, Dellis, Cherchêl, Tenès, Mostaganem, Arzeu et Nemours. Le cadre du personnel administratif du service sanitaire comprend 3 agents principaux portant le titre de *directeurs de la santé*, 14 agents ordinaires portant le titre de *capitaines de la santé*, 24 *gardes de la santé*, des secrétaires, médecins attachés aux lazarets, etc.

Il y a un lazaret dans chaque circonscription sanitaire.

Service des Haras.

Au mois d'octobre 1851, tous les services de l'Algérie, haras, dépôts d'étalons, commission de remonte, ont été réunis en un seul service, dont la direction a été confiée à un officier supérieur de l'armée.

Le personnel du service des haras se compose d'officiers distraits de leurs corps et chargés de tout ce qui se rattache à la surveillance des dépôts d'étalons, aux étalons des tribus, à l'achat des chevaux destinés aux remontes, etc.

Il y a un haras à Blîda (province d'Alger) et cinq stations annexes à Alger, Aumale, Medîa, Miliana et Cherchêl.

Un haras à Mostaganem (province d'Oran) et quatre stations annexes à Oran, Bel Abbès, Maskara et Tlemsèn.

Un haras à l'Alelik, près de Bône (province de Constantine) et trois stations annexes à Constantine, Bât'na et Set'îf.

Administration des Territoires militaires.

L'administration des territoires militaires est essentiellement inhérente au commandement militaire.

La direction supérieure en appartient dans chaque province, sous l'autorité immédiate du gouverneur général, au général commandant la division.

Les différents services qui appartiennent à l'organisation même de l'armée, le service de l'intendance, le service du génie, le service de l'artillerie, etc., y fonctionnent comme dans le reste de l'empire.

Le seul dont nous parlerons est celui du génie, qui, par son importance pour le pays, par les services qu'il lui a rendus, mérite à tous égards la plus grande attention. Indépendamment de ce qui fait l'essence de son existence, la défense des places, il a, en Algérie, ouvert toutes les grandes voies de communication, et c'est lui qui les entretient sur de vastes développements; il a procédé à l'agrandissement et à la reconstruction de la plupart des villes, il en a élevé les principaux édifices publics, il a procédé partout à l'appropriation du sol et des emplacements destinés aux colons, etc.

Le service du génie a pour chef un général directeur, résidant à Alger; chaque subdivision forme une *chefferie*, sous les ordres d'un capitaine ou d'un officier d'un grade plus élevé, et auquel sont attachés des officiers chargés de l'étude des différents projets et de leur exécution.

Les Européens établis dans les territoires militaires sont soumis au régime administratif exceptionnel de ces territoires, et tel qu'il est réglé par les ordonnances et arrêtés en vigueur.

Les fonctions judiciaires peuvent être exercées dans chaque localité par un juge de paix, ou, à son défaut, par le commandant de place ou tout autre officier désigné par le commandant de la division.

Les fonctions civiles peuvent être remplies par le commandant de place ou par un maire nommé par le gouverneur général, avec délégation spéciale des attributions d'officier de l'état-civil et d'officier de police judiciaire.

Dans chaque subdivision et dans chaque circonscription de commandement, tel que les cercles par exemple, l'administration du territoire militaire est exercée, sous les ordres du général commandant la division, par les officiers investis du commandement militaire, généraux de brigade, colonels, commandants ou capitaines. Ils ont sous leurs ordres les officiers chargés des affaires arabes, les fonctionnaires et agents indigènes de tout rang.

Il y a au chef-lieu de chaque subdivision, une commission consultative chargée de donner son avis sur les affaires d'intérêt général ou local, concernant exclusivement le territoire militaire qui en dépend.

Sont membres de la commission consultative :

Le commandant supérieur de la subdivision, président ;
Le sous-intendant militaire ;
Le commandant du génie ;
L'officier chargé des affaires arabes ;
L'officier chargé des fonctions civiles et judiciaires ;
Le juge de paix et le maire ;
Les chefs des divers services financiers ;
Un officier de santé ;
Deux notables Européens ;
Deux notables indigènes.

ARMÉE D'ALGÉRIE.

L'armée d'Algérie présente, pour l'année 1858, un effectif total de 69,521 hommes et 15,306 chevaux, ainsi répartis :

Troupes Françaises.

États-majors : 423 hommes et 400 chevaux.

Gendarmerie : légion d'Afrique, 664 hommes et 443 chevaux.

Infanterie : 9 régiments de ligne, 3 bataillons de chasseurs à pied, 3 régiments de zouaves, 3 bataillons d'infanterie légère d'Afrique, 7 compagnies de discipline ; total, 32,864 hommes et 285 chevaux.

Cavalerie : 3 régiments de chasseurs d'Afrique, 3 régiments de cavalerie légère, 3 compagnies de cavaliers de remonte; total, 7,839 hommes et 5,865 chevaux.

Artillerie : 12 batteries, 1 compagnie de pontonniers, 2 compagnies d'ouvriers, 1 compagnie d'armuriers ; total, 2,806 hommes et 1,126 chevaux.

Génie : 14 compagnies, 1 compagnie d'ouvriers; total, 2,502 hommes et 690 chevaux.

Équipages militaires : Parcs de réparation, 3 escadrons du train des équipages, 1 compagnie d'ouvriers ; total, 2,456 hommes et 2,492 chevaux.

Services administratifs : 2,652 hommes et 160 chevaux.

Corps Étrangers.

Infanterie : 2 régiments, 4,266 hommes et 45 chevaux.

Corps Indigènes.

Infanterie : 3 régiments de tirailleurs algériens, 9,452 hommes et 80 chevaux.
Cavalerie : 3 régiments de spahis, 3,600 hommes et 3,720 chevaux.

Corps des Interprètes Militaires.

L'une des plus grandes difficultés que nous ayons rencontré dans nos relations avec les populations indigènes de l'Algérie, est l'emploi qu'ils font des langues entièrement différentes de la nôtre.

On compte, en Algérie, ainsi que nous l'avons vu, 1,500,000 arabes et 1,000,000 de berbères, mais la plupart des populations berbères ont oublié leur langue pour ne parler qu'arabe, de sorte que l'arabe est bien effectivement la langue généralement parlée sur les territoires algériens.

Après avoir tant bien que mal fait face aux difficultés qui résultaient pour nous de cet état de choses, on créa, le 3 novembre 1845, un corps spécial, dit des *Interprètes militaires*, qui n'a cessé de rendre depuis et rendra encore pendant longtemps de grands et incontestables services à l'administration.

D'après le décret du 4 février 1854, concernant son organisation, le corps des interprètes militaires de l'armée se compose de :

      5 interprètes principaux,
      8 interprètes de première classe,
    12 interprètes de deuxième classe,
    15 interprètes de troisième classe.

MILICES.

Le point de départ de l'existence des milices algériennes est l'institution d'une garde urbaine à Alger, le 24 décembre 1830.

Mais la milice ne fut réellement organisée que par l'arrêté du maréchal Clausel du 28 octobre 1836. Cet arrêté, modifié à plusieurs reprises, entre autres en 1848, a enfin été complétement abrogé par le décret du 12 juin 1852, qui contient, en lui-même, et dans ses annexes, tous les éléments d'organisation des milices algériennes.

La milice est instituée en Algérie, non-seulement

pour le maintien de l'ordre public et la sécurité du foyer, mais encore pour concourir au besoin, avec l'armée, à la défense et à la conservation du territoirs. Aussi a-t-elle suivi dans ses développements, les progrès de la conquête. Mais aujourd'hui il n'est, pour ainsi dire, pas un centre de population de l'Afrique française qui n'ait son corps de milice.

Elle y forme ou une légion, comme à Alger, ou un bataillon, ou une compagnie, ou une section, ou un peloton.

Les principales localités ont de plus, celles-ci un escadron, d'autres un simple peloton de cavalerie, les unes des compagnies d'artillerie, un grand nombre des compagnies de sapeurs-pompiers.

Voici quel était, au 1er janvier 1852, l'effectif des milices algériennes :

Infanterie..................	12,490
Cavalerie	295
Artillerie	474
Sapeurs-pompiers...........	905
Plus, officiers de tous les corps.	220
Total.....	14,374

Administration des Territoires civils.

Les territoires qui forment actuellement les trois départements créés en Algérie, sont administrés de la manière suivante :

A la tête de chaque département se trouve un *Préfet*, ayant sous ses ordres un ou plusieurs *Sous-*

Préfets, suivant l'importance ou la situation des territoires administrés.

Le préfet est secondé par un secrétaire-général et par un conseil de préfecture, composé de trois ou de quatre conseillers, et dont le secrétaire général fait partie.

Les affaires départementales sont réparties entre quatre bureaux différents :

Un bureau d'administration générale et municipale ;

Un bureau de colonisation et travaux publics ;

Un bureau de comptabilité générale ;

Un bureau chargé du service civil indigène, qui prend le nom de bureau arabe départemental.

Les bureaux renvoient les affaires d'un caractère déterminé aux différents services qui en sont spécialement chargés ; ce sont :

Le service des ponts-et-chaussées ;
Le service des bâtiments civils ;
Le service des mines ;
Le service des forêts ;
Le service topographique ;
Le service des poids et mesures ;
Le service des tabacs.

Le service topographique se compose d'un chef de service, d'un vérificateur, d'un ou de plusieurs triangulateurs de 1re et de 2e classe, de géomètres de 1re et de 2e classe.

Le service des ponts-et-chaussées se compose d'un ingénieur en chef de département, d'un nombre plus ou moins considérable d'ingénieurs ordinaires et de conducteurs embrigadés ou auxiliaires, de régisseurs et commis comptables.

Le service des bâtiments civils se compose d'un architecte en chef, chef de service du département, d'un inspecteur principal et d'un inspecteur ordinaire par arrondissement, de comptables vérificateurs.

Le service des mines est dirigé par un ingénieur ordinaire faisant fonctions d'ingénieur en chef, et ayant sous ses ordres des gardes-mines ; à Alger il est secondé par des ingénieurs adjoints et par un manipulateur de chimie expérimentale.

Le service des forêts se compose d'un inspecteur chef du service, ayant sous ses ordres autant de gardes généraux que l'exigent les besoins du service.

Le service des poids et mesures est composé d'un vérificateur chef du service et de vérificateurs adjoints.

Le service des tabacs est dirigé par un inspecteur spécial résidant à Alger, ayant sous ses ordres un garde-magasin, des contrôleurs de magasins et de culture, un commis de magasin et plusieurs commis de culture.

La colonisation proprement dite est surveillée par des inspecteurs de colonisation. Il y en a six dans chacun des trois départements.

Lorsque les populations européennes placées sur un point quelconque des territoires militaires sont assez importantes pour être appelées à jouir du bénéfice de l'administration civile, elles sont placées sous l'autorité de *commissaires civils*.

Les commissaires civils représentent le passage de l'autorité militaire à l'administration communale.

Ils relèvent directement du préfet ou des sous-préfets de leur département.

Leurs attributions sont celles qui, dans les territoires civils complétement organisés, appartiennent aux maires, aux juges de paix et aux notaires, lorsque la localité n'a ni juge de paix, ni notaire ; aux tribunaux de première instance pour de certains délits ; aux officiers de police judiciaire, aux juges d'instruction et aux procureurs impériaux.

Bureaux arabes départementaux.

Les populations indigènes des territoires civils sont demeurées jusqu'à une époque toute récente, placées dans les attributions de l'administration générale. Celle de la ville d'Alger est la première qui ait été l'objet d'une mesure spéciale par la création d'un service particulier ; la mesure est du 1er mai 1848.

Mais l'étendue qu'ont pris peu à peu les territoires civils comme départemens a fini par faire entrer dans leurs limites des populations indigènes nombreuses et qu'il n'a plus été bientôt possible de laisser sous le régime de l'administration militaire. C'est alors qu'ont été rendus les deux décrets du 8 août 1854.

Le premier a créé dans chaque département auprès et sous la direction du préfet un bureau, dit *bureau arabe départemental*, chargé des affaires arabes placées dans les attributions de l'autorité préfectorale. Les attributions en matière d'administration indigène sont, du reste, à peu près les mêmes que celles des bureaux arabes militaires.

Le second décret détermine les dispositions générales de l'administration des populations musulmanes : il arrête qu'elles sont administrées par le maire de leur commune assisté pour cela des Chîkhrs ou chefs indigènes ; il ordonne la rédaction d'un état civil indigène et il indique comment doivent être ordonnées les réquisitions faites par l'autorité militaire.

Organisation municipale.

L'institution du régime municipal en Algérie remonte aux dernier mois de 1847.

Il y fut organisé par une ordonnance du 28 septembre, que vint modifier quelque temps après un arrêté du chef du pouvoir exécutif du 16 août 1848, qui y introduisit le principe de l'élection.

Ce sont ces deux actes politiques qui réglementent la matière encore aujourd'hui.

Les centres de population de l'Algérie peuvent être érigés en commune, par un décret, toutes les fois que l'exige leur degré de développement.

Le corps municipal de chaque commune se compose d'un maire, d'un ou de plusieurs adjoints, et d'un conseil municipal.

Les maires et adjoints sont nommés par l'empereur dans les communes de 3,000 âmes ou au-dessus, dans tous les chefs-lieux d'arrondissement ou dans les villes siège d'un tribunal de première instance; dans les autres communes ils sont nommés par le gouverneur général.

Les maires et adjoints peuvent être suspendus par arrêté du gouverneur général; mais ils ne peuvent être révoqués que par un décret.

Les maires et les adjoints sont nommés pour trois ans; ils doivent être Français ou naturalisés Français, et âgés de vingt-cinq ans accomplis.

Le conseil municipal de toute commune se compose, indépendamment du maire et des adjoints:

De neuf membres dans les communes comptant moins de 3,000 âmes, c'est-à-dire dont les maires sont nommés par le gouverneur général;

De douze membres dans les communes de 3,000 âmes et au-dessus, c'est-à-dire dont les maires sont nommés par l'Empereur;

De quinze membres dans les communes de 10,000 âmes et au-dessus.

A Alger, le conseil est de vingt-quatre membres.

Les membres des conseils municipaux de l'Algérie sont nommés, par le gouverneur général, pour trois ans et renouvelés par tiers chaque année.

Les *étrangers* et les *indigènes* ne peuvent ensemble excéder, dans un conseil municipal, le *tiers* du nombre total de ses membres.

Les attributions des maires et des conseils municipaux sont les mêmes qu'en France.

Les conseils municipaux peuvent être suspendus, et alors ils sont remplacés par une commission municipale, qui a les mêmes attributions, et dont la nomination appartient tout entière à l'administration supérieure.

L'admission successive des populations algériennes à la vie municipale, l'un des actes les plus importans de leur existence sociale, nous engage à donner ici, date par date, la création des communes existant en ce moment en Algérie :

Ordonnance du 31 janvier 1848.—Alger, Blida, Oran, Mostaganem, Bône et Philippeville.

Décret du 21 novembre 1851.—Douéra, K'olea', Boufarik.

Décret du 26 avril 1854.—Constantine.

Décret du 17 juin 1854.—Media, Miliana, Cherchêl, Tenès, Maskara, Tlemsên, Bougie, Set'if et Guelma.

Décret du 31 décembre 1856. — K'oubba, Bîr Khradem, Déli Ibrahim, Cheraga, l'Arba', le Fondouk, la Rasouta, Mouzaïaville, Marengo, Orléansville, Dellîs, et Vesoul Benian, dans le département d'Alger.

Sidi Châmi, Valmy, Mserr'în, Arzeu, St-Cloud, Fleurus, Saint-Louis, Sainte-Barbe du Tlélat, Saint-Denis du Sig, Sidi bel Abbès, Rivoli, Pélissier, Aïn Tedelès, Aboukir, dans le département d'Oran.

La Cale et Jemmapes, dans le département de Constantine.

Total : 47 communes, dont 21 dans la province

d'Alger, 18 dans la province d'Oran, 8 dans la province de Constantine.

ADMINISTRATION DES POPULATIONS INDIGÈNES.

Les populations indigènes de l'Algérie, arabes ou k'ebaïles, sont administrées par un corps d'officiers placés hors cadres ou simplement détachés de leurs corps et désignés sous le nom de *Bureaux arabes*.

Les officiers des bureaux arabes sont les organes de notre autorité auprès des indigènes. Ils surveillent les chefs, visitent les tribus, les marchés, écoutent sur les lieux mêmes toutes les réclamations, et y font droit dans les limites de leurs attributions, veillent à la transmission de tous les ordres et à leur traduction, et en expliquent le sens aux intéressés, facilitent les travaux des commissions administratives, en ce qui concerne la rentrée des contributions, pourvoient au paiement régulier des cavaliers du Mar'zen, des Khriala et des Askars, dressent la statistique complète de tous les éléments de la population indigène, préparent l'appropriation du sol pour les colonisations européennes faites sur les divers points du territoire algérien, etc.

La direction centrale des affaires arabes, qui a pris la dénomination de *Bureau politique*, siége à Alger, et les directions divisionnaires à Blida, Oran et Constantine.

Les bureaux arabes sont de première, de deuxième

classe, et il y a, en outre, des annexes ou bureaux de troisième classe. Voici le nombre et le siége de ces différents bureaux pour chacune des trois provinces :

11 bureaux arabes de 1re classe.

Il y en a 4 dans la province d'Alger : à Aumale, Medîa, Miliana et Orléansville.

4 dans la province d'Oran : à Maskara, Mostaganem, Sidi bel Abbès et Tlemsên.

3 dans la province de Constantine : à Bône, Set'if et Bât'na.

21 bureaux arabes de deuxième classe.

Il y en a 6 dans la province d'Alger : à Tenès, Cherchêl, Dellis, Bor'ar, Teniet el H'ad et Lar'ouât.

7 dans la province d'Oran : à A'mmi Mousa, Tiharet, Saïda, Géryville, Sebdou, La Mar'nîa et Nemours.

8 dans la province de Constantine : à Bougie, Djidjelli, Philippeville, La Cale, Set'if, Bordj Bou A'rîridj, Guelma et Biskra.

13 annexes :

Il y en 5 dans la province d'Alger : au Bordj des Beni-Mansour, à Tizi-Ouzzou, à Fort Napoléon, Dra el Mîzan et Djelfa.

4 dans la province d'Oran : à Zamora (chez les Flita), Daïa, A'ïn Temouchent et El R'icha (dans le Djebel A'mour).

4 dans la province de Constantine : à Souk Harras, Aïn Beïda, Tebesa et Bou Sa'da.

Les bureaux arabes constituent, en quelque sorte, l'administration supérieure des populations indigènes ; le détail en a été laissé, sous leur surveillance, aux chefs indigènes.

Le *douar*, réunion de tentes rangées en cercle, est considéré comme la base de la constitution sociale des Arabes ; chez les Keb'aïls, c'est le *dechra*, ou village.

Un certain nombre de douars réunis ou de dechras, forment une *ferka*, obéissant les uns à un chîkhr, les autres à un A'mîn.

L'assemblage de plusieurs ferkas compose une tribu (*el arch*, pluriel *el arach*), laquelle ne forme quelquefois qu'un tout sans subdivision.

La tribu est sous les ordres d'un *K'aïd*.

Plusieurs tribus groupées constituent soit un grand kaïdat, soit un *ar'alik*, sous les ordres d'un *k'aïd el k'îad* (k'aïd des k'aïd) ou d'un *a'ra*, mot qui, suivant l'orthographe ordinairement adoptée jusqu'ici, s'écrit *agha*.

Plusieurs ar'aliks peuvent former une circonscription relevant d'un *bach ar'a* (chef des ar'as) ou d'un *khralifa*.

Le cercle comprend ordinairement plusieurs k'aïdats, qui sont placés sous les ordres d'un commandant supérieur, sans obéir à un ar'a.

Le bach ar'a et le khralifa relèvent soit du commandant de la subdivision, soit du commandant de la division.

A tous les degrés, les bureaux arabes ont pour mission de diriger et de surveiller les chefs indigènes, sous l'impulsion immédiate de l'autorité militaire.

Le douar ne constitue pas, à proprement parler,

une division administrative, mais seulement une réunion de familles, formée par la communauté d'origine ou d'après des sympathies et des intérêts particuliers. On pourrait comparer le douar au village de France, en tenant compte cependant des dissemblances qui résultent de la différence des mœurs et des habitudes. Il suit l'impulsion d'un ou de plusieurs notables investis par l'opinion d'une sorte d'autorité toute morale. Aussi ces notables aident-ils le chikhr à suivre l'exécution des ordres transmis à la ferka.

Le chikhr des douars reçoit l'investiture de l'autorité politique ; à ce titre, il est véritable fonctionnaire. Il est nommé par le commandant de la subdivision, sur la présentation du k'aïd. Il agit sous la direction du chef de la tribu, règle dans sa ferka les contestations relatives aux labours, concourt aux opérations pour l'assiette, la répartition et la rentrée des amendes et de l'impôt ; il rassemble les bêtes de somme requises pour le service des convois militaires ; il exerce, enfin, sur ses administrés, une surveillance de simple police, et des fonctions qui lui donnent une position analogue à celle du maire dans la commune française. La réunion des principaux notables des douars, placés sous les ordres du k'aïd, forme un conseil, *djema'a* (réunion, en arabe) qui l'assiste dans toutes les occasions importantes. La djema'a est quelque chose comme un conseil municipal.

Le k'aïd est choisi parmi les hommes les plus marquants de la tribu ; il est nommé par le commandant de la division, sur la présentation du commandant de la subdivision. Ses attributions sont très-variées ; il est directement responsable de l'exécution des ordres du commandant français, qui lui sont transmis soit par les bureaux arabes, soit par les grands chefs indigènes ; il perçoit l'impôt dans toute sa tribu, accompagné du chîkhr de chaque ferka. Il est chargé de la police intérieure, il préside le marché et juge les actes de désobéissance, les rixes et les contestations de minime importance, dans lesquelles les intérêts soumis au réglement de la loi civile ou religieuse ne sont pas engagés comme sanction pénale de ses décisions. Il peut frapper des amendes jusqu'à concurrence de 25 francs. Enfin, il réunit les contingens de cavaliers demandés pour suivre nos expéditions.

Les ar'as sont nommés par le ministre de la guerre, sur la proposition des commandants de subdivision, transmise par la voie hiérarchique. Ils surveillent les k'aïds et reçoivent, en général, des ordres du Bach-ar'a ou du khralifa ; cependant, dans beaucoup de cas, ces ordres leur sont directement donnés par l'autorité française. Ils jugent avec les mêmes attributions que les k'aïds, mais dans des causes plus graves, les individus appartenant à des tribus différentes. Ils peuvent imposer des amendes de 50 francs ; ils centralisent, pour les tribus placées sous leurs ordres, les opérations relatives à l'impôt, et commandent les contingents armés convoqués par l'autorité militaire.

Les populations indigènes des territoires militaires de l'Algérie sont à la veille de subir une transformation dans leur organisation politique, leurs habitudes agricoles et peut-être leurs mœurs même.

Cette transformation éminente sera le résultat

de l'exécution d'une mesure impérieusement commandée par les besoins de l'occupation et de la colonisation de l'Algérie, le *cantonnement*.

La superficie de ce pays, avons-nous dit, est de 60 millions d'hectares, mais de ces 60 millions il n'y en a réellement que 23 qui puissent être bien positivement utilisés. (1)

13,000,000 dans le Tell.
10,000,000 dans les Steppes.

Or, sur ces 23 millions d'hectares vivent 2,300,000 indigènes, arabes et berbères qui n'en travaillent effectivement que 2,500,000, soit un peu plus d'*un* hectare par individu. On a le projet de leur en laisser *trois* par tête, et comme la mesure ne s'appliquera au plus qu'à deux millions d'individus (2), cela fait un total de 6 millions d'hectares, chiffre qui, en réalité, sera réduit d'une manière notable. Mais en définitive, si nous l'admettons tel quel, la colonisation se trouvera en face d'environ 15 à 16 millions d'hectares, suffisants pour y établir un million de familles ou 5 à 6 millions d'individus.

Il ne s'agit pas ici, qu'on le comprenne bien, ni de dépouiller, ni de refouler, ni d'exterminer, il s'agit seulement de réorganiser sur des bases vraies un pays qui depuis l'occupation romaine est dans un état de dilapidation complète.

(1) Le chiffre total est de 25 millions, mais j'ai soustrait de cette superficie les forêts, auxquelles il ne faut pas toucher, les crêtes arides, les roches, les sables, toutes les terres incultivables.

(2) Le Sah'ara oasien, qui n'a rien à voir dans la question, compte environ 250,000 âmes.

Corporations Indigènes.

La population indigène des villes de l'Algérie se divise en deux portions bien distinctes : les *h'adars* ou citadins, les *berranis* ou gens du dehors (du mot arabe *berra*, dehors) qui viennent exercer momentanément leur industrie dans les principaux centres de population du Tell.

Les premiers constituent la population indigène fixe, les habitants proprement dits ; les seconds, au contraire, composés d'artisans venus de la K'ebaïlie, de Biskra, de Lar'ouât, des oasis des Beni-Mzab, des Mzîta, des Beni Abbès, et jusque du pays des nègres, forment dans les villes une population flottante qui vit du produit de son travail. Ce sont les Auvergnats de l'Algérie.

Le K'ebaïl s'emploie comme manœuvre et comme ouvrier agricole.

Le Biskri, comme portefaix, comme porteur d'eau ou comme batelier.

Le Mzabite, comme boulanger, boucher, revendeur, baigneur, meunier, conducteur d'ânes.

Le Mzîta, comme mesureur au marché aux grains, manœuvre, porteur d'eau et baigneur.

Le Lar'ouâti, est mesureur au marché à l'huile.

Les Beni Abbès, sont généralement tisserands.

Les Marocains, sont généralement charbonniers, manœuvres, etc.

Au 1ᵉʳ janvier 1856, le nombre des berranis était de 18,055 individus.

Tous ces individus, afin d'économiser plus promptement le pécule qui doit leur donner l'aisance au pays natal, vivent dans nos villes sans résidence fixe. Aussi était-il essentiel de les soumettre à une surveillance attentive qui devait d'ailleurs avoir pour objet de veiller à leurs intérêts.

L'organisation des corporations indigènes avait été en 1848 l'objet d'un arrêté spécial du gouvernement, mais elle n'a été définitive qu'à partir du décret du 3 septembre 1850.

Chaque corporation est administrée par un *amîn*, et les *amîns* réunis se constituent en tribunal qui juge sans appel tous les différents survenus entre les berranis.

INSTITUTIONS FONDÉES DANS LE BUT DE HATER OU DE DIRIGER LE DÉVELOPPEMENT DE L'AGRICULTURE, DE L'INDUSTRIE ET DU COMMERCE.

A mesure que le travail algérien se développait, le gouvernement créait successivement les différentes institutions qui, en France, ont pour but d'en hâter le progrès et d'en diriger le mouvement.

Ces institutions sont de trois genres :

Institutions Agricoles.

Pépinières — La première institution agricole fondée en Algérie est la *Pépinière centrale*, située à 5 kilom. d'Alger, sur la route de K'oubba; elle date de 1832.

Fermes modèles. — La *ferme modèle* située 7 kilom. plus loin, sur le bord de la plaine, n'a aujourd'hui qu'un nom sans signification officielle ; mais la grande exploitation agricole d'Ar'bal, à 30 kilom. au sud d'Oran, a été autorisée par le ministre de la guerre à prendre, depuis le 31 décembre 1851, le titre de *Ferme modèle*.

Exposition et concours agricoles. — D'après un arrêté ministériel du 15 septembre 1856, il y a tous les ans en Algérie une exposition générale des produits de l'agriculture et des différentes industries agricoles.

L'exposition est ouverte successivement aux chefs-lieux des trois provinces.

Il y a de plus annuellement dans chaque province une exposition publique et un concours des produits appartenant aux races chevalines, bovines, ovines et autres.

Chambres consultatives d'agriculture. — Les chambres consultatives d'agriculture ont été fondées en

Algérie avant de l'être en France ; elles doivent leur existence au décret du 6 octobre 1850 ; il y en a *une* par province ; elles se réunissent à Alger, à Oran et Philippeville.

Institutions Industrielles.

L'industrie n'est pas encore assez développée en Algérie pour avoir besoin d'institutions générales ; ses intérêts se confondent encore entièrement avec ceux de l'agriculture et du commerce.

Institutions Commerciales.

Les institutions fondées en Algérie dans le but de seconder et de développer le commerce sont : la Banque, la Bourse, les Chambres de commerce et les foires.

Banques. — Le gouvernement, après avoir autorisé la Banque de France à établir un comptoir à Alger, le 16 décembre 1847, créa, le 4 août 1851, une *Banque spéciale de l'Algérie* au capital de 3 millions de francs. D'après le bilan de 1857, son roulement d'affaires était de 14,000,000 de fr. Elle a été autorisée depuis à établir deux succursales, l'une à Oran (le 13 août 1853), l'autre à Constantine (le 3 décembre 1856.

Bourses. — Il n'existe encore en Algérie qu'une

seule Bourse, créée par un décret du 16 avril 1852. Elle est purement commerciale, et n'a ni parquet ni agents de change.

Chambres de commerce. — Elles sont au nombre de cinq: à Alger, Oran, Philippeville, Bône et Constantine. Celle d'Alger a été fondée le 7 décembre 1830 ; celles d'Oran et de Philippeville, le 4 octobre 1844; celle de Bône, le 19 décembre 1848 ; celle de Constantine, le 22 mars 1856.

Foires. — Il a été institué des foires annuelles à Mostaganem en 1849, à Blida et Alger en 1852, à Douéra en 1854. Celle d'Alger se tient en septembre et dure quinze jours.

Expositions permanentes. — A la suite de l'exposition française de 1849 et de l'exposition universelle de Londres en 1851, où l'Algérie tint une place si remarquable, le ministre de la guerre prit l'initiative d'une mesure extrêmement importante en ce qu'elle allait offrir à tous ceux qui avaient été frappés des richesses inconnues de ce beau pays, les moyens de l'apprécier sans cesse dans ce qu'il a de plus réel et de plus vrai.

On ouvrit à Paris, *une exposition permanente des produits de l'Algérie,* à laquelle on a affecté en dernier lieu à un vaste local situé rue de Grenelle-Saint-Germain, 107.

Le ministre a voulu que rien ne fut négligé pour donner à cette collection un aspect digne de son objet et du but que l'on se proposait d'atteindre, et il faut dire que ses intentions ont été fidèlement et consciencieusement remplies.

L'Algérie est là tout entière, rendue visible et palpable pour tous; l'exposition est en même temps le tableau brillant du présent et un éclatant appel à l'avenir.

Enfin, et comme complément de cette heureuse idée, M. le maréchal Randon a fondé à Alger une autre *exposition permanente* qui emprunte peut-être de sa présence sur le sol même de l'Algérie, un intérêt plus puissant et plus saisissant encore.

POPULATION.

En traitant de la population algérienne dans son ensemble, ainsi que nous l'avons fait au chapitre intitulé de l'*Homme*, il n'était guère possible alors d'entrer à ce sujet dans des détails statistiques étendus et dont ce n'était pas la place. Ils ont cependant une importance qu'on ne saurait oublier, lorsque l'on veut surtout se rendre un compte exact des forces vitales d'un pays comme l'Algérie. Nous allons donc les donner ici ; ils formeront en quelque sorte le complément nécessaire d'une étude que nous avons poussée aussi loin que nous le permettait le cadre dans lequel nous nous sommes renfermés.

Population Européenne.

Voici quelle a été la marche de la population européenne depuis 1830, et celle de l'effectif de l'armée ; ces deux sortes de chiffres se lient trop intimement à l'histoire économique du pays pour que nous les séparions.

Années.	Population.	Différences.	Effectif de l'armée.
1830	602		37,000.
1831	3,228	2,626	17,490.
1832	4,856	1,630	21,511.
1833	7,812	2,954	26,681.
1834	9,750	1,938	29,858.
1835	11,221	1,471	29,485.
1836	14,561	3,340	29,897.
1837	16,770	2,209	40,147.
1838	20,078	3,308	48,167.
1839	25,000	4,922	50,367.
1840	28,756	3,736	61,231.
1841	35,870	7,134	72,000.
1842	46,098	10,228	70,853.
1843	58,985	12,887	75,034.
1844	75,354	16,369	82,037.
1845	99,800	24,446	95,000.
1846	109,400	9,600	100,814.
1847	103,863	— 5,547	93,400.
1848	115,101	11,238	87,704.
1849	112,607	— 2,494	75,000.
1850	125,963	13,356	70,700.
1851	131,283	5,320	65,000.
1852	131,878	595	72,950.
1853	134,075	2,197	74,649.
1854	143,387	9,312	65,882.
1855	155,607	12,220	
1856	167,670	12,063	74,702.

A l'exception de deux années, 1847 et 1849, dont les différences sont précédées du signe moins (—), tous les autres chiffres de la troisième colonne n'accusent que des *augmentations*.

Le dernier recensement de la population européenne exécuté en Algérie est celui de 1856.

En voici les principaux résultats :

Nationalité. — La population se composait alors, sous le rapport de la nationalité, des éléments suivants :

Français	92,738.
Espagnols	41,237.
Italiens	9,113.
Maltais	6,841.
Allemands	5,567.
Suisses	1,743.
Belges et Hollandais	464.
Polonais	232.
Anglais et Irlandais	138.
Portugais	112.
Grecs	33.
Autres nationalités	1,064.

Ces 167,670 individus occupaient 25,402 maisons, et 159,282 d'entre eux formaient 43,656 ménages.

Division de la population par âges. — La population européenne civile se divisait, sous le rapport des âges, de la manière suivante :

De 1 jour à 5 ans,		19,473.
De 5 ans à 10		15,628.
De 10 à 15		13,775.
De 15 à 20		13,669.
De 20 à 30		28,766.

De 30 ans à 40 ans, 32,542.
De 40 à 50 21,567.
De 50 à 60 9,674.
De 70 à 80 677.
De 80 à 90 112.
De 90 à 100 20.
De plus de 100 ans, 7.
Population en bloc, 8,588.
_____
167,670.

État-civil. — On a constaté qu'il y avait en Algérie :

Célibataires............ 54,639.
Hommes mariés.......... 30,123.
Veufs.................. 2,695.
_____
Total........ 87,457.

Filles................. 36,858
Femmes mariées.......... 29,477
Veuves................. 5,490
_____
Total....... 71,825

Habitants nés en Algérie........... 33,564
Habitants nés au dehors............ 125,718

Religion. — La population se divisait, sous le rapport de la religion, en :

Catholiques.............. 153,833

Protestants 4,539
Israélites 910

Classement de la Population. — La population était ainsi répartie entre les villes et les campagnes :

Population urbaine............. 98,988
Population rurale agricole........ 47,371
Population rurale industrielle...... 12,923

Elle se divisait ainsi sous le rapport des races :

Population européenne.

Agglomérée............... 135,461
Eparse................... 23,821
                          ———
                          159,282

Population indigène.

Agglomérée............... 105,795
Eparse................... 38,503
                          ———
                          144,298

Remarques sur le Recensement de 1856.

Il est assez intéressant de rapprocher quelques-uns des chiffres de 1856 de ceux du recensement de 1852, celle des vingt-six années écoulées depuis la prise d'Alger dont l'augmentation a été la moins forte.

En 1852, le chiffre de la population totale est de.................................... 131,878
En 1856, il est de................. 167,670

Augmentation................... 35,792

L'élément national entre pour la plus forte part dans cet accroissement; en 1852, le nombre des habitants *français* était de 69,980; il atteint aujourd'hui le chiffre de 92,738, soit 58 0/0 de la population totale, moins la population en bloc (1).

La population étrangère, quoique n'ayant pas suivi la même progression, s'est aujourd'hui élevée à 66,544, de 54,421 qu'elle était en 1852, soit un accroissement de 12,123 en quatre ans.

Le résultat le plus important à noter est celui de la population rurale; de 1852 à 1856, la population urbaine s'est accrue de 18,845 habitants; quant à la population rurale, elle s'est élevée de 44,258 à 60,204, c'est-à-dire, que pendant le même période, cette population, qui ne représentait en 1852 que

(1) Composée presque exclusivement de Français.

le tiers de la population totale, a gagné 16,036 individus, soit près de la moitié de l'augmentation totale.

Les mariages et les naissances ont aussi éprouvé une progression réelle, qui prouve que la famille tend à se constituer en Algérie d'une manière plus stable. Le nombre des ménages qui, en 1852, était de 32,826, est monté à 43,656. D'après le recensement de 1852, on comptait 20,792 enfants nés en Algérie; aujourd'hui, ce chiffre s'élève à 33,564, soit le cinquième de la population, et, soit encore, en quatre ans, 12,771 naissances d'excédant sur les décès.

Ceci répond victorieusement à ce préjugé ridicule de l'impossibilité où l'on serait en Algérie d'élever des enfants.

Un rapprochement qui ne manque pas d'importance, et qui, au point de vue de l'extension que prend la colonisation, vient s'ajouter utilement aux renseignements qui précèdent, est la comparaison du nombre des maisons habitées. En 1852, elles étaient au nombre de 16,215, tandis qu'en 1856, on en compte 24,489, non compris 913 maisons en construction, ce qui donne une différence en plus pour cette dernière année de 9,187 habitations nouvelles.

Populations Indigènes.

Les populations indigènes sont divisées sous le rapport administratif comme les populations européennes, en deux groupes bien distincts : les populations indigènes placées sous le régime civil, les populations soumises au pouvoir militaire.

Populations indigènes placées sous le régime civil. — Ces indigènes ont été compris dans le recensement de 1856, qui a fourni à leur égard les données suivantes.

Dans les départements :

Population agglomérée	97,536
Population éparse	38,272
	135,808

Dans les territoires militaires.

Population agglomérée	8,259
Population éparse	231
Total	8,490
Report	135,308
Total général	144,298

Population indigène des territoires militaires. — L'effectif des populations indigènes de l'Algérie, administrées militairement était, au 1er janvier 1857, c'est-à-dire en 1856, de :

2,183,793, dont :

659,831 hommes,
696,015 femmes,
827,927 enfants.

Auxquels il faut ajouter aujourd'hui des populations qui n'étaient pas encore soumises ou qui étaient restées en dehors de l'action directe de l'autorité française :

Une partie de la Confédération des Zouaoua de la Grande K'ebailie	50,000
Les Mzabites	20,000
Les Cha'anba, Ouargla, Ngousa, Metlili, El Goléa, Dzioua, etc.	30,000
Total	100,000

Ce qui donne pour le chiffre général, 2,283,793
Mais les renseignements qui suivent ne s'appliquent qu'aux 2,183,793 individus recensés par les bureaux arabes, travail qui a toujours été fait avec soin partout où on a pu l'exécuter sans trop froisser les préjugés des indigènes, ce qui n'a pas permis *jusqu'à présent* de le rendre aussi complet qu'on l'aurait voulu.

Cette population se divisait ainsi suivant les races :

  Arabes..... 1,225,308
  Berbères.. 958,794

Mais comme il faut ajouter à ce dernier chiffre les K'ebails de la Grande K'ebailie, les Mzabites, Ouargla, Ngousa, Metlili, et quelques autres k's'ours peuplés de Berbères, cela porte le chiffre véritable des Berbères algériens à un million cinquante mille environ.

Les 2,183,793 individus recensés pouvaient mettre sur pied :

  336,758 fantassins,
  93,628 cavaliers.

Ils étaient abrités par 275,235 tentes, 112,760 gourbis, et 43,089 maisons, d'une valeur approximative de 32 millions de francs.

Résumé.

Il résulte de tout ce qui précède que la population totale de l'Algérie s'élève, ainsi que nous l'avions déjà établi, à un peu plus de 2,600,000 âmes.

Sous le rapport administratif elle forme deux groupes dont voici la force relative :

  En territoire civil....... 314,978 habitants.
  En territoire militaire... 2,300,000 »

Les trois provinces se la partagent de la manière suivante : population européenne et indigène ;

>   Province d'Alger....... 858,000
>   »   d'Oran...... 605,000
>   »   de Constantine 1,116,000
>   2,579,000

Quant aux trois départements, ils ont :

>   Le département d'Alger..... 136,080 habitants.
>   »   d'Oran..... 87,866 »
>   »   de Constantine. 88,031 »
>   311,977

Relativement à la répartition suivant les grandes divisions naturelles du sol, on trouve qu'il y a :

>   Dans le Tell........ 1,947,000 hab.
>   Dans les Steppes..... 380,000 »
>   Dans le S'ah'ara..... 252,000 »
>   Total....... 2,579,000

TOPOGRAPHIE

ou

DESCRIPTION DES LIEUX

Dans cette description topographique, j'avais deux marches à suivre :

Ou je pouvais rattacher la description des localités à chacune des divisions administratives auxquelles elles appartiennent ;

Ou je pouvais les disposer suivant les grandes divisions naturelles du pays qui dominent et domineront invariablement tous les faits économiques.

Suivre la première de ces deux méthodes, c'était s'exposer à un grand inconvénient dans un pays en voie de formation, et où, par conséquent, les choses administratives, comme tant d'autres choses, se transforment sans cesse.

Adopter la seconde, c'était imprimer à une matière, naturellement mobile dans beaucoup de ses détails, un caractère de fixité qui lui assure plus de durée ; c'était sacrifier ce qui passe à ce qui est éternel.

Il n'y avait pas à hésiter.

Cependant, comme le caractère administratif se lie aux plus intimes fonctions de nos sociétés, je l'ai laissé profondément empreint partout, attendu qu'il est profondément pratique.

Sa plus haute expression est la division de l'Algérie en trois provinces, dont il faudra bien qu'on suive les modifications successives à travers le temps, jusqu'au moment où elle aura disparu, attendu qu'on ne saurait guère s'en passer, puisque, entre autres avantages, elle a celui de servir à ordonner une matière dans laquelle une divisibilité infinie produit souvent la confusion. Du reste, aurait-elle cessé d'être, qu'elle existerait encore, car, en définitive, il ne faut voir, dans chacune des trois provinces, que cette autre division du pays en région du Centre, région de l'Est et région de l'Ouest ; la première répondant à la province d'Alger, la seconde à celle de Constantine, la troisième à la province d'Oran.

Il y a, dans les descriptions des villes et des autres localités de l'Algérie, des parties communes qui ne tarderaient pas à les rendre monotones et fatigantes, si on ne se hâtait de les grouper comme pour en donner la formule générale. C'est ce que je vais faire.

Les plans, alignements et nivellements des villes et villages de l'Algérie sont toujours l'objet d'une étude préalable faite avec soin par les officiers du génie ou les ingénieurs des ponts-et-chaussées ; ils sont donc les uns et les autres régulièrement percés. Quant à leur construction, si elle offre quelquefois des parties remarquables, elle se ressent beaucoup trop souvent aussi de la précipitation d'un premier établissement, du caractère généralement transitoire de tout ce qui s'y fait, et enfin, des ressources minimes que possèdent les propriétaires. La plupart des maisons sont petites et n'ont guère plus d'un étage; mais si elles sont légèrement bâties, elles le sont presque toujours avec assez de soin.

Quant aux édifices publics, il y en a qui se répètent invariablement dans toutes les villes principales, et qui partout, invariablement aussi, en dominent l'ensemble de leurs masses compactes, ce sont les casernes et les hôpitaux. Les églises, les marchés, les lavoirs, les fontaines, et quelques autres constructions municipales moins importantes, s'y représentent aussi presque constamment, mais sans contribuer beaucoup, avouons le, à les embellir.

Le peu de villes indigènes que nous avons trouvées debout, telles qu'Alger, Constantine, Oran, Bône, Medìa, Blîda, Mostaganem, Tlemsên, ont été agrandies, ramenées à des plans réguliers, augmentées de quartiers neufs bâtis à l'européenne, en même temps que les parties anciennes sont, dans leurs ruelles tortueuses et étroites, l'objet de rectifications continuelles qui finiront par les rendre non pas plus élégantes, mais d'un plus facile accès.

Des craintes que l'on pourrait regarder actuellement comme exagérées, mais qui jadis n'étaient que fort justes, ont engagé le gouvernement à mettre tous les centres de population européenne de l'Algérie en état de défense contre les agressions du dehors.

Et je crois qu'on ne saurait désormais se départir de cette sage précaution sans commettre une grave imprudence, bien que la sécurité qui règne en Algérie puisse difficilement être plus absolue qu'elle l'est aujourd'hui.

Alger, lorsque ses fortifications seront entièrement terminées, sera une place forte de première importance.

Il en sera de même d'Oran, qui a trouvé dans les forts dont l'avaient armé les Espagnols, de redoutables moyens de défense.

Constantine, déjà si puissante par elle-même, voit s'accroître chaque jour ses énergiques moyens de résistance.

Quant à Tlemsên, elle ne tardera pas à être véritablement ce qu'elle est déjà par sa position, la place d'armes centrale de notre frontière de l'Ouest.

Nemours, Mostaganem, Sidi-Bel-Abbès, Maskara, Orléansville, Tenès, Miliana, Cherchel, Media, Dellis, Philippeville, Aumale, Bougie, Setif, Djidjelli, Bât'na, Biskra, Guelma, La Cale, Souk-Harras, sont enveloppées d'enceintes percées de meurtrières et bastionnées. Bône a de plus sa vieille k'as'ba arabe; Tebessa a ses murs bysantins dans l'intérieur desquels on a ménagé un réduit; l'ancien Bordj turc de Biskra a fait place au vaste fort Saint-Germain; Bou-Sa'da est dominé par un fort, et au-dessus des murs reconstruits de Lar'ouat, se dressent deux autres forts qui plongent sur tout l'oasis.

La Mar'nîa, Sebdou, Daïa, Sa'ïda, Tîharet, Teniet-el-H'ad, Bor'ar, le Bordj-Bou-A'rîrîdj, sont autant de véritables redoutes autour desquelles les colonnes peuvent agir avec sûreté et facilité.

Nedroma a encore l'enceinte que lui donna A'bd-el-Moumen au douzième siècle, mais sa k'as'ba n'est qu'un monceau de ruines. Mazouna et Mîla ont conservé intacte la physionomie des vieilles places arabes.

K's'ar, ainsi que je l'ai dit, désigne dans les régions sahariennes une ville plus ou moins importante ou un village fortifié, c'est dire que le S'ah'ara est hérissé de citadelles, citadelles bien peu redoutables, il est vrai, pour les armes européennes, mais que les populations indigènes apprécient tout autrement. On a pu juger ce qu'elles valent par la prise de Tougourt et par celle de Ouargla, qui avaient cependant toutes deux un grand renom.

Province d'Alger.

Définition. — La *Province d'Alger* embrasse toute la partie moyenne de l'Algérie dans le sens de la largeur, c'est-à-dire en la considérant comme divisée par des lignes perpendiculaires au rivage de la mer.

Limites. — Elle a donc au *Nord*, la mer ;
A l'*Est*, la province de Constantine ;
Au *Sud*, le S'ah'ara ;
A l'*Ouest*, la province d'Oran.

Etendue. — Sa longueur totale est de 750 kilomètres.
Sa largeur moyenne de 250 kilomètres.
Sa superficie de 19,000,000 d'hectares.
Dont 3,000,000 pour le Tell, 3,000,000 pour les Steppes, et 13,000,000 pour le S'ah'ara.

Population. — Sa population s'élève à :
78,000 Colons ou individus d'origine européenne ;
780,000 indigènes, Arabes ou K'ebaïls ;

Total, 858,000 âmes.

Il y en a 659,000 dans le Tell, 100,000 dans les steppes, 73,000 dans le S'ah'ara.

Division et grands caractères physiques.—On vient de voir dans quelles proportions la province d'Alger contribue à la formation du chiffre total de la superficie des trois grandes divisions naturelles de l'Algérie.

Le Tell de la province d'Alger, qui, vers le nord, commence au rivage de la mer, a pour limite au midi le Nahr-Ouas'el, le Chelef sur une étendue de quelques kilomètres, puis le pied des petites montagnes du Titri.

Il se trouve ainsi avoir presque partout, en profondeur, 125 kilomètres.

A l'exception des plaines de la Mtidja, du Chelef supérieur et de la plaine des Beni-Slîman, il ne possède intégralement aucune des subdivisions naturelles que présente la partie centrale du Tell général.

Du Dahra, il n'a que les parties orientales, les plus tourmentées, les plus hautes; du massif de l'Ouancherîch, que les portions du Centre et de l'Est; du pâté allongé du Dira-Ouannour'a, que la moitié occidentale, et de la grande K'ebaïlie, il lui manque la pointe Est et une partie des versants qui regardent le soleil du Levant.

Les steppes de la province d'Alger commencent où finit le Tell et se déroulent à travers de vastes plaines et les petits mouvements du massif S'ah'arien jusqu'aux crêtes qui dominent Lar'ouat.

Encore ici, la politique a fait chevaucher ses délimitations bizarres, sans aucun égard pour les régions naturelles et du Djebel-A'mour, la province d'Alger n'a que quelques vallées ou parties de vallées.

A Lar'ouat, on entre dans le vrai S'ah'ara, le S'ah'ara oasien, et on y est toujours jusqu'aux dernières limites de la province, jusqu'à 125 ou 150 kilomètres au-delà d'El Goléa', le chef-lieu des Cha'anba jusqu'aux confins du Touât et des territoires Touâregs.

Le Tell de la province d'Alger est une région bien plutôt montagneuse que plate, puisque les plaines n'entrent dans le chiffre total de sa superficie que pour 200,000 hectares.

Lorsque sortant d'Alger, le voyageur gravit les plateaux du massif, il atteint bientôt un de ces points d'où le regard embrasse toute l'étendue de la Mtîdja. Elle lui apparait alors complétement enveloppée par un rideau indiscontinu de montagnes semblables à un diadême splendide (1). Ce sont les flancs des plateaux intérieurs où les terres basses ne comptent que comme des accidents qui ne sauraient en altérer le caractère général.

Hydrographie. — La province d'Alger possède plus des deux tiers du cours du Chelef (le fleuve *Asar* des Romains, 2), les eaux supérieures de l'Oued-Sah'el, de l'Oued-Djedi, la presque totalité de l'Oued-Islî, de l'Oued-el-Leh'am, qui afflue au Chot't' de Sa'ïda, de l'Oued-Nsa, de l'Oued-Mzab et de l'Ouêd Mìa ; le cours entier de l'Ouêd Fod'd'a,

---

(1) C'est probablement là ce qui a fait croire un instant que le mot *Mtîdja*, signifiant *la Couronnée*, devait s'écrire *Mtik'îdja;* Mtîdja veut dire une terre labourable, et jamais mot ne fut probablement mieux appliqué. Voyez Freytag.

(2) Voyez la *Revue africaine*, tome I, pages 349-350.

de l'Ouêd Rouîna, et de l'Ouêd Masîn, tous trois affluents du Chelef, comme l'Ouêd Islî; puis ceux de l'Ouêd Allèla, la rivière de Tenès, de l'Ouêd Damous, de la Chiffa et de ses affluents, de l'H'arrach, de l'Ouêd et Khremîs, de l'Ouêd Isseur de l'Est, de l'Ouêd Sebaô, de l'Ouêd Djelfa.

Je n'ai rien dit, et je ne dirai rien de la constitution du bassin des rivières, parce que cela m'entraînerait beaucoup trop loin. D'ailleurs, le bassin, comme division naturelle, n'a absolument rien de l'importance qu'on lui prête dans la géographie vulgaire ; il n'est bon à étudier qu'au point de vue du régime des eaux, puisqu'il n'a rien de ce qui constitue une région physique proprement dite, c'est-à-dire ayant un caractère, une physionomie unique, complète, absolue. Presque tous les bassins, et surtout les grands bassins, appartiennent à plusieurs grandes régions naturelles, et parfaitement définies à la fois. Cela est tellement visible, que je m'abstiens de toute citation ; la question est plus qu'élémentaire. C'est à la paresse d'esprit des écrivains, à la force de la routine, et à l'ignorance des grandes lois physiques, qu'elle doit toute sa vitalité. Les voyageurs l'ont déjà plus que surabondamment démontré.

Remarques générales. — Dans la description de chacune des trois provinces, je ne reviendrai pas sur ce que j'ai dit du climat, des trois règnes, de l'homme en général, de l'industrie et du commerce de ces grandes divisions administratives. Le sujet a été trop amplement traité, pour que je ne m'expose pas à des redites. Je citerai seulement quelques chiffres, et je ferai quelques observations auxquelles leur caractère spécial donne seul un peu d'importance.

L'étendue des terres labourées par les Européens est de 225,000 hectares; celles que labourent les indigènes en ont une de 786,000.

Le service des forêts évalue la superficie des forêts de la province d'Alger à 210,000 hectares.

Au point de vue de la production agricole, les trois divisions de l'Algérie sont fort loin d'avoir la même importance, de s'être développées parallèlement.

La province d'Alger est celle qui donne le plus de tabac et de soie.

Le tabac y occupe 2,200 hectares, alors qu'il en embrasse seulement 400 dans l'Ouest, et 225 dans l'Est.

La province d'Oran, maîtresse d'un sol particulièrement favorable à la culture du coton, lui a donné une extension toute particulière.

La province de Constantine occupe toujours le premier rang pour la culture de l'olivier et la production de l'huile, ce qu'elle doit, disons-le de suite, non pas au travail des colons, mais à celui des indigènes.

A l'heure qu'il est, les routes impériales et les routes stratégiques ont, dans la province d'Alger, un développement total de 1,400 kilomètres, les routes départementales et communales, un de 300.

Division politique. — La province d'Alger se compose, comme chacune des deux autres provinces, d'un *Département* qui embrasse les territoires civils, et d'une *Division* qui comprend tous les pays soumis à l'administration militaire.

En parlant de l'administration provinciale de l'Algérie, j'ai indiqué quelle était la composition de l'un et de l'autre, mais il est indispensable que je complète ces données, qui ont un caractère trop général et … streint.

Département d'Alger.

Le département d'Alger comprend :
1° Un vaste territoire s'étendant, le long de la mer, entre l'Ouêd Nador, au pied du Chenoua et l'Ouêd Bou Merdès, jusqu'à la base du vaste rideau de montagnes qui, au midi, enveloppe toute la Mitîdja ;
2° De territoires isolés, comme des îles, au milieu des contrées administrées militairement, et qui constituent les dépendances de Dellis, Cherchêl, Zurich, Sidi Ab'd el K'ader bou Medfa', Vesoul-Benîan, A'in Sult'an, et Medîa.

Le département d'Alger se divise en deux arrondissements :
L'arrondissement d'Alger,
L'arrondissement de Blîda.

Le premier comprend la plus grande partie du Sah'el d'Alger et la partie orientale de la Mtîdja, c'est-à-dire toute la partie orientale du département ; il est séparé du second par une ligne plus ou moins sinueuse, partant de l'embouchure de l'Ouêd Keurkour, près de Zeralda, laissant à l'arrondissement de Blida, Boufarik et son territoire, et allant atteindre la limite sud du département, à l'entrée même de la vallée de l'H'arrach.

Le commissariat civil de Dellis relève directement de la préfecture d'Alger.

L'arrondissement de Blida comprend toute la partie orientale de la Mtidja, la commune de Medta, les commissariats civils de Marengo, Miliana, Orléansville et Tenès, puis Cherchêl; A'bd el K'ader bou Medfa' et Vesoul-Benîan, qui dépendent de Marengo, A'ïn Sult'an de Miliana.

La superficie totale de tous les territoires formant le département d'Alger est, d'après les travaux du cadastre, de 234,000 hectares.

Au 1er janvier 1857, leur population totale était de 130,850 individus, sur lesquels on comptait :

75,567 européens,
55,283 indigènes.

La population européenne comptait 20,170 ménages, comprenant 71,054 individus.

Elle se décomposait ainsi dans ses principaux éléments :

Garçons, 23,032; filles, 16,574; individus mariés, 27,189; veufs et veuves, 4,149. Catholiques, 68,647; protestants, 1,928. Français, 41,946; Espagnols, 20,371; Italiens, 3,320; Maltais, 2,169; Allemands, 1,666; Suisses, 872.

La population urbaine se composait de 41,301 individus; la population rurale agricole, de 22,150; la population rurale industrielle, de 7,599; la population européenne, agglomérée, de 58,469 individus, la population européenne, éparse, de 12,582.

La population indigène, agglomérée, s'élevait au chiffre de 35,958 individus, et la population indigène, éparse, à 19,325.

Organisation communale du département d'Alger

au 1ᵉʳ janvier 1857.

Arrondissement d'Alger.

Communes constituées.—Sections de communes (1).

Alger	El Biar	1.651	6
	Moustafa	{4.570	3
	L'Agha		3
	Bou-Zaria'		2
	Pointe-Pescade	{2.696	2
	Saint-Eugène		1
K'oubba	K'oubba	1.120	9
	H'uss'eïn-Dey	1.390	6
Cheraga	Cheraga	{1.187	12
	Guyotville		15
	Sidi-Feredj	250	26
	Staouéli		18
Déli-Ibrahim	Déli-Ibrahim	875	11
	L'A'chour		14
	Draria	838	16
	K'addous		16
	Ouled-Fayed	283	16

(1) Le premier des chiffres placés à la suite de chacun des noms de ces sections de communes indique sa *population*, le second, sa *distance* d'Alger en kilomètres.

Bîr-Khradem	Bîr-Khradem	1.519	10
	Saoula		13
	Bir-Mandr'éis	910	7
Douéra	Douéra	2.771	23
	Saint-Jules		26
	Ouled-Mendîl		26
	Baba-H'assen	165	19
	Crescia	237	22
	Maelma	225	31
	Sainte-Amélie	207	29
	Saint-Ferdinand	225	29
	Bou-K'andoura		23
Rasouta	Râsouta	498	20
	Fort-de-l'Eau		18
	Maison Carrée	1.154	12
	Maison Blanche	1.257	25
	A'ïn T'aïa	1.229	28
	A'ïn Béïd'a		28
	Matifou	271	15
	Rouïba		25
Le Fondouk	Le Fondouk	4.310	32
	L'Ouêd Corso		36
	La Rer'aia		29
	L'Alma (le Bou-Douaou)	302	36
	Bou H'amedi		27
L'Arba	L'Arba'	2.674	32
	Rovigo		32
	Sidi Mousa	1.403	24
	Rivet		26
Dellis	Dellis	2.122	96
	Ben Nechoud		90
Orléansville	Orléansville	1.318	210
	La Ferme	301	210
	Pontéba	241	204
Tenès	Tenès	2.939	263
	Le Vieux Tenès		
	Montenotte	645	210
	Les Mines		

17

Arrondissement de Blida.

Blida	Blida	9.752	48
	Beni Méred	570	42
	Dalmatie	260	44
	Joinville	246	48
	Montpensier	173	46
	L'Oued-l'A'llegue	360	48
Boufarik	Boufarik	3.972	35
	Bir Touta ou le 4ᵉ Blockhaus	1.409	20
	Cheblî	134	26
	Les Quatre Chemins	133	27
	S'ouma'	270	41
Mouzaiaville	Mouzaiaville	644	60
	Le Bou Roumi	80	64
	La Chiffa	240	56
	L'Afroun	265	66
Marengo	Marengo	693	86
	Tipasa	31	96
	A'meur-el-Ain	206	72
	Bou Rkika	166	80
K'olea'	K'olea'	2.697	37
	Douaouda	393	33
	Fouk'a	411	37
	Les Hameaux Suisses	331	
	Zéralda	206	26
	(Castiglione) Bou-Ismail	333	45
	(Castiglione) Tefchoun	287	48
Cherchel	Cherchêl	3.207	114
	Novi	268	121
	Zurich	206	99
Media	Media	7.225	90
	Damiette	347	93
	Lodi	300	93
	Mouzaia-les-Mines	353	84

MILIANA	Miliana	5,200	118
	Affreville	1,017	128
	A'ïn Sult'an	247	110
VESOUL-BEMAN	Vesoul-Benian	248	97
	S.A.K. Bou-Medfa'	218	86

DIVISION D'ALGER.

La division d'Alger comprend le S'ah'ara et les Steppes de la province, et, dans le Tell, tout ce qui n'es passoumis au régime civil, ou bien 18,766,000 hectares.

Au 1ᵉʳ janvier 1857, sa population indigène recensée, était de 638,862 individus, chiffre auquel il faut ajouter les populations non recensées : les Zouaoua de la Grande Kébaîlie, soumis en 1857 ; les Beni Mzâb, Metlilî, et les Cha'anba avec leur k's'ar d'El Golea', soit 85,000 individus, ce qui forme un total de 724,000 âmes.

Le chiffre 638,862 se décompose ainsi :

Hommes, 204,946 ; femmes, 206,288 ; enfants, 227,628 ; cavaliers, 19,872 ; fantassins, 111,630 ; Arabes, 401,191 ; Berbères ou K'ebaïls, 237,671.

La population de la division soumise au régime civil était, en outre, de 5,230 individus, dont 2,497 Européens et 2,733 indigènes.

La division d'Alger forme cinq subdivisions, dont j'ai indiqué ailleurs, page 248, la sous-division en *cercles*.

Ces cinq subdivisions, qui n'ont d'autre nom que

celui de leurs chefs-lieux, se partageaient ainsi sa population indigène et européenne :

Subdivision de Blida	63,752 habitants.
» Dellis	185,655 »
» d'Aumale	102,843 »
» de Medìa	125,602 »
» de Miliana	122,510 »
» d'Orléansville	93,730 »

Les principales localités de la division sont : Aumale, Cherchêl, Fort Napoléon, Dra-el-Mizân, Tizi-Ouzzou, A'ït Lah'sen, A'ït el arba', Aouko, Tablat, Bor'ar, le K's'ar Boukhrari, Lar'ouât, R'ardaïa, Berrîan, El Guerara, Metlili, A'ïn Mad'i, Tajemout, Sidi Bou Zid, Zenîna, El Cherf, Metlili, Ksir el H'aïran, Zakkar, El Amra, Djelfa, El H'aouita.

Description des principaux Centres de Population.

J'ai indiqué le motif qui m'a engagé à rattacher la description des lieux tant aux grandes divisions naturelles qu'aux subdivisions administratives.

Elles se présentent donc, d'après cela, dans l'ordre suivant :

Tell.

ALGER, DELLIS, CHERCHÊL, et TENÈS, sur la côte; DOUÉRA et KOLÉA, dans le Sah'el d'Alger;

Blìdah, Boufarîk, le Fondouk, l'Arba', Rovigo, Marengo, dans la Mtîdja ;

Orléansville, Miliana, Medîa et Aumale, chefs-lieux des quatre subdivisions de l'intérieur ;

Tizi Ouzzou et Dra el Mizzan, en K'ebaïlie ;

Steppes.

Djelfa, K's'ar Zakkar, Zenîna, Sidi Bou-Zîd et Tajemout.

S'ah'ara oasien.

Lar'ouât, A'ïn Mad'i, R'ardeïa, Berrian, El Guerara, Metlili, El Goléa'.

Villes maritimes du Tell.

Alger, la capitale de l'Algérie, est la résidence Gouverneur général, de l'Evêque, du Préfet du département d'Alger et de tous les Chefs supérieurs des différents services administratifs, tant civils que militaires.

Elle est placée sur la côte occidentale d'une vaste baie, à 1,644 kilomètres de Paris au Sud, à 800 kilomètres de Marseille dans la même direction, à 410 kilomètres à l'est d'Oran et à 422 kilomètres à l'ouest de Constantine.

Alger est bâtie en amphithéâtre sur les pentes orientales d'un contrefort du Sah'el, et a sa base sur un petit plateau qui domine la mer d'une vingtaine de mètres.

Ses maisons étagées les unes au-dessus les autres avec leurs toits en terrasses, leurs formes carrées, se détachent en blanc et d'une manière brillante sur le fond vert des campagnes qui les entourent.

Un des résultats de cette position a été de diviser la ville en deux parties qui ont un caractère bien différent.

La ville basse, presque toute formée de maisons françaises légèrement empreintes du caractère mauresque, est la ville européenne, le centre du mouvement et des affaires.

A l'exception des trois grandes rues de la Marine, de Bab el Oued et de Bab Azzoun, ses rues sont étroites et d'une régularité quelquefois douteuse qui s'accroit tous les jours par de nouveaux alignements.

La ville haute conserve encore un caractère arabe très prononcé, des rues à laisser difficilement passer trois personnes de front; presque partout tellement raides qu'on en a fait de grands escaliers ; formées de hautes maisons qui, en surplombant, les rendent obscures mais très-fraîches ; d'ailleurs tortueuses et offrant un nombre considérable d'impasses, qui contribuent à en rendre le parcours peu facile.

Alger est enveloppée par des fortifications qui ont plus de 5,000 mètres de développement, dominée par une citadelle appelée *K'asbah,* qui occupe la partie la plus haute, et défendue sur la mer par des batteries.

Son port a été primitivement formé au moyen d'îlots qui ont donné leur nom à la ville (*El Djézaïr,* les îles, en arabe) dont le premier pacha d'Alger,

Khaïr Ed Dîn Barberousse, ne fit qu'un seul tout, et qu'il réunit à la terre ferme par une large jetée. Mais l'insuffisance de ce mouillage n'ayant pas tardé à être évidente dès que nous fûmes installés à Alger, on lui a donné depuis une étendue de 90 hectares au moyen de deux belles et puissantes jetées dont l'une, celle du Nord a 700 mètres de développement, tandis que celle du Sud en a 1,235.

C'est sur ces îlots réunis, qui sont aujourd'hui comme la tête de son vaste bassin, que s'élèvent les bâtiments de l'Amirauté, le phare qui se voit en mer durant les nuits, jusqu'à 20 kilomètres, et toutes les constructions de la marine.

Alger a trois belles places, la place du Gouvernement d'où la vue s'étend au loin sur le port et sur la baie et qui est ornée d'une statue équestre du duc d'Orléans; la place de Chartres, où se tient le grand marché; la place d'Islî (non achevée) sur laquelle s'élève la statue du maréchal Bugeaud; plusieurs rues remarquables telles que les trois dont il a été question et la rue d Islî; enfin un charmant jardin, le jardin Marengo, sa seule promenade.

De ses édifices publics, il faut citer la cathédrale à côté de laquelle est le palais du Gouverneur, le théâtre, la grande-mosquée, la mosquée de la Pêcherie, la jolie petite mosquée de Sidi Abd er Rah'man contiguë au jardin Marengo, la grande-sinagogue, le temple protestant, la préfecture, l'évêché, quelques maisons mauresques fort belles intérieurement, telle que celle ou se trouve la bibliothèque et le musée, et, parmi ses nouvelles portes, la porte d'Islî.

Alger est le siége d'une Cour Impériale, d'un Tribunal de première Instance, d'un Tribunal de commerce, d'une Académie qui comprend toute l'Algérie, d'une Chambre de commerce, d'une Chambre consultative d'agriculture.

Elle a un Lycée Impérial, une École préparatoire de Médecine, une Bibliothèque, un Musée, un grand Hôpital civil (à Moustafa), un Hôpital militaire (à Bab el Oued), une vaste prison civile, des Arsenaux d'Artillerie et du Génie, de grandes caserne, une Bourse, un Mont-de-Piété, une Société Historique, une Société d'Agriculture, etc.

Cette ville possède une industrie indigène et européenne assez développée, quelques usines remarquables. Elle est non-seulement l'entrepôt du commerce de la province, mais encore celui d'une grande partie de l'Algérie.

Sa population est de 44,500 habitants, dont 27,500 européens et 17,000 indigènes.

Les environs sont ornés d'un grand nombre d'agréables maisons de campagne, disséminées sur les côtes, dans les vallées et les plaines qui s'étendent à leur base. A 5 kilomètres, dans la plaine du H'amma, sur la route de K'oubba, se trouve le *Jardin d'Essai* ou Pépinière centrale.

Quelques beaux villages, le faubourg Bab el Oued, Saint-Eugène et la Pointe-Percade, *au Nord*; Moustafa divisé en Moustafa *inférieur* et *supérieur* où e trouve la belle résidence d'été du Gouverneur général; Hussein Dey, *au Sud;* El Biar, *à l'Ouest*, en sont comme la banlieue.

DELLIS (*Rusuccurus*), petite ville, aujourd'hui chef-lieu de la subdivision d'Alger, résidence d'un commissaire civil et d'un juge de paix.

Elle est bâtie en grande partie sur un plateau incliné d'une hauteur de 70 à 80 mètres, et aussi sur les pentes raides et assez tourmentées qui le lient à la mer, au bord de laquelle s'élève le petit quartier de *La Marine*, où se trouvent la douane et la direction du port. Le site de Dellîs est d'ailleurs très-pittoresque. Du flanc du plateau qui lui sert d'assiette, se détache un énorme promontoire formé de roches plates disposées par assises verticales et d'un aspect très-étrange (1); le phare et deux marabouts en couronnent le sommet; des eaux poissonneuses en baignent la base, ce qui lui avait fait donner par les colons de Carthage le nom de *Rousoukkour*, le Cap des Poissons, d'où les Romains avaient aussi appelé *Rusuccurus* l'établissement qu'ils y formèrent, établissement devenu sous Claude une puissante cité (l'an 50 de l'ère chrétienne); on peut en voir encore de nombreux vestiges. Dellîs doit à son promontoire non pas un port, mais un assez bon mouillage.

L'église, l'hôpital, la caserne et la mosquée, tous les quatre élevés par le génie, en sont les principaux édifices.

Elle est l'entrepôt d'une partie des produits de la K'ebaïlie occidentale et fait un assez grand commerce d'huile et de fruits secs. En dehors de son enceinte, à l'ouest, se développent, sur un long espace, de beaux jardins qui donnent un raisin blanc très-estimé que l'on exporte à Alger. On y exploite aussi de grands bancs de grès destiné au pavage de cette

---

(1) Ce promontoire est le *Cap Bengut* des cartes; mais ce nom, mal appliqué, n'est pas connu des indigènes qui l'appellent *Râs et T'arf*, le Cap Taillé, et qui se rappellent fort bien que jadis on le nommait aussi *Râs el H'out*, le Cap des Poissons.

ville, avec laquelle elle est reliée par une route de 96 kilomètres.—2,000 habitants.

A Dellîs se rattache le fort de *Tizi Ouzzou* (en k'ebaïl *le Col des Genêts*), destiné à couvrir la vallée de l'Ouêd Sebaô, et qui en est à 40 kilomètres.

CHERCHÊL, ville bâtie au milieu de l'emplacement de l'ancienne *Julia Cæsarea*, dont les murs couronnaient jadis l'amphitéâtre en pente douce sur laquelle elle s'étend.

Ces murs enveloppaient une superficie de 369 hectares; Cherchèl en occupe un peu plus de la dixième partie. Elle est la résidence d'un commissaire civil et le chef-lieu d'un cercle dépendant de la subdivision de Miliana.

Le port que lui avaient donné les Romains, comblé par les tremblements de terre, a été déblayé, creusé et agrandi, bien que ce ne soit encore qu'un bassin de 2 hectares où peuvent se placer une quarantaine de navires de 100 à 150 tonneaux, qui y trouvent toujours 3 à 4 mètres de fond dans les plus basses eaux.

Le sol de Cherchèl est jonché de débris de son ancienne splendeur. On y remarque surtout les restes du palais des rois, ceux du cirque, de l'hippodrome, des thermes, du théâtre, d'un temple de Neptune, des tombes, et à quelque distance de ses murs, les ruines d'un grand aqueduc.

En dehors de ces vestiges du passé, il n'y a de remarquable à Cherchèl que l'hôpital, la caserne, l'église, le caravansérail, situé près des k'oubbas des Gobrini, marabouts célèbres du pays, et une mosquée ornée de nombreuses colonnes de granit enlevées à la terre qui les cachait depuis des siècles.

Mais il faut voir son musée, qui, lorsqu'il sera convenablement installé, aura pour les étrangers un grand attrait ; c'est ce qu'on ne devrait pas oublier aussi complétement qu'on l'a fait jusqu'à ce jour.

L'ancienne population de Cherchêl était très-industrieuse; on n'y fabrique plus guère que des poteries dont les formes sont encore empruntées aux profils antiques.

L'agriculture est et sera le grand travail de la population actuelle ; son commerce, qui représente les deux centièmes de celui de l'Algérie, est surtout un commerce de cabotage. Plusieurs raisons, trop longues à développer ici, nous empêchent de croire que cette ville remplisse jamais le rôle qu'on veut lui faire jouer, d'être le port de Miliana et des parties environnantes de la vallée du Chelef; elle restera l'entrepôt de toute la petite région k'ebaïle qui s'étend des extrêmes limites occidentales de la Mtîdja à l'Oued Damous.

Julia Cæsarea avait certes une bien autre importance, mais *Julia Cæsarea* était une capitale, et on sait que les capitales s'imposent et commandent. — 3,500 habitants.

A 68 kilomètres nord de Miliana, à 90 kilom. d'Alger par mer, et à 114 par Blîda.

Tenès, à 80 kilomètres de Cherchêl, à 53 kilomètres au Nord d'Orléansville, et à 140 kilomètres est-nord-est de Mostaganem; résidence d'un commissaire civil et d'un juge de paix; chef-lieu d'un cercle de la subdivision d'Orléansville.

Aujourd'hui encore, ainsi qu'elle l'était dans l'antiquité, alors qu'on l'appelait *Cartennæ* (les Cartennes), Tenès consiste en deux villes très-distinctes, la ville française et la ville arabe, qui est peu importante. Cette dernière s'élève sur un promontoire d'une surface très-inégale qu'enveloppe l'Oued Allela.

La ville française, qui représente l'ancienne cité romaine, s'élève sur un plateau de forme régulière, que la nature semble avoir préparé tout exprès, parce qu'il devint l'emplacement d'une ville. C'est un rectangle d'environ 700 mètres sur 400, élevé de 45 à 50 mètres au-dessus de la mer. Vers le Nord, il tombe sur l'étroit rivage où bat le flot du large par une pente escarpée, au pied de laquelle se trouve, comme à Dellîs, un petit groupe d'habitations appelé aussi *la Marine*; à l'est, du sommet de ses flancs abruptes, on plonge sur la vallée de l'Ouêd Allêla, toute couverte de jardins et de prairies et sur un vaste amphithéâtre de montagnes, cadre sévère aux deux extrémités, qui se termine, à gauche, par l'énorme masse grise du cap Tenès; à droite, par une dépression où se montre la ville arabe avec sa mosquée blanche. A l'ouest, s'étend une plaine seulement un peu plus basse que le plateau; mais, au midi, les pentes par lesquelles il se raccorde aux montagnes dont il est le dernier appui, montent jusqu'aux sommets qui, à deux kilomètres de là, portent un télégraphe élevé de 409 mètres. C'est de ce côté qu'on entre à Tènes, en venant de l'intérieur, en sortant d'une gorge profonde par laquelle l'Ouêd Allêla s'est ouvert un passage pour aller à la mer.

L'hôpital, les casernes et la direction du port sont les principales constructions de Tenès.

Cette ville fait un grand commerce de grains, et il existe sur son territoire des mines de cuivre, dont l'exploitation finira par être l'une de ses richesses principales.

Du reste Tenès a, dans sa position, les gages certains d'une prospérité infaillible, fatale; ses destinées sont intimement liées à celles d'Orléansville, dont elle est le complément nécessaire, indispensable, et Orléansville, situé à égale distance d'Alger et d'Oran, en dehors de toute concurrence possible de l'une et de l'autre de ces deux villes, est appelé à devenir l'entrepôt d'une région entière, dont les produits ne sauraient avoir d'autre débouché extérieur que Tenès. Ceci, qui est déjà très-vrai, le sera encore lorsqu'on aura exécuté la grande voie ferrée des parties occidentales du Tell, et surtout lorsque Tenès, relié à Orléansville par un chemin de fer, verra un beau port remplacer le seul mouillage qu'elle ait pour les navires, une méchante rade devant laquelle passent très-souvent les courriers, sans pouvoir s'y arrêter. — 2,600 habitants.

L'ancien Tenès fut, au moyen-âge, la capitale d'un petit royaume que Khraïr Ed Din détruisit en 1518.

La route d'Orléanville à Tenès est jalonnée par un village, *Mentenotte* (nommé par les Arabes A'ïn *Defla*, la source du Nérion), situé sur l'Ouèd Allèla, qui est à 6 kilomètres de Tenès, et par différentes habitations qui ne tarderont pas à devenir autant de centres de populations.

Le *Camp des Chasseurs*, à 13 kil. de Tenès;
Les *Cinq Palmiers*..... à 25 » »
Les *Trois Palmiers*..... à 32 » »
A'ïn *Beid'a*............ à 38 » »

Localités du Sah'el

On appelle *Sah'el* de petits massifs de collines plus ou moins étendus et voisins de la côte.

Celui dont nous parlons ici a dû aussi à ses formes arrêtées et compactes le nom de *Massif d'Alger*. Placé entre la mer et la grande plaine de la Mtîdja, il s'étend de l'Oued-Nador, au pied du Chenoua jusqu'à l'H'arrach, ayant à l'ouest la forme d'une levée que le Mâzaffran a coupé de part en part pour aller à la mer, tandis qu'à l'est il se développe et s'étend de manière à former tout un réseau de crêtes, de plateaux, de vallées et de vallons couverts de grandes cultures et de broussailles, d'arbres et d'habitations groupées ou isolées.

C'est sur le fleuve nord de ce massif qu'est assise la jeune capitale de l'Algérie, autour de laquelle s'élèvent, dans la plaine ou sur les plateaux, comme autant de dépendances immédiates :

Husseïn Dey, où sont les vastes magasins de l'entrepôt des tabacs de la province, qui se voient parfaitement d'Alger ;

La Maison Carrée (en arabe *Bordj el H'arrach*) où l'on passe l'Harrach sur un pont turc restauré et agrandi, et que domine le grand édifice qui lui a donné son nom, ancien fort devenu un pénitencier pour les condamnés indigènes ;

K'oubba, que couronnent les constructions inachevées du grand séminaire, et à 2,000 mètres duquel s'élève, près de l'H'arrach, la belle papeterie fondée en 1853 ;

Bîr-Madraïs (le puits du repos du capitaine) et *Bîr-Khradem* (le puits de la Négresse), deux villages qui, par leur disposition pittoresque, leur brillante végétation et leurs belles fontaines, rappellent les plus jolis villages de France ;

Déli-Ibrahim, sur l'un des points culminants de la crête centrale du massif.

Cheraga, connu par ses cultures d'arbustes odoriférants et par une imitation des fromages de la Brie, supérieure à ses modèles.

Guyotville, sur l'un des caps (Râs el K'nâteur) les plus remarquables du massif et où se voient des monuments gaulois fort intéressants.

Puis, dans un rayon plus éloigné :

Staouéli, sur la route de K'oléa', célèbre par son couvent de la Trappe, d'où dépendent de vastes et belles cultures ;

Sidi Ferruch, ou plutôt *Sidi Feredj*, village voisin pe la presqu'île où se fit, le 14 juin 1830, le débarquement de l'armée française qui s'empara d'Alger, événement consacré par une inscription sur marbre blanc placée dans le mur du nouveau fort que vient d'y élever le génie.

Zéradla, aussi sur la route de K'oléa, et où l'administration des forêts a formé un établissement digne d'être visité.

Ouled Faïed, *Saint-Ferdinand*, *Maelma*, *Sainte-Amélie*, où ont été trouvées quelques ruines romaines curieuses, *Draria*, avec ses carrières de pierres *Saoula*, *Baba-H'assan*, *Crescia*, autant de centres d'une culture active qu'alimente un débouché assuré sur Alger.

Mais les deux principales localités du Sah'el d'Alger sont Douéra et K'oléa.

Douéra (*la petite maison*), sur la route occidentale d'Alger à Blida; c'est une jolie petite ville toute agricole, et l'entrepôt des contrées voisines. Sa principale rue, plantée d'arbres, et qui n'est, du reste, qu'une partie de la route d'Alger, a presque tous les agréments d'une promenade très-animée. On peut facilement voir en la parcourant tout ce que Douéra a de remarquable, son église, l'ancien camp et les bâtiments d'un moulin à vapeur assez important. — 1,050 habitants.

A 23 kilomètres sud-ouest d'Alger.

K'oléa', plus importante comme population, l'est moins comme mouvement parce qu'elle se trouve en dehors des grandes lignes de communication. Elle s'élève sur un plateau qui domine toute la Mtîdja, à quelque distance du Mâzafran, dans un des plus beaux sites de la province.

On y remarque l'ancien camp et la mosquée de Sidi Embarek, marabout célèbre, qui lui a valu d'être regardée par les musulmans comme la *ville sainte* de l'Algérie centrale, comme une petite Mekke. — 2,200 habitants.

A 37 kilomètres sud-ouest d'Alger et à 22 kilomètres au nord de Blida.

Les environs de K'oléa' sont fort beaux et la colonisation s'y développe chaque jour de plus en plus; elle s'y est solidement installée du côté de la mer, sur quatre points où sourdent de belles eaux, à Douaouda, à 4 kilom. sur la route d'Alger, à Fouka, où l'on a trouvé des vestiges romains de *Casae Calventi*, de l'itinéraire d'Antonin; à Castiglione, composé de deux parties appelées Bou Ismaël et Tefchoun, dans une situation charmante.

C'est à 20 kilomètres de K'oléa', vers le couchant,

que se trouve, sur le même plateau, le fameux monument connu sous le nom de *Tombeau de la Chrétienne*, traduction de deux mots arabes, *K'oubr er Roumiia*, presque identiques à une expression libyenne qui signifiait *tombe royale*, et, en effet, ce vaste mausolée était le tombeau commun de la famille royale de Mauritanie, ainsi que nous l'apprend l'écrivain latin, Pomponius Mela.

Localités de la Mtîdja.

La Mtîdja est divisée naturellement en trois parties très-distinctes :

La partie orientale, limitée par l'H'arrach et l'Oued-Bou-Merdès ;

La partie centrale, entre l'H'arrach et la Chiffa ;

La partie occidentale, qui s'étend de la Chiffa aux montagnes des Beni-Mnaseur, jusqu'à Marengo.

C'est dans la partie orientale que se trouvent Rovigo, l'Arbâ, le Fondouk, les villages et hameaux de Rivet. Bou-H'amedi, la Maison-Blanche, du Fort-de-l'Eau, sur le bord de la baie d'Alger, auprès d'un fort turc qui lui a donné son nom ; Rouïba, la Rer'aïa, l'Alma (Bou-Douaou), admirablement placé comme lieu d'étape sur la route de la Grande-K'ebaïlie ; la grande ferme de l'Oued-Corso, etc.

Ce territoire est occupé en outre par les Khrachna et les Beni-Mousa.

Blida et Boufarik sont les deux têtes de la partie centrale où l'on voit de plus les villages de Joinville, Montpensier, Dalmatie, espèces de faubourgs de la première de ces deux villes ; Beni-Mered, Souma', Bou-Inan, Chebli, Bir-Touta (appelé aussi le Quatrième Blockhaus), les Quatre-Chemins, l'Oued-l'Allègue.

Sa population indigène forme la tribu des Beni-Khrelil.

Quant à la troisième partie, où la colonisation est bien moins avancée que les deux autres, elle n'est, pour ainsi dire, occupée que sur tout son pourtour, de sorte que les H'adjout, qui en ont conservé le centre, sont à la veille de se voir complétement enveloppés par les établissements européens, dont le plus important est Marengo. Il faut ensuite mentionner le village de la Chiffa, à 8 kilomètres de Blida, au-delà du pont sur lequel on traverse la rivière qui lui a donné son nom, puis Mouzaïaville, près duquel se trouve l'emplacement de l'ancienne *Tanara amusa* (à El H'adjeb), où se tient aujourd'hui le grand marché du Sebt, et qu'embellit une fort jolie église, élevée en 1856; Bou-Roumi, l'Afroun, Ameur-el-A'ïn; Tipasa, village naissant au milieu des ruines d'une des principales villes maritimes de la Mauritanie Césarienne, la *Tipasa* occidentale.

Les trois parties de la Mtidja ne paraissent pas appelées à avoir de grands rapports l'une avec l'autre; Blîda et Boufarik centralisent à peu près toutes les forces de la partie moyenne; à l'est, aucune localité ne semble devoir jouer le même rôle; à l'ouest, Marengo ne peut y aspirer que pour une partie du territoire seulement, et encore est-ce à cette condition qu'elle aura un port à Tipasa.

Mais il est un point vers lequel tous les intérêts de la Mtîdja doivent converger, et vers lequel ils convergent en effet : ce point est Alger. La disposition des routes qui de là vont aboutir aux dernières limites de la plaine, l'indiquent suffisamment; on dirait d'un immense éventail dont toutes les branches sont en définitive réunies par cette longue voie de communication qui, sous le nom de Route du pied de l'Atlas, traverse la chaîne indiscontinue de villes et de villages placés à la base des montagnes : Marengo, Ameur-el-A'ïn, l'Afroun, le Bou-Roumi, Mouzaïaville, la Chiffa, Blida, Dalmatie, Souma', Bou-Inan, Rovigo, l'Arba', Rivet, le Fondouk.

BLIDA (en arabe *la petite ville*), sur les pentes douces d'un renflement du sol appartenant à la base des montagnes voisines, à l'entrée de la profonde vallée de l'Oued Sidi el Kebir dont elle borde le large ravin, et à 6 kilomètres de la Chiffa, que l'on passe sur un long pont de bois.

Ainsi que la plupart des villes de l'Algérie, Blîda est un mélange de constructions arabes et françaises, au milieu desquelles celle-ci dominent par leur importance et leur développement.

On y remarque les casernes, l'hôpital, l'hôtel de la sous-préfecture, le lavoir public, la place d'armes plantée d'arbres, environnée de trois côtés de maisons à arcades, tandis que sur le quatrième se trouve une mosquée qui sert momentanément d'église; puis le nouveau théâtre, élevé au milieu d'une petite place jadis couverte d'orangers, mais qui n'en a conservé qu'une partie; le marché européen, le nouveau jardin public, placé en dehors de nos murs, ainsi que des minoteries qui seraient admirées même en France.

Blîda est le chef-lieu de la division d'Alger, la résidence du Général commandant et celle d'un Sous-Préfet, le siége d'un Tribunal de première instance

Le haras impérial de Koléa' y a été transporté.

Cette ville est depuis longtemps célèbre par la

salubrité de son climat, la pureté de ses eaux, la beauté de son territoire qui s'accroît tous les jours. On y voit surtout de nombreuses orangeries, dont les produits, joints à des grains, des farines, des bestiaux, du plâtre, etc., sont l'objet d'un commerce important. — 9,000 habitants.

Blida ne répond à aucune position romaine, les eaux auxquelles elle doit son développement, sa prospérité, n'ayant été découvertes qu'à une époque comparativement récente. Mais c'est ici que s'élevaient au dixième siècle les deux petites villes de Mtidja et de Kazrouna. En 1825, Blida fut renversée par un affreux tremblement de terre, et les habitants se décidèrent à l'abandonner pour aller s'établir un peu plus loin, en un lieu où ils construisirent une vaste enceinte quadrangulaire que l'on voit encore; ce projet irréfléchi, conçu dans un premier moment d'effroi, n'eut pas de suite.

A 48 kilomètres d'Alger, au sud-ouest et à 22 au sud-est de Koléa.

Trois villages qui, par leur disposition, rappellent en ces temps si tranquilles les perplexités de la guerre, s'élèvent en avant de Blida, au nord, comme autant d'avant-postes :

Joinville, qui en est à 6 kilomètres, sur la berge de la rive gauche de l'ancien lit de l'Oued-el-Kebir;

Montpensier, à 2 kilomètres, près de la route d'Alger.

Dalmatie, à 4 kilomètres au nord-est.

BOUFARIK, petite ville au milieu des vastes plaines de la Mtidja, sur la route d'Alger à Blida, à 55 kilomètres d'Alger, au Sud-Ouest. Boufarik, bâti peu à peu, à l'abri du camp d'Erlon, dans un lieu découvert, rempli de marais, mais où se tenait un marché très-fréquenté, est aujourd'hui perdu au milieu de ses vastes plantations d'arbres. C'est le plus beau centre de colonisation de l'Algérie. On y remarque la grande place, l'église, l'orphelinat installé dans l'ancien camp; un caravanserail transformé aujourd'hui en caserne de gendarmerie, et qu'enveloppe le vaste emplacement où se tient chaque lundi ce grand marché, l'un des plus forts de la province ; on évalue à 12 ou 15 millions de francs le chiffre des affaires qui s'y traitent annuellement.

Cette ville très-riche sous le rapport agricole est devenue l'entrepôt de tout le centre de la Mtîdja. — 4,000 habitants.

Entre Boufarik et Blida sur la route, on traverse le village de Beni Mered, où se voit le bel obélisque élevé à la mémoire de 22 soldats du 26e de ligne, commandés par le sergent Blandan, qui y tombèrent sous les coups d'un fort parti de cavaliers arabes.

Le Fondouk, le principal village de la partie orientale de la Mtîdja. Il est placé sur les pentes d'un dernier ressaut des montagnes dont le pied est baigné par l'Ouèd Khremis, et sur la route d'Alger dans l'est, à Constantine. Peu d'endroits, dans la Mtîdja, ont un site plus agreste, une position plus charmante ; la vue, après avoir franchi son beau territoire, ne s'arrête plus qu'à la mer ou aux collines du Sah'el, sur le fond brun desquelles Alger se montre comme une tache blanche. Le Fondouk a la même origine que Boufarik, un marché et un camp dont on voit les bâtiments ruinés au sommet de la colline, audessus du bourg. — 400 habitants.

A 32 kilomètres est d'Alger.

L'Arba', commune située au fond de la Mtidja, au pied des montagnes qui la séparent des grandes plaines des Beni Sliman et des Arîb, que commande Aumale. C'est ici que passe la route qui conduit à cette ville, et près de là, coule l'Oued Djema', un affluent torrentueux de l'H'arrach.

Le territoire de l'Arba' est un pays éminemment agricole, tout couvert de fermes et de plantations au milieu desquelles se dessinent les orangeries des Beni Mousa, qui donnent de si excellents produits. Il se tient à l'Arba' un grand marché qui lui a donné son nom, appliqué d'abord à un camp à l'abri duquel fut construit le primitif village. — 2,674 habitants.

A 28 kilomètres S. S. E. d'Alger.

Rovigo, qui, ainsi que Sidi Mousa et Rivet (El Maraboutin), dépend de la commune de l'Arba', est un village qui en est à environ 8 kilomètres, en même temps qu'il est à 2,500 mètres de l'H'arrach, sur le bord duquel se trouve l'ancien camp. On y exploite une carrière de très-beau plâtre, et à 2 kilomètres de là, à l'entrée des grandes gorges de la rivière, se trouve les H'ammam Melouàn (les Bains colorés), sources thermales (40°) analogues à celles de Balaruc et de Lucques.

Rovigo est à 30 kilomètres droit au sud d'Alger.

Marengo, résidence d'un commissaire civil, est ce que l'on appellerait en France un beau et grand village, situé à l'extrémité occidentale de la plaine, de même que Le Fondouk est placé à son extrémité orientale. Il est assis au pied des montagnes du Beni Mnaseur, près de l'Oued Meurad, dont les eaux, complètement arrêtées par un fort barrage, servent à l'arrosage des terres. Ce lieu est appelé à devenir l'entrepôt des parties avoisinantes de la grande plaine, en donnant à leurs produits un écoulement facile sur Alger, par le petit port de *Tipasa*, où l'on a installé un bureau de douanes autour duquel se sont élevées quelques maisons. On compte, de Marengo à Blîda et à K'olea', 38 kilomètres; à Cherchêl, 26. — 700 habitants.

Le commissariat civil de Marengo comprend la commune de *Vesoul-Benian* et les villages d'Ameur el A'ïn, Bou Rkika et Tipasa.

Vesoul-Benian est à 22 kilomètres au S. de Marengo, sur un plateau qui domine la vallée de l'Ouêd el H'ammâm, vis-à-vis des bains thermaux de Rir'a (Hammam Rîr'a), où s'élevait la colonie romaine des *Aquæ Calidæ* (les Eaux Chaudes).

Localités de la Grande Kébaïlie.

La Grande K'ebaïlie est couverte de nombreux villages qui prennent quelquefois l'importance d'une petite ville, ce qui nous oblige à en dire quelques mots, après avoir décrit les deux premiers points où l'occupation française s'est installée pour assurer sa récente conquête, *Fort Napoléon* et *Dra' el Mizan*.

La première pierre du *Fort Napoléon* a été posée par M. le maréchal Randon, pendant la dernière expédition de K'ebaïlie, le 14 juin 1857, anniversaire du débarquement de l'armée française en Algérie. Il est placé au centre du pays des Beni Iraten, sur un plateau élevé de plus de 800 mètres au-dessus de la mer, à 25 kilomètres de Tizi-Ouzzou, auquel il a été relié par une route superbe, exécutée, par les troupes, en vingt jours. Ce lieu porte, en arabe, le nom de *Souk'el Arba'*, d'un grand marché qui s'y tient le mercredi. L'activité coloniale y a pris de suite un tel développement, qu'on y comptait déjà, au mois de janvier 1858, plus de 67 maisons. Sa position centrale, si importante au point de vue militaire, lui promet d'ailleurs un grand avenir.

Au S.-S -O. de Tizzi Ouzzou et à 25 kilomètres du gué de l'Isseur, sur la route de Dellis, est le nouveau poste de *Dra el Mizân* (en arabe, le contrefort de la Balance), dans la vallée de l'Ouêd Tamdir'ât. Il a été élevé pour surveiller la K'ebaïlie occidentale. — 70 habitants.

Kouko, village des Beni Itourar', situé à 18 kilomètres droit à l'E.-S.-E. de Fort Napoléon, sur une montagne escarpée, entre deux affluents de l'Ouêd Sebao. Kouk'o eut jadis une grande importance politique; en 1730, il était encore le chef-lieu des Zouaoua, et, au seizième siècle, c'est par ce nom que Marmol désigne toutes les tribus djerdjériennes. On n'y comptait cependant alors que 1,600 habitants, qui, en dehors de la culture de leurs beaux et riches jardins, fabriquaient les meilleures toiles de Barbarie. J'ai quelques raisons de croire que Kouko représente la *Turaphilum* romaine.

Djema' Sah'aridj (*la mosquée du bassin*), village des Beni Fraousen, dans une vallée affluente à celle de l'Ouêd Sebao, avec des sources abondantes. C'est la *Bida Colonia* des Romains.

A 10 kilomètres E.-N.-E. de Fort Napoléon.

A'it Lh'assen est une petite ville, la plus grande de toute la Kebaïlie, bâtie avec soin, et comptant 4 ou 5,000 habitants, renommés dans tout le pays comme fabricants d'armes et de bijoux, et exerçant aussi l'honorable profession d'*ouk'af*, recéleurs.

A'it el Arba' moins étendu qu'Aït Lh'assen, joignait avant l'expédition dernière, à la fabrication des armes celle de la fausse monnaie.

Aït el Arba' est peu éloigné de Aït Lh'assen, lequel se trouve aussi chez les Beni-Ienni, au pied des plus hautes cîmes de Djerdjera, à 10 kilomètres au sud de Fort Napoléon.

Zeffoun, village maritime situé à peu près au milieu de la côte, entre Bougie et Dellis, qui en est à 50 kilomètres ; il est assis sur les flancs du cap Corbelin, à l'abri duquel se trouve un petit port assez bon, au milieu des ruines de la colonie romaine de *Rusazus*.

Localités de la Région Montagneuse intérieure.

La colonisation n'a pas encore pris autant de développement dans cette région que dans le voisinage de la côte.

Ses quatre principaux centres, en même temps chefs-lieux d'autant de subdivisions, sont : Aumale, Media, Miliana et Orléansville.

Aumale, chef-lieu de subdivision, sortie des ruines mêmes de l'ancienne *Auzia*, dont l'enceinte avait reçu des Arabes le nom de *Sour el R'ozlân*, le fort des Gazelles.

Elle est dans une profonde vallée, entre le Dîra et les montagnes de l'Ouannour'a, à la tête de l'Oued

Sah'el, qui y porte le nom d'*Oued el Kah'al*, la rivière Noire.

Cette ville n'a encore d'importance qu'au point de vue militaire. Elle est l'une des trois positions principales qui enserrent la K'ebaïlie du Djerdjéra. — 1,500 habitants. A 112 kilomètres S.-S.-E. d'Alger.

D'Aumale dépendent le Bordj Bouira (*le fort du petit puits*) et le Bordj des Beni Mans'our, deux postes installés dans la grande et belle vallée de l'Ouêd Sah'el, afin d'en faciliter le parcours et de préparer les voies à la colonisation.

Le Bordj Bouira, qui représente l'ancienne ville arabe de H'amza, est situé à 35 kilomètres au N.-N.-E. d'Aumale, au pied du Djerdjera et sur un plateau qui domine la rive gauche de la rivière.

Le Bordj du Beni Mans'our est à 40 kilomètres plus bas, sur la rive droite du fleuve, près de son confluent avec l'Ouêd Mah'rir.

Media (*Mediœ* ou *ad Medias*), chef-lieu de subdivision, érigé en commune depuis 1854, résidence d'un juge de paix.

Elle est bâtie sur un mamelon qui s'incline au midi en pente douce, tandis qu'il est très-escarpé au nord et à l'ouest, face sur laquelle se développe le verdoyant ravin de l'Ouêd Baroura. La partie la plus haute était occupée jadis par la citadelle ou k'asba, sur l'emplacement de laquelle s'élèvent les casernes et l'hôpital qui dominent toute la ville.

L'ancien Media a à peu près disparu au milieu des constructions qui s'y sont élevées de toutes parts, et dont plusieurs ne dépareraient pas une cité française. Trois minarets sont les seuls témoignages de son ancienne importance, celui d'une de ses mosquées, transformée en église, et dans lequel on a placé l'horloge ; celui de la mosquée laissée aux indigènes ; et celui, enfin, que le génie a compris dans son enceinte pour en faire comme le poste d'observation de la vallée. Elle n'offre, d'ailleurs, de remarquable qu'une jolie place plantée d'arbres et ornée d'une fontaine, puis un ancien aqueduc, dont on attribue la construction au Sultan marokain Iousef Ben Tachefin (1155-56 de notre ère) ; vis-à-vis de la ville, au sud, se développe un spacieux plateau sablonneux appelé, par les Arabes, Msalla, et auquel on a donné le nom d'un officier de zouaves, Ouzaneaux, qui y fut tué.

Media doit à sa grande élévation (940 mètres), une végétation qui n'a rien d'africain et qui est, au contraire, toute européenne ; les ormes, entre autres, y sont très-nombreux. Ses environs, d'ailleurs charmants, sont couverts de vignobles qui donnent des vins déjà renommés en Algérie, et dont la qualité s'accroit tous les jours.

C'est le principal entrepôt des laines, des bestiaux et des grains de la subdivision. — 6,800 habitants.

Cette ville représente l'ancienne station romaine de *Mediæ* ou *ad Medias*, ainsi appelée de ce qu'elle était à égale distance entre *Tirinadi*, (Berouàguîa) et *Sufasar* (A'moura), sur le Chelef. Elle était, avant l'occupation française, le chef-lieu du Titri, Beylik, qui comprenait tout ce qui, dans la province actuelle d'Alger, ne dépendait pas de la circonscription immédiate de la capitale de la régence. Son occupation définitive remonte au 17 mai 1840.

Deux villages ont été élevés, en 1848, près de

Media, *Damiette*, qui en est à 3 kilomètres au sud, dans une position extrèmement agreste, et *Lodi*, à 4 kilomètres au nord. Dix kilomètres plus loin, toujours au nord, au pied des pentes boisées du Djebel-Mouzaïa, se trouve le bel établissement métallurgique de *Mouzaïa-les-Mines*.

Bor'ar (*La Grotte*, en arabe) est le chef-lieu d'un cercle qui relève de Media. C'est une belle redoute bâtie sur la pente rapide des parties supérieures d'une montagne qui forme à l'ouest l'entrée de la vallée du Chelef, dont elle commande les abords, à 900 mètres au-dessus de la mer. Cette grande élévation lui donne de tous côtés d'admirables vues, au nord sur tout le Tell medien, au midi sur les vastes steppes que le regard franchit pour s'arrêter seulement à 80 kilomètres de là. Aussi l'a-t-on surnommé avec quelque raison le *Balcon du Sud*.

Bor'ar se compose de deux parties distinctes, la redoute, qui est la plus importante, et le village. La redoute renferme tous les bâtiments d'administration, un hôpital, une caserne, un pavillon d'officiers, la manutention, la maison du commandant supérieur, celle du génie ; au-dessus de son enceinte, sur le plateau, se trouve le bureau arabe, et au-dessous une pépinière qui est une promenade charmante ; le village en est voisin; on n'y compte encore qu'environ 400 habitants.

A 70 kilomètres sud 1/4 sud-ouest de Media par la nouvelle route.

Au pied de Bor'ar, sur l'autre rive du Chelef, est le *K's'ar Boukhrari*, village fortifié, fondé en 1829 par quelques marchands originaires de Lar'ouât, circonstance à laquelle il doit son aspect tout s'ah'arien ; un indigène appartenant à la famille de Sidi el Boukhrari s'associa à leur création, qui reçut alors le nom du Marabout. Le K's'ar est placé à 200 mètres au-dessus de la vallée du fleuve, au bord d'un plateau rocheux, à la base duquel s'élève un caravansérail de construction française, devant lequel se tient tout les lundis un marché important. Ce lieu est devenu naturellement le centre des affaires qui se font entre cette partie du Tell est le S'ah'ara.

A'MOURA, terme de la première grande section du chemin de fer d'Alger à Oran, est le site futur d'un centre de population qui deviendra en peu de temps l'une des principales villes de la province. C'est un beau plateau, élevé d'une vingtaine de mètres au-dessus de la rive gauche du Chelef, qui y reçoit les eaux de l'Ouîd H'arbîl. On y voit les restes d'un ancien bordj turc et les débris épars de l'antique ville romaine de *Sufasar*. A'moura est à 24 kilomètres de Medîa et à 33 de Miliana.

MILIANA (l'ancienne *Malliana*), chef-lieu de subdivision, résidence d'un Commissaire civil ; ville placée dans une très-belle position, sur un plateau que forme le flanc Sud du Zakkar, et d'où la vue plonge dans un double ravin d'une admirable beauté ; des sources abondantes traversent la ville et descendent ensuite bruyamment vers la plaine pour aller au Chelef.

La pépinière, plusieurs rues plantées d'arbres, le jardin du Cercle, l'hôpital, les casernes et les magasins des subsistances, sont ce que l'on y voit de plus remarquable. C'est dans la grande mosquée de Miliana que se trouve le tombeau de Sidi Ah'med ben Ious'ef, l'un des marabouts les plus célèbres du Mar'reb, fameux par ses dictons sur les villes de l'Algérie les plus connues.

La beauté du territoire de Miliana, l'abondance de ses eaux, la richesse de la région à laquelle elle commande, en font une ville éminemment agricole, où l'on verra peut-être se développer une active industrie métallurgique, si les gisements de fer et de cuivre des environs rendent ce qu'ils semblent promettre. Malheureusement la position peu favorable de la ville pour les communications s'opposera peut-être toujours à ce qu'elle prenne plus d'importance, mais son climat pur et sain, ses charmants jardins en feront toujours une très-agréable résidence. 5,200 habitants. Elle est à 70 kilomètres ouest-sud-ouest de Blîda, et 118 sud-ouest d'Alger.

Plusieurs villages européens s'élèvent çà et là au pied du beau site de Miliana :

Affreville, à l'entrée de la vallée de l'Oued-Boutan, à 6 kilomètres de la ville, où l'on arrive par deux magnifiques routes en lacets, sur un petit plateau qui domine le camp de l'Oued-Boutan, vaste enceinte quadrangulaire située au bord de la grande plaine du Chelef, et qu'ombragent de longues et nombreuses lignes de peupliers d'Italie.

A'ïn Sultan, la source impériale, au pied du col du Contas, par lequel on passe de la plaine du Chelef dans le bassin de la Mtidja.

L'Ouêd Reh'an, la rivière des Moulins, sur la route d'Orléansville et sur le site de l'ancienne *Azuccabar*, comptoir carthaginois, qui devint ensuite un puissant établissement romain sous le nom de *Colonia Augusta*.

La route de Miliana commence d'ailleurs, au-delà de l'Oued Reh'an, à se garnir de villages fondés tout nouvellement, *Duperré*, à l'*A'ïn Defla* des Arabes, et *Lavarande*, à 14 kilomètres du chef-lieu.

Duperré est dans une position intéressante sous plus d'un rapport; il est situé au pied de cette remarquable montagne du Djebel Douî, près du Chelef et du pont turk entièrement restauré, sur lequel on passe ce fleuve, à côté de deux fameux établissements romains, la colonie d'*Oppidum Novum* et le camp de *Tigava*, qui fut souvent le centre de grandes opérations militaires.

De Miliana dépend *Teniet el H'ad*, le col du marché du Dimanche, grande redoute, chef-lieu de cercle, qui en est à 60 kil au S.-S.-O. Elle a une pépinière, et près de là s'étendent les forêts de *cèdres*, au milieu desquelles est une source minérale ferrugineuse d'une efficacité assez prononcée.—400 habitants.

ORLÉANSVILLE (le *Castellum Tingitii* des Romains), chef-lieu de subdivision, résidence d'un Commissaire civil; création toute française, sur un sol plan qui domine la rive gauche du Chelef, que traverse un pont en bois. Elle est à l'une des extrémités de cette partie de la vallée du Chelef, qui, semblable à un détroit, réunit les deux vastes plaines, dites *Plaines du Chelef*.

Orléansville, bâtie en un lieu où l'on ne voyait jadis que des broussailles et que des eaux trop rares, est aujourd'hui, avec ses brillantes plantations et ses eaux courantes, une véritable merveille; elle prouve surabondamment tout ce que l'on peut faire sous ce double rapport en un semblable climat.

Citons parmi ses constructions qui s'accroissent

chaque jour, l'hôtel de la subdivision et un vaste bain maure perdus au milieu des arbres.

Cette ville, située au centre des communications entre Alger et Oran, ayant pour complément Tenès et le port qu'on doit y construire, est appelée d'ailleurs à un grand avenir, bien que l'on n'y compte actuellement que 12 à 1,300 habitants.

Cette ville est à 53 kilomètres au Sud de Tenès, et à 210 d'Alger.

Ce qu'on appelle *la Ferme* est un village, espèce de faubourg situé sur la rive droite du Chelef, à l'autre extrémité du pont sur lequel on passe cette rivière.

Quant au village de *Ponteba*, l'A'ïn Chellala des Arabes, fondé en 1848, il est sur la rive gauche du Chelef, comme Orléansville, mais seulement sept kilomètres plus haut. Entre Ponteba et la ville, se trouve la pépinière du gouvernement.

Localités des Steppes.

J'ai défini le K's'ar (page 47), mais je ne l'ai pas décrit.

J'ai voulu donner une idée exacte des villes européennes du Tell.

Il faut que je tâche d'indiquer avec la même précision la physionomie des villes et des villages du S'ah'ara, des K's'ours en un mot, car l'importance du lieu n'influe en rien sur le nom qui sert à le désigner.

Le K's'ar ou K's'our, appelé dans l'Est Dachera, village, est une agglomération plus ou moins considérable de maisons arabes, assez hautes pour former un rez-de-chaussée élevé, et souvent un étage supérieur, bâties en briques de terre argileuse séchées au soleil, ou en moëllons cimentés avec cette même terre et dont les rangs alignés donnent aux murailles un aspect particulier, sans autres fenêtres que quelques trous, d'assez grandes portes et une sorte de cour intérieure sur laquelle s'ouvrent les pièces habitées ; toujours une enceinte formée ou d'une muraille construite ad hoc, ou par le mur antérieur des dernières maisons ; puis, au dehors, quelques marabouts isolés et des jardins de palmiers plus ou moins vastes, tous entourés de murs décrivant une sorte de damier à cases irrégulières, constituant ici une seconde enceinte indiscontinue, redoutable défense dont la force est encore augmentée par des tours placées çà et là aux angles les plus saillants, ou bien groupés sur l'un des côtés, suivant que les moyens d'arrosage l'ont érigé. Et comme à l'exception des marabouts, murs et murailles, tours et maisons, n'ont jamais été blanchis, l'ensemble de tous les k's'ours a une couleur grise ou sombre que rend plus intense encore la verdure des palmiers, et qui est bien certainement le côté le plus saillant de leur étrange physionomie. Ajoutez, pour la compléter, une tendance générale aux formes coniques tronquées qui rappellent les profils égyptiens, mais qui n'a eu d'autre but que d'augmenter la solidité d'une maçonnerie toute primitive. Les rues, qui ne sont bien souvent que des ruelles étroites, chevauchent sur ce sol, irrégulières et fantasques, en subissant toutes les différences de niveau depuis l'horizontale jusqu'aux angles les plus extravagants, coupées de temps à autre par des voûtes plates semblables à de sombres passages. De places, il n'y en a que de petites, irrégulières aussi, avaricieusement dispensées, car la défense ne permet pas de s'étendre trop. Quant aux édifices publics, à peine peut-on citer les k'as'ba ou citadelles, les mosquées (*djema'a*), qui la plupart du temps ne se distinguent des habitations ordinaires que par un minaret aux formes obélisquales.

Enfin, et comme dernier résultat d'un état de troubles qui dure depuis plusieurs siècles, des maisons éventrées, des murs démolis, beaucoup de ruines, des moëllons amoncelés, des débris de toutes espèces.

Placez au milieu de tout cela la vie arabe du S'ah'ara avec son costume et son mouvement, et vous aurez l'image complète du k's'ar.

En 1853 et 1854, M. le maréchal Randon a fait jalonner la route de Bor'ar à Lar'ouât d'une série de caravansérails qui sont devenus d'une singulière utilité pour le voyageur.

On ne voit jusqu'à présent dans la steppe d'autres constructions que les trois premiers de ces caravansérails, ceux de Bou R'ezoul, d'A'ïn Ousera et de Guelt es St'el.

Les trois autres, aux Rochers de Sel, à A'ïn el Ibel (la source des Chameaux) et à Sidi Makhrelouf, sont situés dans le massif s'ah'arien, qui est, du reste, plus riche en groupes d'habitations.

En effet, on y trouve d'abord Djelfa, puis les k's'ours d'A'mra, près d'A'ïn el Ibel, Zak'k'ar et Moudjebara, qui en sont peu éloignés, Demmed et Msaad sur l'Oued Hamouïda, à l'extrémité sud-ouest du Bou K'ah'îl et A'moura, sur le flanc sud-est de ce même massif, enfin, entre la route de Lar'ouât et le Djebel A'mour, El Cherf, Khradra et Zenîna; tous ces k's'ours appartiennent aux Ouled Naïls de l'ouest.

Djelfa est une belle maison de commandement, élevée en quarante jours, aux mois de novembre et décembre 1852, par les ordres du général Yusuf; on y a construit depuis plusieurs maisons qui ne tarderont pas à former un grand village, et près de là un remarquable moulin à farines. Situé à une grande hauteur (1,100 mètres), au milieu d'une plaine battue par les vents du large, dans un climat froid, au-dessus des sources abondantes qui forment la tête de l'Oued Djelfa, à peu de distance de grandes forêts, Djelfa a été surnommé le Versailles de Lar'ouât; le rapprochement est exact, moins la distance et la splendeur des palais du grand roi.

Ce lieu, siége d'un bureau arabe, annexe de celui de Lar'ouât, en est à 111 kilomètres.

Quant aux k's'ours dont j'ai parlé plus haut, ces petits villages ne diffèrent en rien de tous les k's'ours s'ah'ariens.

Localités principales du S'àh'ara.

LAR'OUAT, la plus importante de toutes, est aujourd'hui le chef-lieu d'un cercle dépendant de la subdivision de Medîa. Elle s'élève sur les pentes de deux collines rocheuses et dans le vallon qui les sépare, près de l'Oued Mzi, et au milieu de vastes jardins de palmiers.

Lar'ouât, bien que formant un même tout, était jadis, en réalité, composée de deux villes distinctes, habitées par deux populations presque constamment en état de lutte et qui s'étaient créé à chacune une vie à part, les Ouled Serr'in, à l'ouest, et les H'allafs, à l'est. Son plan a conservé la fidèle empreinte de cet état politique aussi ancien que la ville.

Les maisons de Lar'ouât sont construites en briques crues argileuses, auxquelles elle devait jadis une teinte grise générale qui a à peu près entièrement disparu sous les badigeonnages à la chaux.

Du reste, depuis le jour de son occupation définitive, le 4 décembre 1852, l'aspect intérieur de Lar'ouât a été tellement modifié, que ceux qui l'ont vu alors la reconnaîtraient à peine. Aujourd'hui, elle mérite réellement le nom que lui donnent les nomades, d'*Alger du Sud, tête du S'ah'ara*, de *Fleur du Désert*.

Son enceinte, très-notablement agrandie, a été portée à plus de 2,000 mètres; de nouvelles rues y ont été percées, la plupart des autres complétement rectifiées, et un nivellement général en a rendu le parcours plus aisé. Cet espace vide, ingrat, fangeux, irrégulier, étroit, où s'élevait la maison résidence des premiers commandants supérieurs, d'abord Bain Maure et enfin bureau arabe, est devenu une vaste place rectangulaire dite place Randon, qui embellirait beaucoup de grandes villes européennes. Les deux extrémités de son grand axe sont marquées par deux bazars indigènes dont l'un, dit du Chikhr A'li, est surmonté d'une jolie coupole mauresque où est l'horloge; l'un de ses grands côtés est formé par l'élégant hôtel du commandant supérieur et par le cercle militaire; le second, par le pavillon du génie et par le bureau arabe. Ces quatre derniers édifices n'étant pas contigus, laissent la vue se perdre, par les intervalles qui les séparent, dans les profondeurs des jardins. C'est dans la partie occidentale de la ville que se trouve la Dar S'effa, la Maison des roches plates ou K'as'ba de Ben Salem, de l'ancien Khralifa qui la fit construire, vaste et grande construction où l'on a installé l'hôpital, un casernement et des magasins. Le profil extérieur de Lar'ouât, a, du reste, peu changé. A la place des deux grosses tours entre lesquelles se fit la brèche, on a élevé le fort Bouscaren, contenant une caserne d'infanterie pour 400 hommes, un pavillon d'officiers et des magasins, et la Tour Blanche, extrémité orientale de la ville, a fait place à la Tour Morand. Une rue en partie bordée d'arcades conduit de la Place Randon à la Porte d'Alger, où aboutit l'avenue percée dans les palmiers pour y faire aboutir la grande route du Nord. A côté de cette porte, est la Pépinière, ancien jardin d'essai.

Il n'y a pas de localité en Algérie où l'on ait fait, en si peu d'années (1853-1857), autant de travaux.

Au moyen de vastes barrages construits dans l'Ouêd Mzî, on a largement préparé son développement, ménagé l'extension de ses plantations, et rendu possible la culture en céréales d'une grande partie (1,000 hectares) de sa vaste et fertile plaine, restée inculte jusque là. On y a envoyé, pour l'amélioration des races s'ah'ariennes, un troupeau de mérinos qui donne de remarquables résultats. De belles prairies ont été créées à l'A'ssafia, petit k's'ar qui en est à 8 kilomètres vers l'est, et au Khrenègue Nedjîl, situé du côté opposé, les L'Arba' font labourer, au moyen de 5 norias, 300 hectares qu'ils ensemencent en grains.

Le cercle entier a d'ailleurs participé à ces améliorations, qu'on ne saurait trop louer. La route du **Mzáb**, si difficile à cause du manque d'eau, a été jalonnée par quatre vastes citernes contenant 300,000 litres d'eau chacune; un beau moulin a été construit à Djelfa, 10 norias au K's'ar el H'airân, et à 6 kilomètres des Rochers de Sel, un barrage gigantesque verse les eaux de l'Ouêd Melah' sur des terres immenses.

Lar'ouât est l'entrepôt de toutes les tribus voisines et celui d'un commerce assez considérable avec les autres localités du S'ah'ara. Première grande étape de la route de Tenboktou et des régions de l'Afrique intérieure, elle est appelée d'ailleurs à devenir, par sa position, le chef-lieu politique de l'Algérie méridionale. 4,000 habitants. A 250 kilomètres de Bor'ar, au sud, et à 440 kilomètres d'Alger, dans la même direction.

A'ïn Mad'i, petite ville située sur un mamelon, dans une plaine légèrement ondulée, à 50 kilomètres droit à l'ouest de Lar'ouât. Son enceinte, qui a la forme d'une ellipse, est une forte muraille dont les crénaux, coiffés de petits chapiteaux, sont d'un effet pittoresque. Une zône de jardins, d'une largeur de 150 mètres environ, l'enveloppe de toutes parts. Mais ces jardins, impitoyablement ravagés lors du siège célèbre qu'elle soutînt en 1838 contre A'bd el K'ader, commencent seulement à rendre moins triste ce k'sar, autour duquel tout est aride et pelé. A'ïn Mad'i doit toute son importance aux Tedjini, famille de Marabouts dont l'influence s'étend jusque dans l'Afrique centrale.

Tajemout (*la Pluie* dans le dialecte berbère des Mzâbites), k's'ar d'une centaine de maisons, sur un petit mamelon à la base duquel coule l'Ouêd Mzi.

Tajemout est à 35 kilomètres au N.-O. de Lar'ouât.

El H'aouita (*la Petite Muraille*, en arabe), k'sar de 40 à 50 maisons, à 42 kilomètres à l'O. 1/4 S.-O. de Lar'ouât, et à 20 d'A'ïn Mâd'i.

A 16 kilomètres de l'A'ssafia, sur la rive droite de l'Ouêd Mzî, est le *K's'ar el H'aïrân*, le *k's'ar des jardinets*, relevé vers les premières années de ce siècle, par le chef de Lar'ouât, Ah'med Ben Salem ; on y compte 100 à 120 maisons.

Villes du Mzab.

Les Eïbadites, que leurs doctrines signalaient à la haine fanatique des populations arabes orthodoxes, chassés du Tell au onzième siècle, à la suite de guerres acharnées, se retirèrent dans les profondeurs du Désert, aux environs d'Ouargla, mais ils n'y trouvèrent pas la paix qu'ils demandaient pour donner carrière à leurs instincts industriels et commerciaux. C'est alors qu'on les vit se choisir une retraite plus ignorée encore au milieu des vallées sinueuses et de difficile accès où se cachent les premières eaux de l'Oued Mzâb, dont ils prirent le nom. Ils y élevèrent successivement sept k's'ours, administrés chacun par une assemblée de douze notables, et soumises à l'influence supérieure du chef de la religion, appelé le Chîkhr Baba. Mais cette influence ne se fait sentir que dans les grandes questions de principe et d'intérêt général. Hors de là, les djema's agissent sans contrôle pour tout ce qui touche aux intérêts particuliers des villes et à leurs rapports entre elles.

En venant du nord, la première des villes du Mzâb que l'on rencontre est *Berrian* (le lieu abondant en eau), lequel est à 128 kilomètres au sud-est de Lar'ouàt; c'est un groupe de 400 maisons, sur une pente douce, au flanc de la vallée de l'Ouêd el Bir.

A 36 kilomètres au sud de Berrian s'élève R'ARDÈIA, la capitale de l'oasis, ayant auprès d'elle, et à l'orient, sur les deux rives de l'Ouêd M'zâb, les quatre autres villes : Mellika, la *royale*, la ville sainte du Mzâb; Bou Noura, la *lumineuse;* Beni Isguen, les gens du milieu; El A't'euf, la *courbure*.

R'ARDÈIA est une ville d'au moins 10 à 12,000 âmes, qui dispose d'environ 3,000 fusils. Bâtie au pied des hauteurs qui dominent le flanc sud de la vallée de l'Ouêd Mzâb, elle a six portes percées dans une enceinte en pierres et en briques crues de 3 mètres de hauteur, sur 1 mètre 20 centimètres à 1 mètre 50 centimètres d'épaisseur. De distance en distance, des tours pouvant renfermer 30 combattants, flanquent le pied des murs. Les rues sont bien percées, assez larges et les maisons en bon état. On y compte six mosquées, dont l'une est fort grande. L'industrie et le commerce y sont d'une certaine importance. Une plaine, sur laquelle s'ouvre la porte du sud, est le lieu où se tiennent les marchés et où se réunissent les Arabes du dehors. Au nord, dans la vallée, se trouvent les jardins de palmiers et de nombreux champs d'orge, arrosés les uns et les autres par des puits quelquefois très-profonds.

Mellîka est à un kilomètre de R'ârdëïa, sur un rocher de la rive gauche de l'Ouêd.

A 600 mètres, au sud, s'élève *Beni Isguen*, la rivale de R'ârdêia, dont elle contrebalançait la supériorité par l'homogénéité de sa population. Elle est bâtie en amphithéâtre, sur une croupe abrupte, placé au confluent des vallées de l'Ouêd Mzâb et de l'Ouêd Ntîssa.

Bou Noura, sur un mamelon isolé, à 600 mètres en aval de Beni Isguen, n'est point en aussi bon état que les autres k's'ours; elle porte les traces profondes des dissensions intestines qui ensanglantaient jadis le Mzâb.

El A't'euf est à 6 kilomètres au-dessous de Bou Noura, sur les hauteurs de la rive droite. On y compte environ 300 maisons. Elle doit, par le bon état de ses constructions et la force de sa population, d'être placée après R'ârdêia et Beni Isguen.

Enfin, à l'est (65 kilomètres) de Berrian et du groupe principal, mais dépendant encore de l'oasis, se voit *El Guerâra*, le *gîte d'étape*, assise sur un rocher arrondi qui occupe le flanc nord d'une vallée plate presque circulaire, où s'étendent de grands jardins de palmiers. Sa population doit s'élever à 5 ou 6,000 âmes.

Les villes du Mzâb diffèrent notablement des autres k's'ours du S'ah'ara, et ont, d'ailleurs, toutes à peu près le même caractère. Bâties en amphithéâtre sur des croupes plus ou moins raides, elles affectent la forme d'une pyramide, dont le sommet est occupé par la mosquée que surmonte un minaret élancé. Leurs rues sont nombreuses, bien percées et assez larges; une police sévère y entretient une propreté remarquable. Les maisons sont à terrases soutenues par des arcades qui s'ouvrent au dehors, et qui, étagées les unes au-dessus des autres, donnent aux villes l'aspect d'une série de ruches qu'habitent des populations denses et laborieuses. Leurs jardins de palmiers, quelquefois très-vastes, et leurs champs sont arrosés au moyen de puits plus ou moins profonds, dans lesquels de puissants barrages en maçonnerie jettent les eaux des grandes pluies, ce qui n'arrive malheusement presque toujours qu'à plusieurs années de distance.

Les Chaa'nba.

Au delà des Beni Mzâb, il y a encore quelques lieux habités, tels que Metlili et El Goléa', appartenant aux Chaa'nba, tribu arabe qui, par sa merveilleuse connaissance des solitudes s'ah'ariennes, son audace et son courage, a tenu en échec pendant de longues années les puissantes populations touarègues.

Les Chaa'nba sont divisés en trois fractions : les Chaa'nba Bou Rouba, qui campent sous Ouargla, les Chaa'nba Berazga, auxquels apppartient Metlili, et les Chaa'nba el Mad'i, les maîtres d'El Goléa'.

Metlili, est un k's'ar peu éloigné du Mzâb, sa distance sur R'ârdèia étant de 34 kilomètres au sud. Il est bâti sur un mamelon détaché du flanc est de l'Ouêd Metlili, dont les crêtes le dominent de toutes parts, au milieu de vastes jardins de palmiers, qu'arrosent des puits nombreux peu profonds. On y compte 150 à 200 maisons, la plupart en mauvais état, et au-dessus desquelles se dresse la mosquée qui rappelle par sa forme et ses dimensions les cheminées de nos usines.

El Goléa' est une petite ville d'une centaine de feux et de 6 à 700 âmes de population, située sur une éminence au pied de laquelle s'étendent de beaux jardins, plantés de palmiers, de grenadiers, de vignes et de figuiers ; l'eau y est abondante. De même que dans l'Est, R'edamès est un point de relâche pour arriver aux oasis du Fezzan et à R'ât, chez les Touarêg, de même dans l'Ouest, El Goléa' est une des grandes étapes par lesquelles on arrive aux oasis du Touât et à Tenboktou. Il y a de Metlili à El Goléa' 200 kilomètres, direction sud-sud-ouest.

Province d'Oran.

Situation.—La province d'Oran embrasse toute la partie occidentale de l'Algérie.

Elle a : au *Nord*, la mer ;
à l'*Est*, la province d'Alger ;
au *Sud*, le grand S'ah'ara ;
à l'*Ouest*, l'empire de Marok.

Étendue. — Sa longueur est de 700 kilom.
Sa largeur moyenne de 325.
Sa superficie de 20,500,000 hect.

Dont :
3,650,000 pour le Tell ;
5,850,000 pour les Steppes ;
11,000,000 pour le reste du S'ah'ara ;

Sa population est de 515,000 âmes,
   Dont :
387,000 dans le Tell,
128,000 dans les Steppes.
La population du S'ah'ara est à peu près nulle.

Le nombre des colons européens est de 52,000 ; le reste se compose d'indigènes, Arabes et K'ebaïls.

Grands caractères physiques. — Le Tell de la province d'Oran, a beaucoup de rapports avec celui de la province d'Alger; on voit que ce sont les deux parties d'un même tout plein d'unité. Seulement, si le premier a en superficie plus d'étendue, il n'a pas toujours la même profondeur; celle-ci, qui est pendant longtemps de 125 kilomètres, n'est plus que de 85 dans l'Ouest, sur la ligne qui réunit l'embouchure de la Tafna au flanc sud de la vallée de Sebdou. Mais l'un et l'autre sont formés d'une zone maritime qui borde toute la côte et d'une région montagneuse intérieure embrassant le reste du pays jusqu'aux steppes.

La zône maritime de la province d'Oran se compose comme celle de la province d'Alger de vastes plaines aboutissant quelquefois à la mer, et qui d'autrefois en sont séparées ; de plateaux bas et légèrement ondulés, et de petits massifs montagneux resserrés entre ces mêmes plaines et le rivage.

Cet ensemble de dépressions et de parties surélevées se succèdent de l'est à l'ouest dans l'ordre suivant :

Il y a d'abord, à l'est, le Dahra, sorte d'angle aigu,

ouvert à l'orient, ayant pour côtés la Méditerranée et le Chelef ; puis au delà du Chelef, à gauche, le plateau de Mostaganem, à droite, la vaste plaine inférieure du Chelef, séparés l'un de l'autre par la Mîna, qui ainsi que l'Ilîl, un de ses affluents, donne son nom à une partie de ces grandes surfaces planes. Au plateau de Mostaganem et aux plaines de la Mîna et de l'Ilîl, succèdent les plaines de l'H'abra et du Sig, lesquelles ont pour limite, à l'ouest, ce que nous appellerons plus particulièrement le plateau des Colonies ou plateau d'Arzeu, d'où l'on descend dans les plaines qui enveloppent la sebkhra d'Oran : la plaine d'Oran, la plaine du Tlelat, ainsi nommée d'une petite rivière qui l'arrose, la plaine de Mleta, les plaines de Sour'aï et du Rio Salado. Ce vaste bassin est couvert sur tout son côté nord-ouest par le petit massif des monts R'amra, auquel nous appliquerons la dénomination plus saisissable de massif d'Oran, puisque cette ville est placée à son extrémité nord-est, réseau de petites vallées, de plateaux boisés, auquel appartient la fertile plaine dite de l'H'eufra ou des Andalous. Du Rio Salado à la frontière du Marok, s'étend un soulèvement auquel sa forme allongée, sa situation entre la mer et le lit de deux rivières qui semblent n'en faire qu'une, donnent beaucoup de ressemblance avec le Dahra. Il est coupé en deux par la Tafna ; la partie orientale a pour centre A'ïn Temouchent, placé au milieu de ses terres les plus fertiles, celles de la plaine de Zîdour. La partie occidentale ayant pour rempart austral la chaîne dont les points culminants sont le Toumaï et le Filaousen (*la montagne au Kermès* en berbère), montre sur la mer deux sommets remarquables, le Zendal (640 mètres), qui doit à sa forme d'être appelé le *Pain de sucre*, et le Tadjera (930 mètres), auquel son sommet plat, ressemblant à un épais cône tronqué, a fait donner, au contraire, le nom de *Montagne carrée*.

Dans la zône maritime de la province d'Oran, rien ne rappelle le puissant massif de la grande K'ebaïlie, rien non plus n'y représente la vaste Mtidja d'Alger, mais elle en a plus que l'équivalent dans les grandes plaines du Chelef, de la Mîna et de l'Ilîl, dans le plateau de Mostaganem, partout couvert d'une épaisse couche de sable où les figuiers et les vignes viennent à l'envie, dans les puissantes terres de l'H'abra, du Sig, du Tlelat, de l'H'eufra et de la Mleta. Il est vrai que la zône maritime algérienne n'a rien d'aussi mauvais que le plateau des Colonies, que la plaine d'Oran, où les eaux sont rares et trop souvent mauvaises; mais ce qu'elle n'a pas, c'est cette prédisposition toute particulière des parties centrales et orientales de la zône oranaise pour la culture du coton, prédisposition due à la présence d'une certaine quantité de sel dans tous les terrains qui s'étendent d'A'ïn Temouchent à l'extrémité des plaines du Chelef, à l'Ouêd Rîhou, région que l'on pourrait fort bien désigner sous le nom de *région salifère*. La présence de ce minéral y est attestée d'une manière considérable par les vastes dépôts des salines d'Arzeu et des A'k'erma, par ceux de la plupart des sources des montagnes qui dominent la Mleta au sud-est, par les efflorescences épaisses dont se couvrent le lit de plusieurs rivières, telles que l'Oued Maleh' qui gâte les eaux de la Mina, par le goût fortement saumâtre qui a valu son nom au Rio Salado, par le sel que l'on retire de la sebkhra d'Oran, par la mine de sel gemme d'A'ïn Temouchent.

La surface de ces terrains salifères, peut être de 700,000 hectares, dont 300,000 sont propices à la culture du coton. L'Algérie n'a rien de pareil ailleurs.

La zône maritime de la province d'Oran a bien dans son extrême partie orientale une largeur de 50 à 60 kilomètres, mais sur tout le reste de son développement, elle n'en a plus en moyenne que de 30 à 32.

La région montagneuse intérieure a, dans ce sens, une étendue presque toujours au moins triple, puisqu'elle est de 90 kilomètres.

Sa partie septentrionale est traversée d'un bout à l'autre par une série de longues plaines contiguës aux massifs de la zône maritime, ou qui en sont séparés par des chaînes, comme celle derrière laquelle se cache Maskara, le *Châreb er Rîh'*, la lèvre du vent. Ces plaines se succèdent ainsi, en marchant de l'est vers l'ouest : la plaine de R'erîs, au-dessous de Maskara, l'ancien et riche domaine de la puissante tribu des H'achems, d'où est sorti A'bd el K'ader ; les plaines de Sidi Bel Abbès et les vastes plaines de Tlemsèn, qui, au-delà de la frontière, vont finir bien loin dans le Marok. Ces plaines ont une grande importance pour la région intérieure de la province d'Oran, dont elles constituent pour ainsi dire le pays de grande production agricole. Leur superficie est d'environ 500,000 hectares.

Les steppes de la province d'Oran sont, de toutes les steppes algériennes, celles qui présentent à un plus haut degré les caractères si remarquables propres à cette grande région physique, l'étendue et l'aspect général. Le massif ou bourrelet s'ah'arien, qui partout en altère à peine la physionomie générale, y est moins développé que dans les deux autres provinces, tandis qu'au contraire les Chot't's, devenus au centre et à l'est de simples accidents, y occupent une surface considérable ; ainsi, le Chot't' de l'Est, joint à la partie du Chot't' de l'Ouest, appartenant à l'Algérie, embrassent en superficie plus de 225,000 hectares. La hauteur au-dessus de la mer de ces steppes oranaises leur valut, dans l'origine, la dénomination très-juste, mais pas assez complète, de *Hauts-Plateaux*. Elle est, en effet, très-prononcée, puisque les Chot't's, leur partie la plus basse, sont toujours à environ 1,000 mètres.

Quant à la portion du S'ah'ara qui dépend de la province d'Oran, c'est un pays de sables et de roches arides tellement inhabitable, qu'aucune population n'est venue s'y fixer d'une manière permanente. Ce qu'elle offre de particulier, ce sont les *daïas*, mares sèches, où viennent aboutir la plupart des ravins que parcourent les eaux des pluies lorsqu'il y pleut. Quelques-uns de ces lits, presque toujours desséchés, tels que l'Ouêd Seggueur et l'Ouêd Zargoun, offrent momentanément une précieuse ressource en herbages aux tribus qui viennent y camper au printemps.

Les daïas doivent leur origine à une large ligne de hautes dunes de sable, derrière laquelle se trouve le Touât, et qui, partant de là, passent à quatre jours au sud de Ouargla, pour aller finir vis à vis de Neft'a, enveloppant tout le sud de l'Algérie, dont elles sont la vraie *limite naturelle*.

Hydrographie. — La province d'Oran ne possède que l'extrême partie inférieure du cours du Chelef, sur une étendue d'à peu près 100 kilomètres ; mais elle a le cours entier de la Mîna, de l'Ouêd Rihou et de la Djediouïa, ses affluents, puis aussi le cours entier de toutes les autres rivières qui arrosent la région occidentale du Tell algérien, l'Ouêd el H'ammam et ses tributaires, l'Ouêd Tarìa, l'Ouêd Houenet et l'Ouêd Melr'îr; l'Ouêd Mekerra ou Sîg, la rivière de Sidi Bel Abbès, la Tafna et l'Isseur de l'ouest, son affluent, grossies, la première par les belles eaux des Beni Snous, par la Mouilah (*la Saumâtre*), par les torrents qui descendent du massif du Tadjera, par le Soufenirof, l'Ouêd Barbata, l'Ouêd Zîtoun, etc. ; la deuxième, par la S'afs'af ou S'ik'k'ak' (la rivière de Tlemsên), l'Ouêd A'miïeur, l'Ouêd Chouli et l'Ouêd Tellout.

Mais si le Tell ne manque pas d'eau, il ne faut pas prendre au sérieux les longues lignes tracées sur la carte des Steppes et du S'ah'ara; excepté dans le massif des k's'ours, où elles indiquent des courants de quelque étendue, et souvent assez volumineux, partout ailleurs elles représentent des rivières et des ruisseaux qui n'existent pas, où les pluies et les orages jettent des eaux qui ne sauraient y rester ; mais en creusant à une petite profondeur, on trouve presque toujours de l'eau dans les bas-fonds indiqués par ces lignes, et dont le tracé est dès lors justifié.

Remarques générales. — Le Tell de la province d'Oran ne le cède en rien aux deux autres, ni sous le rapport de la fertilité, ni sous le rapport des eaux. Il a même, toute proportion gardée, plus de bois ; les chiffres le prouvent d'une manière irréfutable. Sa superficie est de 3,650,000 hectares, et les forêts en occupent plus de 460,000, si ce n'est 500,000, soit un *septième*. Cette proportion reste la même dans le Tell constantinien, mais c'est à cette condition qu'on en excluera pas les steppes centrales, généralement privées d'arbres, car si on le fait, le rapport n'est plus que du *huitième*. Quant aux bois du Tell de la province d'Alger, ils n'en occupent tout au plus qu'un *quinzième*.

Les rivières les plus considérables de l'Algérie, courent à travers le Tell des deux provinces d'Alger et de Constantine; mais, en définitive, elles n'ont rien de supérieur, comme volume et comme permanence, au bas Chelef, à la Mina, à l'H'abra, au Sig, à la Tafna et à l'Isseur occidental.

Pourquoi donc le Tell oranais, ou comme l'on dit ordinairement, la province d'Oran, a-t-elle une réputation si opposée à celle qu'elle devrait avoir d'après ce qui précède. Je vais le dire.

Jusqu'à présent, le plus grand nombre des voyageurs n'ont abordé la province d'Oran qu'à Oran, c'est-à-dire par celui de ses points qui se présente de la manière la moins favorable: des montagnes rocheuses et pelées, une vaste plaine toute nue, sans arbres et sans eau, brûlée par le soleil, parsemée de fonds salés qui ont quelque chose des steppes s'ah'ariennes, couverte sur de grandes surfaces de palmiers nains qui donnent au paysage une teinte sombre, une tristesse indicible, toutes choses que le voisinage d'une ville considérable, que les efforts infatigables des colons finiront par modifier complétement, mais qui ne sont encore que trop sensibles.

Et on n'a pas cherché à voir ce qu'il y avait au-delà de cette nature ingrate et rebelle; quelques individus seulement sont allés admirer les paysages du massif tlemsénien, des territoires de Nedroma, de Sidi Bel Abbès, de Maskara et de Saïda, les belles forêts de Daïa, le splendide amphithéâtre que domine Frenda, les aspects variés des vallées de la rivière de Nemours, de l'Ouêd Chouli, de l'Ouêd Rihou, de la Mîna, la riche campagne des environs de Mostaganem, et les sites agrestes de son plateau; le joli bassin de Mazouna, les sites charmants du saut de la Mîna, près de Tiharet et des cascades de Loured, à 4 kilomètres de Tlemsên, etc., etc.

On a cru le plus grand nombre, et on s'est trompé.

Puis le plus grand nombre continuant à regarder sans chercher à se rendre compte, est allé parcourir les rivages des provinces d'Alger et de Constantine, se confirmant dans son idée première qu'on ne saurait les assimiler avec la province d'Oran, parce qu'ils n'avaient trouvé ici rien d'équivalent aux positions de Cherchêl, d'Alger, de Dellis, de Bougie, de Bône, de la Cale, ni même les paysages moins beaux de Tenès, de Djijelli ou de Stora.

L'étendue des terres cultivées par les Européens est de 105,500 hectares; celles des indigènes en ont une de 620,103.

La superficie des forêts est évalué à 414,291 hectares (1).

Les routes impériales ont, dans la province d'Oran, un développement total de 950 kilomètres : les routes stratégiques, un parcours de 500 kilomètres; les routes provinciales, un de 260; les chemins vicinaux, un de 500, total : 2,210; mais, en définitive, il n'y en a que 1,400 de réellement praticables en tout temps, routes impériales ou chemins vicinaux.

(1) Nous avons de bonnes raisons pour dire que ce chiffre peut être porté, au moins, à 460,000 hectares, si ce n'est 500,000.

Division politique. — La province d'Oran se compose, comme celle d'Alger, d'un *département* et d'une *division.*

Département d'Oran.

Le département d'Oran comprend :

1° Un territoire appelé de son centre politique *Territoire civil d'Oran*, qui s'étend le long de la côte, de l'embouchure de la Mak't'a' à la ferme des Andalous, ayant pour limite au midi une ligne partant de ce dernier endroit, enveloppant Mserr'în, Valmy, Sainte-Barbe du Tlélat, la saline d'Arzeu, d'où elle va finir à la Mak't'a' ;

2° Le territoire civil de Mostaganem, qui constitue la plus grande partie de l'arrondissement, dont cette ville est le chef-lieu ;

3° Les territoires civils bien moins étendus de Maskara, l'Ouèd el H'ammam, Saint-Denis du Sig, Ar'bal, Sidi Bel Abbès et Tlemsèn, épars comme autant d'îles au milieu des territoires militaires.

La superficie de tous les territoires civils formant le département d'Oran peut-être d'environ 200,000 hectares.

Au 11 janvier 1857, leur population totale était de 86,511 individus (1), sur lesquels on comptait :

50,729 Européens,
35,782 indigènes.

(1) Non compris la population en bloc (hôpitaux, collèges, institutions laïques et religieuses, etc.), qui était de 1201.

La population européenne comptait 12,290 ménages comprenant 47,251 individus.

Elle se décomposait ainsi dans ses principaux éléments :

Garçons, 15,523 ; filles, 11,665 ; individus mariés, 17,783 ; veufs et veuves, 2,279. — Catholiques, 46,053 ; Protestants, 981. — Français, 24,979 ; Espagnols, 17,965 ; Italiens, 1,590 ; Maltais, 94 ; Allemands, 1,967 ; Suisses, 128.

La population urbaine se composait 29,717 individus ; la population rurale agricole, de 16,104 ; la population rurale industrielle, de 1,430 ; la population européenne agglomérée, de 41,374 individus ; la population européenne éparse, de 4,877.

La population indigène agglomérée s'élevait au chiffre de 33,988, et la population indigène, éparse, à 403.

Administrativement parlant, les territoires civils de la province d'Oran forment deux arrondissements, celui d'Oran, administré directement par le préfet, et duquel relèvent les commissariats civils de Saint-Denis du Sîg et de Tlemsên, la commune de Sidi Bel Abbès ; celui de Mostaganem, qui a dans son ressort le commissariat civil de Maskara.

ORGANISATION COMMUNALE DU DÉPARTEMENT D'ORAN

AU 1ᵉʳ JANVIER 1857.

ARRONDISSEMENT D'ORAN.

Communes constituées.—Sections de communes (1).

ORAN	Khrengentah' et la banlieue d'Oran.	3.898	»
	Mers el Kebîr.	1.392	8
	La Senia.	613	8
	A'ïn Turk.	504	16
	Bou Sfeur.	149	17
FLEURUS	H'asi ben Ok'ba.	194	19
	H'asi A'meur.	193	17
	H'asi Bou Nif.	186	14
ST-LOUIS	H'asi ben Fereah'.	178	23
SIDI-CHAMI	Arcole		5
	H'asi el Biod'.	173	12
	L'Etoile.		10
VALMY	Mangin.	182	15
MSERR'IN	Bou Tlelis.	553	30
	Lourmel.	»	42
SAINTE-BARBE DU TLÉLAT	Sidi Bel Khreïr.	»	30
		»	
ARZEU	Damesme.	149	37
	Saint-Leu.	679	38
	Mouléï Maagoun.		34

(1) Voir la note de la page 328.

SAINT-CLOUD	Kléber	242	29
	Mefessour	247	28
	Sainte-Léonie	257	31
	Christel		21
ST-DENIS DU SÎG.	Union du Sîg	»	55
MASKARA	Saint-André	283	98
	Saint-Hippolyte	63	99
SIDI BEL ABBÈS	Sidi Brahim	119	72
	Frenda	204	90
	Sidi Lah'sen	428	88
	Le Rocher	48	76
TLEMSÈN	Sidi Bou Medîn	177	3
	Mans'oura	128	118
	Négrier	123	110
	S'afs'af	70	114
	Bréa	239	174
	L'H'anaïa	128	140

ARRONDISSEMENT DE MOSTAGANEM.

MOSTAGANEM	Mostaganem	8.517	86
	Khrarouba	28	90
	Mazagran	853	82
	Ouréa	45	77
A'ÏN TEDLÉS	A'ïn Tedlès	399	96
	Sour Kel Mîtou	193	100
	Pont du Chelef	268	96
PÉLISSIER	Pélissier (Les Libérés)	230	80
	H'asi Tounîn	190	84
	A'ïn Bou Dînar	180	88
	Vallée des Jardins		3
RIVOLI	Rivoli	422	70
	A'ïn Nouïsi	263	78
	La Stidîa	436	62
ABOUK'IR	Abouk'ir	213	79
	A'ïn Si Cherif	199	77
	Bled Touarîa	336	90

Division d'Oran.

La division d'Oran comprend tout ce qui dans la province est placé en dehors des territoires civils, c'est-à-dire 3,650,000 hectares.

Elle a été partagée en 5 subdivisions: Oran, Mostaganem, Tlemsên, Sidi Bel Abbès et Maskara, dont j'ai indiqué les différents cercles à la page 249. Voici quelle était le chiffre de la population indigène des tribus en 1856 :

Oran.	42,582
Mostaganem	164,954
Tlemsên.............	69,810
Sidi Bel Abbès.......	38,563
Maskara.............	201,293
Total.....	517,202

Auxquels il faut ajouter 3,478 Européens (non compris une population en bloc de 179 ', et 1,391 indigènes dans les mêmes conditions qu'eux.

La population indigène se décompose ainsi : hommes, 161,469; femmes, 164,626; enfants, 191,107; cavaliers, 24,657 ; fantassins, 52,900 ; Arabes, 436,588 ; Berbères ou K'ebaïls, 80,624.

Les principales localités de la division sont : Mazouna, Sidi Bel A'sel, Relizane, Zamora, K'ala', El Bordj, Nemours, Nedroma, La Mar'nîa, Sebdou, Daïa, Sa'ida, Frenda, Tîharet, Ouizert, A'ïn Bel Khrelil, Géryville, Sidi Bou Zid, Taouiala, El R'îcha, Brizina, R'asoul, les deux Arba', L'Abiad', Bou Semr'oun, Tiout, les deux Mor'ar, Ain S'fis'ifa.

TELL

Localités du rivage maritime.

ORAN, le chef-lieu de la Province, est même temps la résidence du **Général de Division**, commandant supérieur et celle du **Préfet**; le siége d'un Tribunal de première instance, d'un Tribunal de commerce et d'une Chambre Consultative d'Agriculture. Elle est assise au bord de la mer, au pied de la montagne de Santa-Cruz, sur les deux flancs du profond ravin auquel elle doit son nom, et sur le vaste plateau qui partout le domine à l'orient.

Les Espagnols ont possédé Oran pendant deux siècles et demi (1505-1791), et y ont laissé de nombreuses traces de leur séjour. C'est à cela qu'elle doit d'être si peu arabe et d'avoir au contraire presque exclusivement l'aspect européen. Elle est en général assez bien percée et assez bien bâtie.

Ses édifices les plus remarquables sont, à l'Est du ravin : le Château-Neuf, au-dessous duquel se dessine la promenade de Létang, d'où l'on a une vue superbe ; la grande mosquée, avec son joli minaret octogonal, l'hopital civil, le Quartier des Chasseurs dans le faubourg de Kerguentah (1), le fort Saint-Philippe, le fort Saint-André et le fort Sainte-Thérèse ; à l'Ouest du ravin, les vastes magasins de l'administration de la guerre, au bord de la mer; la préfec-

(1) Voir à la fin du volume, la note de la page 385.

ture, l'hôpital militaire, voisin de l'église Saint-Louis, dont le clocher se marie à l'ensemble de ce vaste édifice ; la k'asbah ou vieux château, et les forts Saint-Grégoire et Santa-Cruz.

Oran a un assez grand nombre d'usines, mais elle est, comme entrepôt de la province, ville essentiellement commerciale. On en exporte des grains, des laines, des peaux, des tabacs et des bestiaux. — 22,000 âmes, dont 6,500 indigènes.

Oran a un petit port de commerce de construction récente, mais les gros navires, les bâtiments de l'Etat et les bateaux à vapeur s'arrêtent à **Mers el Kebir**, le *Portus Magnus* des Romains, petite ville qui, à 8 kilomètres de là, s'élève à l'extrémité d'une pointe rocheuse, sous les murs d'une forteresse que termine le phare. Ce grand port est profond et très-sûr. Mers el Kebir est relié à Oran par une belle route en partie taillée dans les rochers du rivage. — 1,600 habitants.

Mostaganem, ville bâtie sur un plateau assez élevé que coupe le beau ravin d'Aïn Seufra (la source jaune), qui la divise en deux parties ; chef-lieu de subdivision, sous-préfecture. Sur la principale place, toute formée de maisons à arcades, se trouve l'église, dont le clocher est remarquable. Il faut y voir encore l'hôpital militaire, la mairie, le Quartier de cavalerie, la grande maison bâtie par l'agha Si l'Aribi, le jardin public et le ravin. Mostagânem est toujours gaie et remplie de mouvement, ce qu'elle doit à ses nombreuses relations avec l'extérieur. On en exporte beaucoup de grains, de laine, de peaux, de raisins et de figues, bien que l'absence de tout mouillage pour les navires nuise beaucoup à son commerce.

—6,500 habitants. A 80 kilomètres d'Oran E.-N.-E. par Arzeu et la nouvelle route. En arrière, à l'Est, s'étend la belle vallée des Jardins; le haras se trouve sur la route de Mazagran.

MAZAGRAN, à 4 kilomètres au sud de Mostaganem, sur la route d'Oran, est bâti en amphithéâtre dans la partie supérieure des pentes du plateau, en vue de la mer qu'il domine au loin, au-dessus d'un riche territoire abondamment arrosé. Ce village, avec sa jolie église, près de laquelle se dresse la colonne commémorative du fait d'armes de février 1839, avec son beau lavoir, où des eaux superbes coulent à l'ombre d'arbres touffus, est bien certainement un des plus charmants endroits de l'Algérie. Il y a de grandes cultures maraîchères et de riches vergers, qui, les uns et les autres, alimentent Mostaganem. 853 habitants.

ARZEU, ou plutôt *Arzeou* (1), ville située sur la côte orientale d'un petit massif montagneux, dont le soulèvement a déterminé, du même coup, la formation du golfe auquel elle donne un nom, et celle du golfe d'Oran, en même temps qu'un jeu de la nature, une pointe rocheuse projetée à travers les flots, créait, sur ce point, un des meilleurs ports de la côte algérienne, qui en a si peu. Mais, quelque soient les avantages de ce port, il est assez remarquable que toute installation, pour y être vivace, progressive, étendue, n'y est possible qu'à cette

(1) Je ne sais pourquoi les documents officiels écrivent toujours ce mot ainsi: *Arzew*, orthographe anglaise, bizarre, grotesque et tout à fait inintelligible pour des oreilles françaises ; la forme *Arzeu* n'est pas très-bonne, mais elle est au moins acceptable.

condition, d'être dans un rayon étendu, unique, ou du moins de n'y avoir que des voisins impuissants. L'histoire de quinze siècles est là pour le démontrer d'une manière positive. Jadis, les Romains élevèrent en ce lieu le double établissement, auquel ils appliquèrent le nom, si vrai pour eux, de *Portus divini*, les ports divins ; alors aussi, le *Portus magnus* (Oran) et *Murustaga* (Mostaganem) n'avaient qu'une médiocre importance, et dès qu'ils en prirent une plus grande, sous les Arabes et les Turks, Arzeu ne fut plus rien, quelque ait été la grandeur des exportations qui s'y firent à certaines époques, sous la pression de circonstances décisives. Les efforts persévérants de l'administration française n'ont fait que confirmer cette loi singulière. Simple poste militaire pendant plusieurs années, elle commence en 1837 à prendre assez de développement pour justifier, enfin, une ordonnance royale du 12 août 1845, qui y crée une ville de 1,500 à 2,000 âmes, avec un territoire de 1,800 hectares, dont le développement d'abord assez rapide, s'arrête ensuite peu à peu jusqu'à mourir; Oran et Mostaganem ne cessaient de grandir. Afin de ranimer ce corps sans âme, les décrets de 1848 y jettent toute une colonie nouvelle, essai aussi infructueux que le précédent, puisque encore aujourd'hui, les rues solitaires de cette ville étrange, ne sont la plupart formées que de maisons désertes ou inachevées. Et cependant il y a tout à l'entour de sérieux éléments d'activité, sept colonies agricoles, parmi lesquelles figure Saint-Cloud; la vaste saline d'Arzeu, qui donne au commerce, chaque année, plusieurs millions de kilogrammes de sel; les belles plaines du Sig, où se sont installées les plus riches cultures; mais Oran et Mostaganem sont là. D'un autre côté, le gouvernement ne s'est pas lassé ; le 4 mars 1850, il a fait d'Arzeu le chef-lieu d'un commissairiat civil, qu'on a été obligé de supprimer le 31 décembre 1856 ; il y a toujours maintenu une petite garnison ; un décret du 30 août 1854 y a autorisé la création d'une madrague ; et les travaux des ponts-et-chaussées lui ont donné récemment d'abondants moyens d'arrosage, à défaut d'eaux potables, très-rares sur ce point de la côte. Avec tout cela, la pauvre ville n'a encore que 1,200 habitants. Nous pensons que le plus sûr moyen de la tirer de cette atonie fatale, serait d'en faire, au moyen d'un chemin de fer à une voie, l'annexe de Mostaganem, dont elle n'est qu'à 45 kilomètres, et où toute création maritime sera l'objet d'énormes dépenses sans résultats décisifs. — Du reste, Arzeu, vu de la mer, est loin de se montrer ce qu'il est, et l'œil s'arrête même avec complaisance sur l'église et sur la belle place qui l'entoure. Oran en est à 37 kilomètres.

Nemours, appelé aussi par son nom arabe *Djama'a R'azaouât*, le nid des pirates ; ville située dans l'angle sud-est d'une petite baie sur laquelle vient s'ouvrir une longue et belle vallée qui lui amène les eaux d'un assez vaste bassin. Elle est dominée au sud par des roches abruptes sur lesquelles court son mur de défense, et à l'est, par un gros morne appelé *montagne de Touent*, dont le sommet porte les ruines du village des anciens écumeurs de mer. Nemours est resté jusqu'en 1855 ce qu'il était dans l'origine, une vraie *plancheville*, composée de baraques en bois d'un aspect assez misérable, qui ont depuis fait place à de solides maisons de pierre, disposées en rues et en places régulièrement percées. Cette transformation s'exécutait en même temps que son territoire, complétement alloti, était livré aux colons et allait offrir de nouveaux éléments à un commerce de grains devenu, depuis plusieurs années, assez considérable et auquel sont venus s'ajouter les produits des mines de plomb argentifère de R'âr Roubban et des Ma'azîz; malheureusement son mouillage n'est pas toujours d'un facile accès. C'est encore en 1855 qu'a été créée sa jolie pépinière, et on cherche à la mettre en rapport avec Tlemsên, par une route plus courte et plus facile que celle qui passe par la Mar'nia; la distance serait alors de 65 kilomètres au lieu de 90; on en compte 150 jusqu'à Oran, par mer.

A 42 kilomètres de Nemours, se trouve l'embouchure de la Tafna, vis-à-vis de laquelle s'élève l'*île de Rachgoun*, presque entièrement formée d'une masse de pouzzolane qui a été activement exploitée pour les constructions hydrauliques du port d'Oran. Sa superficie est de 1,600 hectares. On y a installé un poste de douane.

Localités de la zône maritime.

Ces localités forment deux groupes importants, ayant pour centre Oran et Mostaganem, et qui, la plupart, ont été fondées en suite du décret du 19 septembre 1848, ou bien elles sont échelonnées sur les routes principales, de manière à y représenter autant de gîtes d'étapes.

Je ne citerai que les plus intéressantes, en les rattachant aux petites régions naturelles auxquelles elles appartiennent.

Dans le Dahra :

MAZOUNA (l'ancienne *Massazena Regia* ?), petite ville de 2,500 à 3,000 âmes, avec une k'as'ba ou citadelle, et qui a conservé sa physionomie entièrement arabe. Elle s'élève au milieu d'un riche bassin, dont les eaux se rendent vers le Chelef, éloigné de 13 kilomètres, par l'Ouêd Ouarizan. Sa distance sur Orléansville est de 40 kilomètres, et sur Mostaganem de 180. Mazouna était sur l'une des trois grandes voies romaines qui traversaient le Dahra de part en part ; celle-ci aboutissait sur la mer au Guelta (46 kil. S.-O. de Tenès), le port d'*Arsenaria*, colonie qui a ses ruines à 4,000 mètres de là, au marabout de Sidi Bou Râs.

Sur le plateau de Mostaganem :

Quatorze villages agricoles ont répandu la vie et le mouvement dans un pays naturellement riche, mais qui avait l'aspect désert et abandonné de toutes les contrées arabes ; ils forment deux groupes, un au nord-est de Mostaganem, comprenant Sour Kel Mîtou, A'ïn Tedelès, H'asi Tounîn, A'in Bou Dinar, le Pont du Chelef ; un autre au midi, composé de Rivoli, la Stidîa, A'in Nouisi, Abouk'ir et Bled Touâria.

La plupart sont remarquables par leur installation et par un air de prospérité qui ne peut qu'augmenter.

A'in Tedelès et Sour Kel Mîtou, situés sur cette partie du bord du plateau qui forme la crête de la vallée du Chélif, sont à 20 kilomètres de Mostaganem, et à 4 kilomètres l'un de l'autre. De belles et abondantes eaux y ont développé, principalement à

Sour Kel Mìtou, une brillante végétation d'arbres de toutes espèces, surtout d'arbres fruitiers.

Le village du *Pont du Chelef* s'élève sur un petit plateau qui domine la rive droite du fleuve, à l'extrémité même du beau pont sur lequel on le passe, et dont il peut complétement empêcher l'accès.

La *Stîdia*, ou plutôt *A'ïn Sdîdia*, la source ferrugineuse, village fondé en 1846 au pied du plateau, près de la mer et sur la route d'Oran à Mostaganem, dont il est à 14 kilomètres.

En cette même année 1846, on installa sur la route du Chelef, à l'extrémité de la vallée des Jardins, un village peuplé de militaires sortant du service, et qui reçut de là le nom de *village des Libérés*, lequel vient d'être remplacé par celui du Maréchal *Pélissier*.

Rivoli, à 8 kilomètres de Mostaganem, sur la route de Maskara, est, avec la Stidia, la tête du groupe des villages du sud. Il est sur le plateau même, alors que A'in Nouisi, A'in Si Cherif, Abouk'ir, Bled Touària, placés à sa lisière, ont les horizons sans fin des vastes plaines de l'H'abra.

Dans les plaines du Chelef et de la Mina :

Sidi Bel A'sel, redoute, sur la rive gauche de la Mina, que traverse un pont en bois, système américain, à 40 kilomètres de Mostaganem, sur la route directe d'Orléansville, route si peu fréquentée, qu'il ne s'est installé sur ce point que trois ou quatre colons. Près de là, est la résidence du khralifa Si Laribi.

Relizane, ville fondée en principe par un décret du 24 janvier 1857, sur la Mina, un peu au-dessous de sa sortie des montagnes, à l'intersection de cette rivière et de la grande ligne du chemin de fer d'Alger à Oran, dans une position telle, que toutes ses conditions économiques lui promettent le plus rapide développement. On a affecté à Relizane un territoire de 4,000 hectares; ce lieu est à 55 kilomètres S.-E. 1/4 E. de Mostaganem, à 74 E.-N.-E. de Saint-Denis du Sig, à 126 d'Oran, droit à l'Est.

Dans les plaine de l'H'abra et du Sig :

Saint-Denis du Sîg, petite ville fondée par un arrêté du ministre de la guerre du 20 juin 1845, à 52 kilomètres d'Oran, vers l'E.-S.-E., sur la rive droite du Sig, et à 2 kilom. 1/2 au-dessous d'un beau et grand barrage en maçonnerie, qui, par des canaux de plus de 30,000 mètres de développement, permet d'arroser en hiver 3,200 hectares, et en été 800 hectares. Saint-Denis du Sig a la forme d'un vaste quadrilatère, divisé en îlots rectangulaires, et au centre duquel se trouve une large place plantée d'arbres, comme ses principales rues. Ce centre de population, par le développement de ses riches cultures, a pour la province d'Oran la même importance que Boufarik pour la province d'Alger. Il s'y tient chaque semaine un marché considérable, et sa position à moitié chemin de Maskara à Oran, on a fait l'un des principaux entrepôts du pays. On y a élevé plusieurs minoteries. Parmi les grands établissements agricoles créés aux environs, nous devons signaler l'*Union du Sîg,* qui en est à 3 kilomètres; c'est à l'heure qu'il est, et après treize ans d'existence à peine, l'une des plus importantes exploitations de l'Algérie. 2,119 habitants, y compris l'Union.

Dans le plateau des colonies ou plateau d'Arzeu :

Cette contrée, jadis à peu près déserte, presque entièrement couverte de palmiers nains, et dont l'ennuyeuse monotonie était à peine interrompue çà et là par quelques rares cultures, s'est couverte depuis 1848 de colonies agricoles au nombre de 18, qui en ont entièrement changé l'aspect.

Elles forment, deux groupes entre lesquels la petite ville de St-Cloud s'élève, comme pour conserver à tout l'ensemble, l'homogénéité de la pensée première.

Le premier groupe ou groupe du Nord, qui a pour centre Arzeu, se compose des colonies d'Arzeu, Saint-Leu, Damesme, Moulè Maagoung, Mefessour et Kléber, auxquelles il faut ajouter Sainte-Léonie, fondée en décembre 1846.

Le second groupe ou groupe du sud comprend :

Saint-Louis, H'asi ben Fereah', Fleurus, H'asi ben Ok'ba, Sidi A'li, H'asi Ameur, Sidi Châmi, H'asi el Biod, Mangin et Arcole.

J'ai déjà décrit Arzeu.

Saint-Leu s'élève en partie sur l'emplacement de l'établissement carthaginois, puis romain, des *Portus divini*, les ports divins, dont l'un appelé aujourd'hui *Port aux Poules*, était près de là, tandis que l'autre est représenté par le port même d'Arzeu. On voit à Saint-Leu, ainsi qu'à Btiouâ, village arabe voisin, des vestiges antiques dignes d'attention.

Saint-Cloud, la plus importante des dix-huit colonies, s'élève dans la plaine, au terme des mouvements de terrain que forme et que domine enfin le **Djebel Kahar**, cette montagne, appelée communément *montagne des Lions*, à 23 kilomètres d'Oran et à 14 d'Arzeu. Elle est le chef-lieu d'une justice depaix. Sa population fut, dans l'origine, presque entièrement composée de Parisiens, qui l'ont fortement empreinte de ce cachet d'élégance et de recherche propre aux habitants de la grande ville, et c'est par la même raison que l'on y retrouve ce qui est l'un des attributs des faubourgs de la capitale de l'Empire, une petite salle de spectacle, des guinguettes et des bals champêtres. Sa principale rue, partie de la route d'Oran, est plantée d'arbres et embellie par une fontaine richement ombragée, vis-à-vis de laquelle est un beau lavoir.

Dans la plaine d'Oran, proprement dite :

La Senia, le premier centre créé en dehors des murs d'Oran, auquel il est relié par une route de 8 kilomètres, plantée d'une double rangée d'arbres. Ses habitants s'adonnent surtout aux cultures maraîchères, et ont fait de nombreuses plantations.

Valmy, qui est situé à l'extrémité orientale de la grande Sebkhra, s'élève en un lieu bien connu dans la primitive histoire de l'occupation, sous le nom de *H'asian Msoullen*, remplacé plus tard par celui du *Figuier*, que l'usage a pour ainsi dire consacré.

Dans les plaines du nord de la Sebkhra :

Mserr'in (écrit ordinairement *Misserghin*), petite ville composée de deux parties distinctes, l'ancien village d'origine arabe et le nouveau, fondé le 25 novembre 1844. Elle est sur une hauteur, au pied des monts R'amra, à la sortie d'un ravin qui lui envoie d'abondantes eaux. Mserr'in, dut pendant longtemps tous ses éléments de vitalité à une smala de spahis et à la belle pépinière que le gouvernement avait établie sur ce point en 1842. Mais en 1851, les spahis furent transportés sur un autre point, et les bâtiments de l'ancien camp, transformés en un orphelinat auquel on céda, avec des terres assez étendues, la pépinière, à la condition toutefois de lui conserver son ancienne destination. On a installé de plus à Mserr'în, une maison de refuge dite du Bon-Pasteur et un orphelinat de jeunes filles, dans la maison du général de Montauban, dont le jardin était déjà bien connu par la beauté de ses produits. 1,107 habitants. A 15 kilomètres sud-ouest d'Oran, sur la route de Tlemsèn. Près de là (4 kilomètres), est la belle ferme de Tensalmet.

Toujours sur cette même route de Tlemsèn, au-delà de Mserr'în, se trouve le village de *Bou Tlelis*, qui en est à 15 kilomètres, et celui de *Lourmel* (Bou Rchâch ou les Trois-Puits), qui en est à 27.

Dans les plaines du Tlélat et de la Mleta :

Sainte-Barbe, appelé plus généralement le Tlélat, du nom de la petite rivière sur le bord de laquelle s'élève ce village, où se bifurquent les routes de Maskara et de Sidi bel Abbès.

A 20 kilom. S.-O. du Tlélat et à 36 d'Oran, au sud, se trouve la grande ferme d'*Ar'bal*, placée au milieu des ruines de l'ancienne *Gilva Colonia* (voy. p. 302).

Dans la plaine de l'H'eufra :

A'ïn Turk, village situé au bord de la rade du

cap Falcon, et dont l'église est placée d'une manière pittoresque. 500 habitants.

A 6 kilomètres au-delà, droit au sud-ouest, est *Bou Sfeur* (le jaune), et 7 kilomètres plus loin, à l'autre extrémité de la plaine, la ferme des Andalous, bâtie sur le site d'une ancienne ville arabe.

Dans le massif d'Aïn Temouchent :

A'ïn Temouchent (l'ancienne *Timici Colonia*), petite ville fondée en 1851, sur un plateau au pied duquel coule l'Oued Senân, et que domina pendant longtemps une redoute importante par sa situation presque à moitié route d'Oran à Tlemsên. On remarque en dehors de son enceinte, la belle maison de l'ar'a Ben R'ana et un charmant jardin public créé par un des commandants militaires. A'ïn Temouchent doit incontestablement retrouver, par sa situation, tous les avantages de l'ancienne colonie romaine. Elle est à 70 kilomètres d'Oran et à 60 de Tlemsên.

Le village d'*A'ïn K'ial*, la source des Fantômes, avec 46 habitants, est à 10 au kilomètres sud-sud-ouest d'A'ïn Temouchent et *A'ïn Takbalet*, près de laquelle sont les carrières de marbre onyx, à 20 kilomètres.

Dans le massif des T'rara :

Nedroma (l'anc. *Kalama*), petite ville dans une jolie position, au pied de la chaîne du Filaousen, à 16 kilom. de Nemours (par la vallée) et à 22 de la Mar'nîa, près de la route qui lie ces deux endroits. Elle a conservé, avec ses vieilles murailles en béton et sa k'asba toute ruinée, la physionomie particulière des cités indigènes. On y remarque une belle mosquée dominée par un haut minaret. Nedroma est essentiellement industriel. Tout le monde y fabrique, qui des haïks, qui de la poterie, qui du fil de laine. Les forgerons qui furent autrefois assez nombreux, ne sont plus que trois. Au contraire, on y compte quarante-sept potiers qui ont quatre fours. De là sortent ces grandes marmites en terre rouge (guedra) que l'on emploie dans tout l'Ouest, des *tagîne,* sorte de grands plats creux, des pots de toutes formes. Il y a en outre, à Nedroma, deux tanneries, deux tourneurs qui font en bois de laurier rose, des dévidoirs et des chaises, puis un fabricant de belr'a, ou chaussures arabes en cuir jaune. Quant aux h'aïks, ils occupent tout le reste de la population. Le marché de Nedroma est un des plus considérables de la province. 2,500 habitants.

Localités de la région montagneuse intérieure.

Ammi Mousa, redoute, chef-lieu d'un cercle de la subdivision de Mostaganem, dont il est à 110 kilomètres à l'est. Elle couvre un monticule détaché du flanc ouest de la vallée de l'Ouêd Rîhou, à la base duquel se sont déjà installés une centaine de colons. On y a construit un joli bain maure et un dépôt d'étalons. Sur la route de Mostaganem, à 40 kilomètres d'Ammi Mousa, s'élève le village de Zamora, auprès d'une riche maison de commandement dont les jardins sont fort beaux. Zamora est au pied de pittoresques montagnes couvertes de forêts de sumacs, et dont l'un des sommets porte la K'oubba élevée à la mémoire du général Moustafa ben Ismael. Le développement que prend Zamora paraît avoir fait laisser momentanément de côté la création du poste de *Dar Sidi Ben A'bdallah*, qui devait s'élever à 10 kilom. de là, sur les bords de l'Ouêd Djediouïa, au milieu de la puissante tribu des Flîta.

MASKARA, chef-lieu de subdivision, résidence d'un commissaire civil, est à 96 kilom. S.-E. 1{1/4}S. d'Oran, et à 74 au sud de Mostaganem, par El Bordj, à 80 par El H'ammam.

A la hauteur de Maskara, la chaîne littorale du Tell prend le nom de Chareb er Rih', la *Lèvre du Vent*, de ce que les brumes de l'hiver et les brises du Nord n'y arrivent qu'après avoir franchi ces crêtes qui cachent les horizons de la mer ; au sud, elle forme un plateau dont les pentes tombent sur la vaste et belle plaine de R'erîs. C'est au bord de cette terrasse toute verdoyante, toute coupée de ravins aux eaux fraîches, que s'élève la ville.

Avant notre arrivée, Maskara consistait en cinq parties distinctes : *Maskara*, proprement dit, entre le profond ravin de l'Ouêd Sidi Toudman et celui d'A'ïn Beid'a, l'*Argoub Ismael*, situé vis-à-vis, sur la rive droite de l'ouêd, *Bâb A'li*, près de l'Argoub : au nord, le faubourg d'*A'ïn Beid'a* et celui de *Sidi A'li Moh'ammed*, placé du côté opposé.

L'enceinte actuelle embrasse dans son circuit la ville proprement dite, l'Argoub et Sidi A'li Moh'ammed, Bâb A'li et A'in Beid'a étant restés en dehors.

Maskara est un mélange de constructions françaises bâties sur un plan régulier, et de bâtisses arabes que l'on a cherché à ramener aux alignements arrêtés, mais qui conservent sur certains points, comme à Sidi A'li Moh'ammed, leur apparence de saleté et de misère. La ville de Maskara est, du reste, bien percée, et a huit places principales. Les seuls édifices qui méritent ce nom sont les casernes et les quartiers de cavalerie, l'hôpital militaire, le nouveau bureau arabe (à l'Argoub), l'église et la grande mosquée de la place Napoléon. La petite mosquée d'A'ïn Beid'a a un élégant minaret. Le bey Moh'ammed el K'ebir, qui a laissé de si grands souvenirs dans la province d'Oran, avait un palais sur l'ancienne place du Beïlik.

L'industrie de Maskara tend à reprendre son ancienne activité. On y fabrique des beurnous noirs, dits beurnous zeurdani, qui ont conquis dans toute l'Algérie une juste renommée d'élégance et de solidité. Il s'y tient trois fois par semaine un grand marché où l'on vend des beurnous, des h'aïk's, des tapis, de la laine, des bestiaux, des chevaux. Les vins des environs ont déjà une certaine réputation.

Maskara n'était encore au xe siècle qu'une bourgade. Elle ne prit une réelle importance que sous les Turks, et fut la résidence des beys de la province jusqu'en 1791, alors que les Espagnols se virent obligés d'évacuer Oran. Dans les premiers temps de son élévation, l'émir A'bd el K'ader en avait fait sa capitale, mais il ne put s'y maintenir, et la ville, occupée une première fois en 1836, le fut définitivement le 30 mai 1841. On y compte aujourd'hui près de 8,000 âmes.

Les dépendances immédiates de Maskara sont :

Le village de *Saint-André*, qui en est à 2 kilom. vers le sud-ouest; 285 habitants.

Le village de *Saint-Hippolyte*, qui est à 3 kilom. au nord ; 63 habitants.

Les dépendances plus éloignées :

Le village de l'*Ouêd el H'ammam*, sur la rivière de ce nom, étape de la route d'Oran, entre Saint-Denis du Sig et Maskara, dont il est à 29 kilom. au nord-est ; 186 habitants.

Ouïsert, poste magasin, sur une colline au pied de laquelle coule l'Ouêd Taria, à 38 kilom. au sud-sud-ouest de Maskara.

Kachrou, oasis d'arbres touffus dans la vaste plaine de R'ris, berceau de l'émir A'bd el K'ader, à 22 kilom. est-sud-est de Maskara.

El Bordj et *El Kala'a*, deux petites villes arabes, la première à une vingtaine de kilomètres de Maskara au N.-E. 1\4 E., et l'autre à 8 kilom. plus au nord. El Kala'a, située dans une vallée profonde, à la tête des eaux de l'Ouêd Ilil, est le centre d'une active fabrication de tissus de laine, et surtout de tapis à longue laine très connus.

SIDI-BEL ABBÈS, jolie ville toute neuve, élevée en 1849, dans un lieu où l'on ne voyait autrefois que des broussailles solitaires, dominées par la koubba de Sidi bel Abbès. Elle est dans une vaste plaine sur la rive droite de la Mekerra, nom du cours supérieur du Sig. On l'a divisée en ville militaire e ville civile; celle-ci est bien percée et bien bâtie, ainsi que l'autre, où l'on voit déjà de grandes et belles constructions : un vaste quartier de cavalerie, une caserne d'infanterie, les bâtiments du génie et ceux des subsistances militaires, la résidence du commandant supérieur, le cercle militaire, etc.; 3,100 habitants. — A 82 kilomètres sud d'Oran.

Sidi bel Abbès semble appelé par sa position, par la grandeur du bassin auquel elle commande, par la facilité des communications avec les régions voisines, à devenir l'un des principaux centres agricoles de la province. Le développement qu'elle a pris n'a, du reste, pas d'autre origine ; et elle voit grandir peu à peu les petites colonies créées sur son territoire, dans un rayon de 8 à 10 kilom., à *Sidi Lh'assen*, à *Moulé A'b l' el K'ader*, à *Sidi Brahim*, à *Sidi Khraled*, sur ou près de la Mekerra, à *Frenda*, près de l'Oued Sarno, aux *Trembles*, confluent de cette rivière avec la Mekerra, à Sidi Amadouch.

Enfin, on vient de créer sur la route de Daïa, qui n'avait pas de gîte d'étape, au *Tenîra*, un centre de population de 40 feux.

Tlemsen (*Pomaria*), ville célèbre dans l'histoire, ancienne capitale d'un royaume qui, s'étendant jusqu'à la rivière de Bougie, embrassait toute la moitié occidentale de l'Algérie. Elle est assise sur un plateau, premier gradin des montagnes qui la dominent au midi, au-dessus d'une belle plaine qu'ombragent çà et là les plus vastes plantations d'oliviers qu'il y ait dans les trois provinces. La vue y est, du reste, superbe, et s'étend, sur un point, jusqu'à la mer, qui en est à 45 kilom. A l'exception de la partie centrale de la ville, qui a été entièrement reconstruite à l'européenne, la ville a presque partout conservé sa physionomie arabe.

On y remarque le Méchouar, son ancienne citadelle, dans laquelle s'élèvent aujourd'hui un bel hôpital militaire et une caserne ; la grande mosquée ;

la mosquée de Sidi Brahim, celle de Sidi Lh'assen, chef-d'œuvre fort dégradé de l'art arabe; le marabout de Sidi el Bradaï; l'hôtel du Commandant de la subdivision; l'église, les débris de ses anciennes et énormes fortifications; et, en dehors de la ville, la belle mosquée de Sidi H'aloui, celle de
le minaret de la mosquée détruite d'Agadir (partie orientale de l'ancienne ville), le grand bassin, immense réceptacle, construit primitivement, par un des rois de Tlemsên, et qui peut contenir 50,000 mètres cubes d'eau. — Tlemsên est jusqu'à présent une ville spécialement agricole; elle fait un commerce important en grains, huile, laine.—13,000 habitants. Ses environs sont charmants.

Il n'est pas probable que Tlemsên retrouve jamais la haute position politique qu'elle eut jadis; il est des grandeurs qu'il faut savoir oublier : elle a, du reste, par elle-même, assez d'avantages pour en faire facilement le sacrifice. Aussi longtemps que la question marokaine ne sera pas résolue par l'occupation de cet empire; elle conservera une importance militaire considérable, et elle a, de plus, dans la richesse de son territoire, dans la haute valeur productive des pays qui l'environnent, les bases encore plus certaines d'un avenir dont il est difficile de calculer l'étendue. Mais pour qu'elle y arrive, il est tout à fait indispensable que ses communications avec la mer soient directes, qu'on ne l'oblige pas, ainsi que cela se fait depuis seize ans, à aller chercher la mer à Oran, qui en est à 130 kilomètres, alors qu'elle n'en est éloignée que de 45. Son port a été, de tous les temps, à Rachgoun; on peut le lui rendre facilement. Quelques travaux suffiront pour rendre d'abord l'embouchure de la Tafna accessible aux caboteurs, en attendant qu'on exécute le projet de la Commission Nautique qui, au moyen d'une dépense de 6 millions, propose d'y construire un bassin de soixante hectares, c'est-à-dire assez vaste pour répondre à tout ce que peut exiger le développement probable du commerce de Tlemsên et des territoires qui en dépendent.

A 3 kilomètres vers l'Est de Tlemsên se trouve la petite ville indigène de SIDI BOU MEDINE, appelée aussi EL A'BEUD (l'*Oratoire*), où se voit la belle mosquée et la tombe du marabout célèbre qui lui a donné son nom.

Cinq villages européens placés sur une ligne semi-circulaire animent ses perspectives. Ce sont :

Le *Mans'oura*, que l'on a placé dans la partie sud de la grande enceinte élevée par Iousef el Mans'our, lorsqu'il assiégea Tlemsên durant huit années, de 1299 à 1307. Là s'élèvent aussi les restes d'une belle mosquée du même temps. Le Mans'oura est à 2 kilomètres ouest de Tlemsên.

Bréa, appelé encore quelquefois la Ferme, le premier centre créé autour de Tlemsên.

Négrier, à quelque distance du pont de la S'afs'af, sur la route de Tlemsên.

La *S'afs'af*, qui est un peu plus haut, près de la même rivière.

En avant de cette ligne de villages, à 11 kilomètres de Tlemsên, sur la route de Rachgoun et de la Mar'nîa, est l'*H'anaïa*, colonie placée au-dessus du site d'une ancienne ville arabe dont il existe encore un beau minaret et de vastes plantations d'oliviers.

Enfin, nous devons rattacher à Tlemsêm, parce qu'il en relève en effet l'établissement métallurgique de *R'âr Roubbân*, situé sur la frontière même du

Marok, à 60 kilomètres du chef-lieu de la subdivision, et à 28 de la Mar'nîa. Ses exportations de minerais de plomb argentifère et de zinc se font par Nemours.

Des différentes redoutes élevées sur la limite du Tell et du S'ah'ara, la province d'Oran en a quatre, toutes chefs-lieux de cercle: SEBDOU, DAÏA, SA'IDA, TIHARET.

SEBDOU (*La Lisière*), plus connue des Arabes sous le nom de *Tafraoua*, s'élève dans une plaine au milieu d'une vallée qu'embellissent de grands bois et dont la partie la plus basse forme au Nord de la redoute une vaste prairie appartenant à l'Etat. On n'y compte encore qu'une quinzaine de colons. Elle est à 35 kilomètres au Sud de Tlemsên.

DAÏA (*La Mare*), appelée par les Arabes SIDI BEL KHRERADJE, au milieu d'une forêt de pins et de chênes, à la tête des eaux de l'H'abra et au pied d'un piton que couronne une vigie ou poste d'observation.

Daïa n'a que huit à dix colons; il est à 71 kilomètres au Sud de Sidi Bel Abbès.

SA'ÏDA (*L'Heureuse*), sur une déclivité douce au terme de laquelle coule l'Ouêd Beni Meniârin, et que domine une colline escarpée sur laquelle s'élevait l'ancien fort. Elle est à la base des longues crêtes qui limitent vers le Nord les hauts plateaux, au milieu d'un riche pays de terres labourables et de bois, aussi y compte-t-on déjà plus de 200 habitants. Saïda a été occupé en 1844, et se trouve à 80 kilomètres au Sud de Maskara.

TIHARET (*La Station* en berbère), sur une croupe qui appartient aux dernières pentes du Djebel Guezoul, dont les crêtes boisées se montrent au Nord, entre deux ravins, dans l'un desquels sont les jardins et la pépinière. Tiharet n'est ni une redoute, ni une ville, et cependant, elle a ce double caractère; à côté de ses établissements militaires, et dans la même enceinte, s'élèvent les habitations nécessaires à une population qui est en ce moment de plus de 700 individus. Elle est située à 124 kilomètres de Maskara droit à l'Est, et occupe l'emplacement d'un établissement romain qui représente probablement l'ancienne *Tingartia*, siége d'un évêché au ve siècle de notre ère.

LALLA MAR'NIA. Elle est placée au pied sud d'une chaîne de petites montagnes séparées du massif du Filaousen par la vallée de la Mouîlah', au bord d'un plateau dont le pied est baigné par l'Ouêd Ouerdefou, dans le ravin duquel se trouvent ses jardins et les sources qui lui donnent ses meilleures eaux. Sa population, y compris celle qu'occupe la mine des Ma'azîz, est de 550 à 600 individus. A 54 kilomètres O.-N-O. de Tlemsên, et à 38 de Nemours, au Sud.

Localités des Steppes.

Nous n'avons encore à signaler que fort peu de localités dans les steppes oranaises; à l'est, Goudjîla; à l'ouest, le nouveau poste d'A'în ben Khrelîl, construit, ainsi que la maison de commandement d'El A'rîcha, en 1855; deux caravansérais élevés en 1856 sur la route de Sa'ida à Géryville, à El Maï et à l'Aîn' S'fis'ifa, et l'endroit que les Arabes appellent El Khrideur.

Goudjîla, est un k's'ar des Ouled Khrelif Cheraga, situé à 60 kilomètres est-sud-est de Tiharet.

El A'rîcha est à 30 kilomètres de Sebdou, et *A'in Bel Khrelil*, 55 kilomètres plus loin, derrière le Chot't' de l'ouest. Cette redoute, située dans une plaine, à 1,100 mètres d'altitude, a été élevée pour assurer la tranquilité d'un pays toujours assez troublé, en attendant que nous puissions occuper Figuîg, le véritable angle sud-ouest de l'Algérie.

On nomme *El Khrîdeur* plusieurs choses distinctes, mais si proches l'une de l'autre, qu'en vérité elles n'en font qu'une, des k'oubbas, deux k's'ours ruinés, un autre (Sidi Khrelifa) qui l'est en partie, des jardins pleins de désordre et de sève, des sources abondantes, le tout dans un étranglement du Chot't' de l'est, que l'on passe sur la chaussée dite de Sidi El H'adj Bou H'âs.

Localités du massif S'ah'arien.

La partie du massif s'ah'arien comprise dans la province d'Oran forme, à son extrémité orientale, ce pâté montagneux, coupé de vallées sinueuses, d'environ 700,000 hectares de superficie, appelé *Djebel A'mour*, et dont j'ai déjà parlé, pages 54-55.

Mais dans le reste de son développement, le massif S'ah'arien prend un autre aspect, et à le voir en général, on le dirait composé de longues murailles parallèles, courant invariablement vers le sud-ouest, avec l'inflexibilité d'une ligne droite, rocheuses, nues, abruptes, tantôt jaunes, tantôt rougeâtres, laissant entre elles des vallées qui ressemblent à de longs défilés.

Les différents k's'ours du massif s'ah'arien constituent quatre groupes distincts :

Les k's'ours du Djebel A'mour;
Les k's'ours des Ouled Sidi Chikhr;
Les k's'ours des H'arar et des Lar'ouât du K'sal;
Les k's'ours des H'améïan.

Groupes qui subissent à un tel degré l'influence des Ouled Sidi Chikhr, qu'ils sont communément regardés comme en faisant partie.

Jadis, le Djebel A'mour avait dix-huit à vingt k's'ours habités; mais en 1850, il n'y en avait plus que neuf d'occupés : Taouïala, Tajrouna, El R'îcha et Sidi Bou Zîd, qui ont chacun de 70 à 80 maisons, Lelmaïa, qui en a 50, Bou Alem, H'ammoüida et Anfous, qui n'en ont que 20 à 30. El R'îcha, avec ses beaux jardins parfaitement arrosés, est réellement charmant; Anfous, placé près d'une grotte où se cache une admirable source, est assis sur le fameux gada du Djebel A'mour, double plateau escarpé, où l'on n'arrive que par un sentier, et où les populations se retiraient jadis en temps de guerre avec leurs troupeaux.

Les k's'ours des Lar'ouât du K'sal, sont : R'asoul, Sidi El Hadj Bel Ahmeur et Brizîna. Stîten appartient aux H'arar; c'est sur le territoire de cette tribu que s'élève *Géryville*, le principal centre de commandement du S'ah'ara occidental, chef-lieu d'un cercle dépendant de Maskara, à 150 kilomètres au sud-est de Sa'ïda, et à 180 de Lar'ouât. La redoute est placée sur une butte, à plus de 1,300 mètres au-dessus des mers, dans un bassin d'où les premières eaux de l'Oued el Biod' s'échappent par un défilé étroit et tortueux que suit la route qui y conduit. C'est un carré long d'environ 200 mètres sur 100, dans lequel s'élève une construction principale qui comprend les casernes, le pavillon des officiers, les magasins et l'hôpital, et à côté duquel on voit l'habitation du commandant supérieur. En dehors du fort se trouvent les jardins arrosés par d'abondantes sources, et une belle maison, résidence de Si Hamza, le khralifat du sud.

Stiten fut le pivot des opérations militaires entreprises dans les régions voisines avant la fondation de Géryville, dont il est à 14 kilomètres. On y compte environ 200 maisons. *R'asoul*, qui en a 120, doit son nom à une magnésite ou pierre à savon qui est très-employée par les Arabes. *Brizîna*, à l'entrée d'une vallée, au bord même du désert, est une belle oasis de 12 à 15,000 palmiers, qui a, pour les caravanes achevant la traversée des immenses solitudes s'ah'ariennes, tout l'intérêt qu'un port de mer présente aux navires revenant d'un long voyage.

Il y a trois siècles et demi (1400-1410), un riche Tunisien, de noblesse religieuse, Si Ma'meur, descendant de l'oncle du Prophète, vint s'établir dans la vallée où s'élèvent aujourd'hui les Arbaouât, les deux l'Arba, les deux plus anciens k's'ours des Ouled Sidi Chikhr. La famille de Si Ma'meur a fini par conquérir sur tout notre S'ah'ara occidental une influence qui en a fait l'une des plus grandes familles indigènes de l'Algérie ; son chef actuel est Si Hamza, notre khralifat du sud.

A 25 kilomètres au sud des Arbaouât, au bord du désert, se trouve l'*Abiod'*, le lieu où se dresse la blanche k'oubba des Sidi Chikhr, le grand saint du pays, la Terre-Sacrée du S'ah'ara, le but de pélerinages infinis, et autour de cette k'oubba se sont installés six k's'ours qui ont tous ensemble environ 2,000 âmes.

Parmi les autres k's'ours des Ouled Sidi Chîkhr, il faut citer *Bou Semr'oun*, qui a 4 à 500 habitants, population d'origine berbère, active et industrieuse, et cultivant avec grand soin de vastes jardins de palmiers.

Les k's'ours les plus remarquables des H'améïan, sont :

Mor'ar-Tah'atania (l'*Inférieur*), tout à fait au bord du grand S'ah'ara, avec 200 maisons et 14 à 15,000 palmiers.

A'in S'fis'ifa (le *petit peuplier blanc*), avec 250 maisons.

T'iout, avec 7 ou 800 habitants, et dont les beaux palmiers embellissent un site charmant.

Le centre du pays où s'élèvent ces k's'ours est à 72 kilomètres au sud-sud-est d'Aïn Bel Khrelil.

Province de Constantine:

La province de Constantine embrasse toute la partie orientale de l'Algérie. Elle a :

Au *Nord*, la Méditerranée ;

A l'*Est*, la Tunisie ;
Au *Sud*, le grand S'ah'ara ;
A l'*Ouest*, la province d'Alger.

Etendue. — Sa superficie est de 20,050,000 hect.
  Dont :

7,350,000 pour le Tell,
2,200,000 pour les Steppes,
12,500,000 pour le S'ah'ara.

Population. — Sa population est de 1,228,000 âmes,
  Dont :

1,052,000 dans le Tell ;
  176,000 dans le S'ah'ara.
Le chiffre des colons européens est de 38,000.

Aspect général et grandes divisions physiques. — La province de Constantine s'éloigne très-notablement des deux autres dans ses grandes dispositions physiques, et elle est trop importante pour que nous ne cherchions pas à nous rendre exactement compte de la nature des formes différentes que présente sa surface.

Le plus sûr moyen que nous ayons d'y arriver est de la supposer traversée, dans toute sa profondeur, par deux lignes perpendiculaires à la mer.

L'une, partant de Bougie, ira se perdre au sud de Ouargla, en passant par Sidi Khraled, sur l'Ouêd Djedi, dans le S'ah'ara.

La seconde se dirigera de Philippeville sur l'Ouêd Souf, aussi dans le S'ah'ara.

En suivant la première de ces deux lignes, on traversera : 1° une région de montagnes élevées et de vallées profondes, qui n'est autre chose que le Tell avec la largeur que nous lui avons trouvée dans la province d'Alger, 125 kilomètres; — 2° un bassin de forme ovoïde, d'une physionomie toute particulière, appelé *H'od'na*, sur lequel la physionomie des steppes est néanmoins empreinte d'une manière très-prononcée ; 3° un lambeau du massif S'ah'arien, tout près de l'endroit où il va former l'énorme pâté montagneux du Djebel Aourès ; — 4° enfin le S'ah'ara, couvert de dunes, de collines et de plateaux écrasés auxquels succède le vaste bas fonds qui reçoit les eaux de l'Ouêd Mia, de l'Ouêd Mzâb et de l'Ouêd Nsa, où s'élèvent Ouargla et Ngousa, et que ferme cette épaisse ligne de dunes de sable appelée *El Oudj* ou *El A'reug* (les veines), limite naturelle de l'Algérie, au midi.

La seconde ligne coupe, en premier lieu, un pays en tout semblable à celui qui traverse la première à son point de départ, c'est-à-dire une continuation du Tell, mais moins large encore, puisqu'il n'a que 90 kilomètres au plus; — 2° de vastes plaines, où l'on reconnaît bientôt la Steppe avec ses plantes, ses sebkhras et ses chot't's; — 3° le massif de l'Aourès, dans sa plus grande épaisseur, qui est de 90 kilomètres ;—4° la plaine inclinée des Zibân, lisière du S'ah'ara, puis le S'ah'ara même, couvert d'abord de chot't's et de vastes sebkhras, puis de sables amoncelés, continuation de l'Oudj et des A'reug, au milieu desquels se sont groupés les villages du Souf; l'Ouêd Rîr', le pays des puits artésiens, est à cette hauteur, entre les deux lignes que nous venons de suivre.

Le premier de ces deux groupes de faits ne s'applique qu'à une zône peu large qui n'embrasse que la partie occidentale de la province, c'est-à-dire le quart, mais le second peut être considéré comme donnant une idée exacte de l'aspect des trois autres quarts.

La région montagneuse qu'a leur point de départ nos deux lignes traversent sur une largeur moyenne de 90 à 100 kilomètres, est ce que nous appellerons la *Zône montagneuse maritime*. Ce n'est que la continuation de celle qui forme plus loin, dans l'ouest, le Tell entier des provinces d'Alger et d'Oran. Elle en diffère, d'ailleurs, par un caractère bien plus continuellement montagneux; aussi n'a-t-elle, toute proportion gardée, que bien moins de parties plates. En en excluant la Medjana, dont je parlerai plus bas, et qu'on ne saurait assimiler complétement à une grande plaine, il n'y a ici qu'un territoire auquel on puisse appliquer véritablement cette dénomination : ce sont les vastes *plaines de Bône*, qui ont plus d'un rapport avec la Mtîdja. Elles se divisent en deux parties distinctes : la plaine de Bône proprement dite, qui s'étend du lac Fetzara aux collines de La Cale, entre la mer et le pied des montagnes, puis la plaine qui, couverte d'abord par le lac, ne s'arrête plus au-delà qu'au rivage du golfe de Stôra, en achevant d'isoler complétement le massif de l'Edour' entre deux plans horizontaux; la première de ces plaines a une superficie de 60,000 hectares, la seconde, une de 40,000.

La zône maritime présente du reste dans sa constitution ce fait singulier, d'être pour ainsi dire coupée en deux parties dans le sens de sa longueur, par une ligne continue de chaînes et de sommets élevés qui accroît considérablement la difficulté des communications entre la mer et l'intérieur: les montagnes des Beni Salah', qui ont 947 mètres; le Djebel Aouara, 976; le Djebel T'aïa, 1,200; le Djebel Sgao, 1,276; le Msîd el A'ïcha, 1,482; le Zouar'a, 1,292; le Djebel Ahrès, 1,355; le Tamesguîda, 1,633; les Babours, 1,969 et 1990; le Takintouch, 1,674; le Djebel Trouna, qui appartient au flanc oriental de la vallée de l'Ouêd Sah'el, l'un des plus remarquables accidents de la zône maritime, immense dépression d'une étendue de 150 kilomètres, que la nature a jeté entre les montagnes de l'est et celles de l'ouest comme pour les séparer, et dont elle a fait un des plus beaux et des plus riches pays de l'Algérie.

Quelques parties de la zône montagneuse maritime doivent d'ailleurs à un caractère tout particulier de constituer comme des divisions physiques isolées qui sont devenues par la suite autant de divisions politiques. Telles sont le *Zouar'a*, au nord-ouest de Mîla, sorte de presqu'île comprise entre l'Oued el Kebîr et ses deux affluents, l'Ouêd Endja et l'Ouêd Oueldja; le *Ferdjioua*, qui s'étend entre le Zouar'a et Djemila; le pays des Beni Abbès, l'une des plus grandes tribus de la petite K'ebailie, laquelle s'étend à droite des Bibans (les Portes de Fer), et qu'enveloppent l'Ouêd Mah'rîr, l'Ouêd Sah'el, l'Ouêd Bou Sellam et l'Ouêd Zemmar; son chef-lieu est K'ala'a.

(1) Au-delà de l'Ouêd Sah'el la ligne se continue par les cîmes du Djerdjera, par les sommets qui dominent Blida, par le Zak'k'ar de Miliana, puis elle meurt peu à peu à travers le Dahra.

A la zône montagneuse maritime succède immédiatement la Steppe, qui, représentée d'abord par le bassin de la H'od'na, conserve un instant sa position normale, d'être intermédiaire entre le Tell et le S'ah'ara, mais la perd bientôt pour se trouver enfermée entre deux régions montagneuses d'égale puissance, le massif maritime et le massif de l'Aourès, développement du massif S'ah'arien dû à des causes géologiques dont nous n'avons pas à nous occuper. L'influence de cette position a été considérable sur ces grandes plaines, qui s'en sont trouvées amoindries, presque effacées et soumises à un climat si différent de celui qu'elles ont ailleurs, que la culture y a pris ce caractère de permanence qu'il a seulement dans le pays des labours annuels. Aussi, les populations indigènes, guidées par la nature, les ont-elles enlevées, ainsi que l'Aourès, aux régions S'ah'ariennes, en donnant ainsi au Tell Constantinien une largeur totale de 200 à 240 kilomètres, double de celle qu'a le Tell des provinces d'Alger et d'Oran.

Ainsi s'explique de lui-même le grand développement qu'avait pris, de ce côté, l'occupation de Carthage et de Rome, et celui non moins considérable qu'il faut bien s'attendre à lui voir prendre dans l'avenir. Il sera d'autant plus rapide, que la province de Constantine présente ce grand avantage, de n'avoir pour ainsi dire pas de palmiers nains, cette rude et tenace plante, dont le défrichement complique si singulièrement les frais toujours assez considérables d'un premier établissement.

Ce que je viens de dire au sujet des grandes dispositions naturelles du sol de la province de Constantine serait insuffisant, si je n'ajoutais pas quelques détails sur certaines de leurs parties, auxquelles une physionomie toute caractéristique a valu, dès la plus haute antiquité, un nom qui en a fait depuis lors autant d'individualités distinctes, la Medjana, le Bellezma, l'Aourès, les Zîban, l'Ouad R'ir, le Souf.

Les steppes embrassent à peu près un quart de la superficie totale du Tell Constantinien; elles en occupent, comme on l'a vu, la partie centrale, et l'isolement qu'elles doivent à cette position est complet, puisqu'elles voient un réseau indiscontinu de crêtes, de montagnes, de plateaux, de collines, de vallées et vallons les envelopper de toutes parts.

A l'endroit où, vers le soleil du couchant, les deux soulèvements qui vont les enserrer s'apprêtent à s'éloigner l'un de l'autre, s'étend, au milieu d'une région assez tourmentée d'ailleurs, un bassin formé de plaines plates ou mamelonnées, coupé de collines et de côteaux, célèbre depuis des siècles sous le nom de *Medjana*, par sa fertilité proverbiale. Le Bordj Bou A'rirîdj en marque à peu près le centre, et, à 12 kilomètres de là, au nord-ouest, le Bordj ou Château de la Medjana montre combien quelquefois les dénominations changent peu à travers les âges (1).

Les tribus qui occupent une portion des montagnes situées à l'ouest de Bât'na étaient particulièrement soumises, sous les Turks, au paiement de l'impôt appelé *lezma*, circonstance qui les fit désigner par une dénomination dont la dernière forme abrégée fut le nom *Bellezma*, resté au territoire qu'elles occupent.

---

(1) En effet, M. Berbrugger a montré que c'était le *Castellum Medianum* des Romains, et qu'on avait commis une grave erreur en confondant sa position avec celle de Medía.

J'ai donné précédemment une idée générale de l'Aourès, mais je crois d'autant plus nécessaire d'en indiquer exactement les limites, que les idées paraissent être généralement très-peu arrêtées à cet égard.

Politiquement parlant, l'Arouès ne doit pas dépasser, vers l'ouest, la vallée de l'Ouèd el K'antara et la route de Bât'na à Bîskra, mais, de fait, il ne s'arrête pas là, et la nature lui a donné pour véritable limite de ce côté, la grande vallée de l'Ouèd Cha'ir ou Ouèd Metkaouak, qui le sépare du massif du Bou T'aleb. Il est moins facile de le définir aussi nettement dans l'est, parce que sa séparation du massif général auquel il appartient ne repose que sur une différence d'aspect, sur une physionomie particulière, qui sont, il est vrai, assez tranchées pour laisser peu d'incertitude. D'après cela, les bornes orientales de l'Aourès sont l'Ouèd Bar'r'aï, sur les bords duquel la maison de commandement d'Aïn Khrenchela est dominée par un sommet nommé plus spécialement Djebel Aourès ; puis le Djebel Dja'afa, le Djebel Tikadatîn, l'Ouèd Ouerr'al et l'Ouèd Bèdjeur qui, comme lui, coule au pied des dernières pentes du Djebel Chechchâr.

Au sud, la base de la montagne est pendant longtemps la limite du nom qu'on lui donne ; elle passe à Khrenguet Sidi Nâdji, à la Zaouïa de Sidi Moh'ammed Ben Ah'med, au-dessous du k's'ar des Cheurfa de Baal, au-dessus de Garta, sur l'Ouèd el A'rab. Mais ici le massif ne conservant pas la même homogénéité, perd son influence et laisse dominer celle du S'ah'ara qui empiète sur la montagne et pénètre dans le sein des vallées inférieures pour s'arrêter successivement à Beni Souîk, à El K'antara, au Khrenguet Ouasla, à l'extrémité occidentale du Djebel Metlîli, et sur l'Oued Metkaouak, à quelques kilomètres au-dessus de T'obna.

Au nord, la limite de l'Aourès, quittant la tête des eaux de l'Oued Cha'ïr, contourne l'épais promontoire au-dessus duquel se dresse le sommet chargé de cèdres du Djebel Tougourt, passe au sud de Bât'na, au partage des eaux, puis à Lambesa, à Tîmgad (l'ancienne *Tamugadis*), et ne s'éloigne guère désormais du 35ᵉ parallèle 30 minutes, jusqu'à l'endroit où cette ligne géodésique coupe l'Oued Bar'r'aï.

La surface que nous venons de circonscrire si minutieusement a une superficie de plus d'un million d'hectares, qui représente celle de l'Aourès.

A l'Aourès fait suite dans l'est, jusqu'à la frontière de Tunisie, un pays montueux et plat, dont l'étendue est d'environ 700,000 hectares; il est entièrement possédé par les Nememcha, l'une des plus grandes tribus algériennes, qui occupe ainsi tout l'angle sud-est du Tell.

Et l'Aourès a, du côté de l'ouest, comme pendant au pays des Nememcha, cette vaste dépression ovoïde appelée *H'od'na*, dont la partie la plus basse est occupée par un chot't', dernier réceptacle des eaux que lui envoie de toutes parts, un bassin hydrographique d'une étendue considérable. La H'odna appartient, ainsi que je l'ai déjà observé, à la région des steppes. Toutefois, la facilité que l'on trouvera à y installer les cultures d'arrosage lui promet un grand avenir agricole. C'est là que s'élèvent Bou Sa'da et Msila.

Entre le pied du flanc austral de l'Aourès, celui des montagnes du massif s'ah'arien qui leur fait suite, le cours inférieur de l'Ouêd Djedi, et les bas fonds où s'infiltrent ses dernières eaux, autour d'El Faïd', s'étend la plaine déclive des *Zâbs*, ou pour employer le pluriel arabe, des *Zîbân*, qui a pour limite à l'occident l'Ouêd Dousen, à l'orient le ruisseau de Zrîbt Ah'med ; sa longueur est ainsi de plus de 150 kilomètres, mais sa largeur varie de 18 à 45. Biskra est la tête des oasis des Zîbân.

Les Zîbân appartiennent à la lisière du S'ah'ara ; en passant l'Ouêd Djedi et poussant droit au sud de leur partie centrale, on pénètre de plus en plus au sein de cette région extraordinaire, et à 96 kilomètres de Biskra, on aborde les premiers oasis de l'Ouêd Rîr', Nsîr'a et El Mr'éïr.

L'Ouêd Rîr' est une suite d'oasis situés très-près les uns des autres et disposés suivant une ligne exactement orientée nord et sud, dont la longueur, depuis Nsîr'a jusqu'à Temasîn, est de 130 kilomètres. On étend quelquefois l'Ouêd Rîr' jusqu'à Ouargla, et cela non sans raison, puisque les puits artésiens auxquels les oasis des Rouar'a (habitants de l'Ouêd Rîr') doivent leur existence, commencent à s'y montrer ; mais, en général, les mots Ouêd Rîr' (Rivière Rîr') ne s'appliquent guère qu'à la zône étroite que nous avons définie en premier lieu, et désignent plus particulièrement une sorte de lit plat occupé par une suite de marécages communiquant entre eux, dans lesquels tombent les eaux perdues qui s'échappent des oasis.

Quant à l'Oued Souf, il n'y a rien pour le moment à ajouter à ce que nous en avons dit plus haut.

Hydrographie. — Les steppes Constantiniennes ont, commes toutes les steppes de l'Algérie, une grande élévation moyenne au-dessus de la Méditerranée et du Désert, 700, 800, 900 et 1,000 mètres. Elles sont parsemées, comme elles aussi, de sebkhras et de chot't's peu étendus, formant autant de bassins particuliers, et qui leur ont fait donner, au sud, la dénomination de plaine des Sbâkhr ou des Sebkhras. La permanence plus ou moins prolongée des eaux qu'elles reçoivent a fait appliquer à quelques-unes d'entre elles le mot *Guera*, lac; la plus vaste est la Guera et T'arf, qui couvre environ 10,000 hectares, et dans laquelle se jettent treize ou quatorze petites rivières dont les plus remarquables sont l'Ouêd Nînî et l'Ouêd Bar'r'aï, la rivière d'Aïn Khrenchela. Mais ce n'est pas là que sont les véritables eaux de la province, les steppes sont même assez pauvres à cet égard; elles sont dans ces quatre versants qui, s'appuyant sur ces hautes plaines comme sur la masse centrale du sol, sont sillonnées dans la direction des quatre points cardinaux par les principaux cours d'eau du pays. Ce sont au nord, l'Ouêd Aguerioun, l'Ouêd Djindjen, l'Ouêd el Kebîr, formé au pied de Constantine de la réunion de l'Ouêd El H'ammam et de l'Ouêd Bou Meurzoug; l'Ouêd Guebli, l'Ouêd S'afs'af, l'Ouêd Radjeta, l'Ouêd Sebous, l'Ouêd Mafrâg, lesquelles vont toutes directement à la Méditerranée; à l'est, la Medjerda et son affluent l'Ouêd Mellag, formé par l'Ouêd Miskiana et l'Ouêd Chabro qui reçoit les eaux de Tebessa; au sud, l'Ouêd H'elâl, l'Ouêd Tlemsên, l'Ouêd H'alaïl, l'Ouêd Bou Dokhran, l'Ouêd Bèdjeur, dans le pays des Nemencha; l'Ouêd el A'rab, l'Ouêd Sidi Fat'alla, l'Ouêd l'Abiod, l'Ouêd el Beranes ou Ouêd Abdî, l'Ouêd el K'antra ou Ouêd el Out'aïa, qui prend plus bas le nom d'Ouêd Biskra, rivières qui, après avoir parcouru les longues vallées de l'Aourès, fertilisent les oasis du Zâb oriental et du Zâb central. A l'exception de la dernière, qui est le plus grand affluant de l'Ouêd el Djedi, elles vont toutes se perdre comme celle-ci, dans ces terres basses dont l'endroit nommé El Faïd' (le Bas), est en même temps et le centre et le type, terres chargées d'épais détritus dont la fertilité extraordinaire est devenue proverbiale.

L'Ouêd el Djedi est du reste le plus important des cours d'eau du S'ah'ara constantinien, où il a près de 230 kilomètres de son cours, qui est de 500.

Il faut cependant encore citer l'Ouêd Itel, lit sablonneux, parsemé de ruines romaines et qui aboutit au Chot't' Melr'îr', après un développement de 130 kilomètres; il est toujours à sec, mais on est sûr de trouver constamment de l'eau dans son lit à une petite profondeur. Il en est d'ailleurs de même de l'Ouêd Dousen et de l'Ouêd Sâlsô ou Ouêd Mlîli, les deux principaux tributaires de l'Ouêd Djedi après l'Ouêd Biskra.

On ne trouverait pas en Algérie de bassin qui, toute proportion gardée, soit traversé par autant de rivières et de ruisseaux que la H'od'na, mais l'attention se concentre plus particulièrement sur cinq d'entre eux, l'Ouêd Bou Sa'da et l'Ouêd Leh'am, l'Ouêd K'seub ou rivière de Msîla, l'Ouêd Metkaouak ou Ouêd Cha'ïr, dont j'ai déjà parlé au sujet de l'Aourès, et enfin l'Ouêd Cha'ïr ou Ouêd Malah', qui arrose la vaste plaine d'El Meh'âguen, appelée par les Ouled Naïl la Mtîdja du sud.

La province de Constantine possède d'ailleurs le plus vaste bassin qui, en Algérie, mérite le nom de lac, celui de Fezara, à 18 kilomètres au sud-ouest de Bône; il a 17 kilomètres dans sa plus grande longueur, 12 dans sa plus grande largeur, et 14,000 hectares de superficie. Ses eaux sont fréquentées par de nombreux oiseaux aquatiques, et entre autres par les grèbes, dont la dépouille était déjà au Xe siècle, de la part des Arabes, l'objet d'une spéculation très-lucrative. (Voy. le Bekri.)

Les trois lacs de La Cale sont d'une petite étendue mais environnés de sites pittoresques.

Division politique. — La province de Constantine comprend un *Département* et une *Division* qui embrasse tous les territoires soumis au régime militaire.

Département de Constantine.

Le département de Constantine est formé de trois groupes à peu près de même étendue, constituant chacun un arrondissement et auxquels se rattachent des îlots plus ou moins éloignés. Les trois arrondissements sont ceux de Constantine, Philippeville et Bône.

L'arrondissement de Constantine comprend Constantine et sa banlieue, le district de Constantine, la commune de Set'if, le district de Set'if.

L'arrondissement de Philippeville comprend la commune de Philippeville, celles de Jemmapes et de Bougie, administrées chacune par un commissaire civil, et cinq localités non encore érigées en communes.

L'arrondissement de Bône comprend la commune de Bône, celles de Guelma et de La Cale, administrées chacune par un commissaire civil, ainsi que sept localités non encore érigées en communes.

La superficie totale de tous les territoires formant le département de Constantine, peut être évaluée à 250,000 hectares.

Au 1er janvier 1857, leur population, y compris la population en bloc (1), était de 99,021 individus, sur lesquels on comptait :

52,887 Européens.
46,134 Indigènes.

La population européenne comptait 8,320 ménages, comprenant 30,796 individus.

Elle se décomposait ainsi dans ses principaux éléments :

Garçons, 13,170; filles, 6,902; individus mariés, 11,323; veufs et veuves, 1,492; catholiques, 29,628; protestants, 1,003; Français, 18,215; Espagnols, 1,245; Italiens, 3,644 (2); Maltais, 4,333; Allemands, 1,680; Suisses, 256.

La population urbaine se composait de 22,580 individus; la population rurale, de 8,416.

(1) Elle était de 1,346 individus.
(2) En général, la population européenne des trois provinces répond à leur situation, par rapport à quelques uns des centres qui alimentent l'émigration. Ainsi, la province d'Oran, voisine de l'Espagne, a plus d'Espagnols que les deux autres; la province de Constantine, plus d'Italiens et de Maltais.

Organisation communale du département de Constantine au 1ᵉʳ janvier 1857.

Arrondissement de Constantine.

Communes constituées.—Sections de communes (1).

Constantine et sa banlieue	. . . .	33593	»
	Condé (Smendou).	210	30
	El Khroubs.	32	16
	Lamblèch.	7	12
	Ouled Rah'moun.	45	26
	Aïn el Beï.		15
	A'ïn Guerfa.		19
Localités dépendant non de la commune, mais du district de Constantine....	A'ïn Nah'as.		»
	Bizot . . . , . . , ...		15
	El H'arîa.	6.727	30
	Fornier.	(2)	18
	Khrorchef.		»
	Méridj		»
	Oued el Beurda.		37
	L'Ouêd Masîn		»
	L'Ouêd T'arf	6.727	24
	Râs Bou Meurzoug.		
Set'If	Set'If	3.238	130
	A'ïn Sfia	38	134

(1) Voir la note de la page 328.

— 425 —

Localités dépendant non de la commune, mais du district de Set'If........	Fermatou............	106	5
	Khralfoun............	68	»
	L'A'ns'our...........	66	7
	Mesloug.............	73	»

ARRONDISSEMENT DE PHILIPPEVILLE.

PHILIPPEVILLE.....	Philippeville...........	7.484	83
	Stora................	603	87
	Damrémont...........	92	83
	Saint-Antoine.........	247	77
	Valée................	242	88
JEMMAPES..........	Jemmapes............	650	90
	Ah'med ben A'li......	112	95
	Sidi Nasseur..........	131	95
	Le Filfila.............	203	115
BOUGIE............	Bougie...............	2.008	229
Non érigés en communes.............	El K'antours......... }	397	35
	El H'arrouch......... }		52
	Gastonville...........	341	59
	Robertville...........	339	60
	Saint-Charles.........	644	66

ARRONDISSEMENT DE BÔNE.

BÔNE..............	Bône................	11415	156
LA CALE...........	La Cale..............	1.117	236
GUELMA...........	Héliopolis............	774	105
	Millesimo............	359	104
	Petit................	387	107
	Guela'a bou Sba'.....	156	110
	Ouêd Touta..........	82	104
	Medjez H'amar.......	9	88
Localités non encore érigées en communes.............	Bugeaud.............	187	168
	Duzerville............	87	145
	El H'adjar............	53	144
	Mondovi.............	439	151
	Barral...............	289	157
	Nechmaïa............	151	122
	Penthièvre...........	144	134

Division de Constantine.

La superficie de la division de Constantine est égale à celle de la province, abstraction faite de la surface occupée par les territoires civils, c'est-à-dire qu'elle est de 20 millions d'hectares.

J'ai indiqué à la page 350 quelle était son organisation administrative.

Elle forme quatre subdivisions dont voici la population relative au 1er janvier 1857 :

Constantine	359,746
Bône	89,908
Set'îf	323,819
Bât'na	254,256
Total	1,027,729

Sur lesquels on comptait : Hommes, 293,436; femmes, 325,101; enfants, 409,192; cavaliers, 49,099; fantassins, 172,228; Arabes, 387,233; Berbères ou K'ebaïls, 640,496.

La population soumise au régime civil était, en outre, de 9,010 individus, dont 4,644 Européens et 4,366 Indigènes.

Les principales localités de la division sont dans le Tell: Djidjelli et K'ollo sur la côte; Bâtna, Tebessa, le Bordj Bou A'rîrîdj, Souk Harras, A'ïn Beïd'a et K'ala', dans l'intérieur.

Bou Sa'da, Msila et Mdoukkal, dans la H'od'na.

Biskra, Sidi Ok'ba, Tolga, Lioua, Khrenguet Sidi Nâdji, dans les Zibân.

Tougourt, Temasin, Ouargla et Ngousa, dans l'Oued Rîr'.

El Oued, Guemar et K'ouinin, dans le Souf'.

Quatre groupes qui appartiennent au S'ah'ara.

DESCRIPTION DES PRINCIPAUX CENTRES DE POPULATION.

TELL.

Localités du rivage maritime.

BOUGIE. — La première grande ouverture que présente la côte à l'est d'Alger est le vaste golfe de Bougie dont l'aspect général est d'une rare magnificence. Son angle occidental est formé par le Djebe-Gouraïa, masse abrupte escarpée, haute de 670 mètres, qui projette en avant de grands caps, dont le plus remarquable est le cap Carbon, qu'un de ses éperons, traversé par une large porte où passe la mer, a rendu célèbre dans l'antiquité sous le nom de *Treton promontorium*, le promontoire percé, en arabe *El H'adjar Metsk'oub*. C'est en dedans et à l'abri de ces caps que s'élève Bougie, la *Saldae* des Romains, la *Boudj'eïa* des indigènes, jadis capitale d'un royaume puissant, et pendant plusieurs siècles l'une des plus riches villes du bassin de la Méditerranée. Dominée par les croupes hardies qui se dressent brusquement en arrière, bâtie en amphithéâtre sur les derniers ressauts de la montagne, ayant ses maisons placées à différentes hauteurs, et mêlées çà et là de groupes d'orangers, de grenadiers, de figuiers de Barbarie, elle ajoute singulièrement à la beauté des sites qui l'environnent. Un ravin profond, l'Ouêd Abzaz, la coupe en deux et explique dès lors la forme plurielle donnée à son nom latin, *Saldœ*, les Saldes.

Peu de points de la terre d'Afrique ont eu autant de maîtres que celui-ci. Tous les peuples qui, depuis vingt siècles, ont envahi ce coin du monde, l'ont successivement occupé. L'enceinte romaine est reconnaissable sur un assez grand nombre de points; elle n'avait pas plus de 2,500 mètres de développement. L'enceinte sarrazine remonte sans doute à l'époque, où, en 987, Bougie devint la capitale des H'ammadites; c'était une muraille haute et continue, flanquée de tours, ayant un périmètre double de celui qu'avait celle des Romains, et à laquelle appartient tout ce qui, de l'enceinte actuelle, regarde directement la haute mer; sa partie la plus remarquable s'appuie sur une haute cour carrée appelée fort de Sidi Ab'del k'ader, et sur cet ancien château, dont les Turks avaient fait leur k'asba. Dans ce mur, d'une étendue de 675 mètres, les Arabes ont pratiqué une élégante porte ogivale appelée *Porte des Pisans*, située vis-à-vis du débarcadère.

Nous ignorons quelles furent les destinées de *Saldœ* après la chute de l'empire romain, mais ce que nous savons positivement, c'est qu'entre les mains des Arabes, Bougie atteignit à un haut degré de splendeur et qu'au milieu du XIe on y comptait 50 à 60,000 âmes. La découverte de l'Amérique et celle du passage du Cap de Bonne-Espérance lui firent grand tort, et au commencement du XVIᵉ siècle elle n'avait déjà plus que la moitié de son ancienne population. Ce fut à cette époque que les Espagnols s'en emparèrent; on était en 1509, ils la gardèrent jusqu'en 1555. Leur occupation fut loin de lui être favorable, et sa déchéance ne s'arrêta plus sous l'autorité capricieuse et despotique des trois compagnies turkes qu'y installèrent les deys d'Alger. Aussi à peine y trouva-t-on deux cents maisons en partie ruinées, lors de sa prise par nos troupes, le 29 septembre 1833. Aujourd'hui elle est le chef-lieu d'un des cercles de la subdivision de Set'if, la résidence d'un commissaire civil du ressort de la sous-préfecture de Philippeville et celle d'un juge de paix.

La ville moderne occupe à peu près le terrain qu'embrassait l'enceinte romaine, qu'elle est encore, du reste, loin de remplir. Un système complet d'allignement et de nivellement en a rendu le parcours commode; des communications larges et faciles conduisent aux principaux points de défense, la k'asba, le fort Mousa, le fort de Sidi A'bd el k'ader, et une route aisée monte par des pentes multipliées au fort du Gouraïa, clef imprenable de cette position qu'il domine et maîtrise.

Bougie, à proprement parler, n'a pas de port; la plage sans fond qui touche à la ville n'est praticable que dans la belle saison, mais la côte forme près de là l'anse de Sidi Iah'ia, dont il était inutile d'exagérer l'importance autant qu'on l'a fait, puisqu'il suffisait de la laisser pour ce qu'elle est, c'est-à-dire l'un des meilleurs ports de l'Algérie; on achèvera facilement par un ensemble de travaux d'une valeur relativement peu considérable, ce que la nature a si heureusement ébauché.

Le marché de Bougie est le plus important de l'arrondissement de Philippeville; il s'y fait à l'heure qu'il est, en huile et en céréales, pour 2 millions et demi à 3 millions d'affaires annuellement, chiffre qui ne peut qu'augmenter dans des proportions remarquables. En effet, la ville de Bougie a dans sa position tous les élémens d'une prospérité certaine, d'un avenir qu'on ne saurait prévoir. Centre d'une région montagneuse abondante en produits de tous genres, elle est de plus le port de Set'if, qui étend ainsi sa sphère d'influence jusque dans les parties les plus éloignées du S'ah'ara; elle est le débouché naturel, forcé, de tout le vaste bassin de l'Ouêd Sah'el, une des plus riches parties de l'Algérie centrale, elle doit enfin reprendre le rang qu'elle avait jadis alors que ses négocians étaient en relations avec la France, l'Espagne, l'Italie, la Morée, la Turkie, l'Asie Mineure, la Syrie et l'Égypte. Mais qu'on se rappelle bien que cela ne saurait être que du jour où l'immense territoire dont elle est le cœur, traversé par de nombreuses voies de communication, sera envahi par la colonisation européenne et où les populations indigènes qui l'occupent mettront en action toutes les forces vitales dont elles disposent; si ces causes puissantes n'ont pas encore eu le résultat qu'on doit en attendre, c'est qu'elles viennent à peine de naître. Bougie, étroitement bloquée durant six années consécutives, ne portant ensuite son influence que dans un rayon de quelques lieues, n'a pu, même encore, voir mettre en culture son riche territoire; la route de Set'if n'est réellement praticable que depuis le printemps de 1853; la route de l'Ouest, sur Alger, n'a été en partie tracée qu'en 1852; la route d'Aumale vient d'être ouverte (février 1858), et il a fallu l'expédition de la grande K'ebaïlie pour en finir avec la soumission de tous les pays K'ebaïls dont elle doit être l'entrepôt commercial.

Bougie, auquel le recensement de 1856 donne 2,000 âmes, est à 210 kilomètres d'Alger par mer, à 200 par la vallée de l'Ouêd Sbâo, à 160 d'Aumale, à 100 de Set'if.

DJIDJELLI, l'ancienne *Igilgilis*, petite ville chef-lieu d'un cercle, dépendant de la subdivision de Constantine. Sa position est très pitoresque; elle couvre une presqu'île rocailleuse qu'un isthme déprimé réunit à la plaine située vis-à-vis, qui de là s'étend le long du rivage au pied de collines sur lesquelles on a placé les postes de défense de ses lignes extérieures. La presqu'île forme à l'occident une crique qui servait jadis de cale pour la construction des navires caboteurs, et de sa pointe orientale se détache une ligne de roches brisées parallèle au rivage, et enveloppant ainsi un bassin de 40 hectares dont l'entrée est indiquée par un gros rocher sur lequel on a placé le phare, dont la portée est de 9 milles. Ce port est très mauvais, mais dès que l'importance de Djidjelli l'exigera, et cela ne saurait tarder, on en fera facilement un excellent bassin en réunissant toutes les roches et en construisant à leur extrémité un épi qui s'étendra à l'est-sud-est; il pourra recevoir 35 à 40 bâtimens marchands.

La France faisait autrefois un grand commerce à Djidjelli, et lorsque Louis XIV, préoccupé de l'idée d'avoir un établissement sur la côte algérienne, se décida à l'exécuter, ce fut ce point qu'il désigna. Une forte expédition, commandée par le duc de Beaufort, vint donc s'en emparer le 23 juillet 1644, mais elle fut obligée de l'abandonner quelques mois après, le 30 octobre.

Djidjelli est, avec Bougie, un des plus remarquables exemples des conséquences déplorables du système de l'occupation restreinte tant prônée à une époque. Depuis le jour de sa prise, le 13 mai 1839, elle fut constamment bloquée jusqu'à l'époque de l'expédition du maréchal de Saint-Arnaud, qui lui ouvrit les routes de l'intérieur; mais elle n'en a eu l'accès réellement facile que depuis la création des deux grandes voies par lesquelles M. le maréchal Randon, l'a rattachée à Set'if et à Constantine, qui en sont, la première à 90 kilomètres, la seconde à 130 (par Mîla). Si sa sphère d'activité n'est pas aussi étendue, elle est au moins considérable, et son développement actuel indique assez l'avenir qui l'attend. On n'y comptait lors de notre arrivée que quelques centaines d'habitans; sa population s'élève aujourd'hui à près de 2,000, dont 1,300 Européens, et il a fallut songer à lui donner un emplacement plus en rapport avec sa nouvelle position, dans la plaine voisine, pensée dont la réalisation a été hâtée par les ravages du tremblement de terre de 1856, qui s'y est fait sentir avec plus de violence que nulle part ailleurs. Elle est le centre d'un commerce assez actif en laine, tissus, cuir, bois, grains, etc.

K'OLLO, l'ancien *Collops Magnus*, petite ville indigène bâtie dans une des enfractuosités que forme à sa base le flanc oriental du massif élevé du Djebel Goufi, qui doit à l'apparence de ses hautes falaises le nom arabe de *Seba'Rous*, les sept caps et le nom italien de *Cabo Bougiarone*, le cap Trompeur.

Elle est bâtie derrière la petite presqu'île rocheuse d'El-Djerda, à l'entrée d'un bassin de l'aspect le plus varié et le plus agréable, et à 60 kilomètres de Philippeville vers l'Ouest. Ses maisons sont construites en pierres et couvertes en tuiles. On y compte environ 300 habitants, qui se livrent à l'agriculture et au cabotage. De 1604 à 1685 la Compagnie d'Afrique y a eu un comptoir pour l'exportation des divers produits du pays et pour la pêche du corail. Les ruines de l'ancienne ville romaine se voient encore çà et là sur différents points. K'ollo a un des meilleurs ports de la côte algérienne, et le mouillage y est surtout excellent par les vents d'Ouest. Aussi ne cesse-t-on de répéter depuis assez longtemps qu'il faut abandonner Philippeville et Stora avec leurs détestables ancrages pour s'établir ici. C'est là un de ces rêves comme on en fait tant en Afrique. K'ollo ne mérite pas un sacrifice aussi grand ; sans doute son port est très bon, mais il est loin d'être d'une étendue remarquable, et il faudrait y faire des dépenses d'installation encore assez considérables. Du reste le Collops Magnus n'a jamais été le port de Constantine, et on se demande pourquoi les Romains ne lui eussent pas fait jouer ce rôle, s'il avait réellement sur Stora les avantages que l'on lui prête. Les distances à parcourir furent probablement une des raisons qui s'y opposèrent; en effet, il y a de K'ollo à Constantine 146 kilomètres, tandis qu'on n'en compte que 83 de Constantine à Philippeville.

PHILIPPEVILLE, l'ancienne *Russicada*. Bône fut le point de départ des deux expéditions qui amenèrent la prise de Constantine, dont elle est à 156 kilomètres; mais à l'inspection de la carte il est facile de reconnaître qu'en établissant une relation directe entre deux points aussi éloignés, on n'avait obéi qu'à la pression violente de circonstances toutes exceptionnelles. Aussi, dès que le maréchal Valée eût assuré la nouvelle conquête de la France et pourvu aux nécessités administratives du pays, il voulut donner à Constantine son véritable débouché sur la mer; les indigènes lui indiquèrent tout naturellement le port de Stôra, par lequel Constantine entretenait depuis très longtemps le peu de relations qu'elle avait avec l'extérieur. Le maréchal vint donc s'établir le 7 octobre 1838 sur les ruines de *Russicada*, (la *Skîkda* des arabes), près de Stôra, où il jeta les fondations du Fort de France, sous la protection duquel s'éleva bientôt une nouvelle ville à laquelle on donna le nom du roi Louis–Philippe; ce fut Philippeville. Elle est bâtie dans une sorte de grand col plat, entre les hautes terres situées à l'ouest et une colline de l'autre côté de laquelle est l'embouchure de la S'afs'af, dont elle commande ainsi toute la vallée. Sa position lui donna en quelques années assez d'importance pour qu'elle devint, le 8 mai 1841, la résidence d'un commissaire civil. Le 18 mai de la même année, on y créait une justice de paix; le 10 décembre 1842, une sous-direction de l'intérieur; le 9 février 1843, une mairie; le 30 octobre 1848, elle etait érigée en chef-lieu de cercle, et le 9 décembre la sous-direction devenait une sous-préfecture; on l'a dotait én même temps d'un tribunal de première instance et d'une chambre de commerce à laquelle a été ajoutée depuis un tribunal de commerce. C'est donc une création toute française, qui a le caractère de toutes les villes que nous avons élevées en Algérie, des rues droites bien percées, assez bien bâties et parmi lesquelles se distingue la grande rue, bordée d'arcades qui la traverse de part en part, de la mer à la porte principale. On y remarque l'église, les casernes, l'hôpital, la sous-préfecture, les vieilles citernes romaines complétement restaurées, quelques débris antiques, la pépinière et la nouvelle place d'armes. Elle a un petit théâtre, un collége, des écoles communales, et trois usines à vapeur.

Philippeville fait par elle-même un commerce assez considérable de grains; elle reçoit tous les produits de la vallée de la S'afs'af, tout ce qui s'achète sur les marchés de Saint-Charles, d'El H'arrouch, de Jemmapes, mais c'est à ses rapports avec Constantine qu'elle doit toute son importance. Créé pour servir de dégagement à son commerce, elle en est devenue le complément réel, et ces deux villes, désormais indispensables l'une à l'autre, ne tarderont pas à être liées par un chemin de fer. Le port de Philippeville est à Stôra, village qui en est à 4 kilomètres, et avec lequel elle communique par une belle route. D'Alger à Philippeville, on compte 375 kilomètres, et de Philippeville à Constantine il y en a 83.

La banlieue de Philippeville se compose des trois villages de Saint-Antoine, Valée et Damrémont, qui en sont en moyenne à 6 kilomètres. Saint-Antoine est sur la route de Constantine, les deux autres dans la vallée de la S'afs'af. Damrémont a une distillerie d'alcool.

A 7 ou 8,000 mètres de Philippeville, la courbe régulière que commençait à décrire la plage du golfe, est tout à coup interrompue par un petit massif déchiré, tourmenté, que la côte projette même en avant, et qui se nomme le Djebel Filfila. Il y existe des carrières de marbre blanc propre à la statuaire, devenues depuis quelques années le centre d'une exploitation assez considérable pour qu'on ait été obligé d'y installer un maire et une partie du mécanisme administratif propre aux véritables communes. Elle est reliée par une route à Philippeville et à Bône, mais les chargemens s'y font sur les lieux-mêmes.

Bone, l'ancienne *Aphrodisium*, l'*A'nnaba*, la ville aux jujubiers des Arabes, ville située dans l'angle occidental d'un golfe que domine ici les montagnes boisées de l'Edour', dont le massif le sépare du golfe de Philippeville. Elle s'élève à l'endroit même où la côte escarpée, déchirée du cap de Garde, voit lui succéder de longues plages basses, près de l'embouchure de la Sebous, sur un plateau rocheux peu élevé, formant un angle droit auquel la ville doit sa forme carrée ; l'un de ces côtés donne sur la mer, et un autre, celui du midi, sur une plaine où coule la petite rivière appelée Bou-Djema'a ; un troisième, celui du nord-est, est dominé par cette croupe élevée de 106 mètres, sur laquelle on a placé la k'asba ou citadelle, qui se trouve ainsi à 1,500 mètres des portes.

Entre la Bou-Djema'a et la Sebous, un groupe de collines, aux profils arrondis, ombragés d'arbres, portent les derniers vestiges de l'ancienne *Hippone*, la cité royale des vieux chefs indigènes que Carthage et Rome avaient soumis à leur pouvoir, la ville de Saint-Augustin, à laquelle elle doit une bien autre gloire plus durable et plus vraie, celle qui s'attache au souvenir d'un des plus grands et des plus hardis lutteurs de l'église naissante.

Bône, Hippone, la mer, la plage, la K'asba, les montagnes, tout cela forme un ensemble ravissant et un des plus charmants paysages de la côte. Bône est du reste une jolie ville, assez bien percée et bien bâtie, ayant dans sa partie centrale une petite place fort agréable ; pendant longtemps elle demeura enfermée dans l'étroite enceinte de ses murs indigènes, mais cette position, qui pouvait être bonne pour une ville arabe condamnée à l'immobilité, ne pouvait convenir à une ville française, dont le développement ne saurait guère se calculer ; aussi a-t-elle fini par en sortir du côté, d'ailleurs, le plus commode pour son extension future, du côté du midi, du côté de la plaine sur laquelle les remblais empiètent chaque jour. Là, immédiatement en dehors de son ancienne muraille, on a créé une belle promenade, à l'une des extrémités de laquelle s'élève l'église, une des plus remarquables qui aient été construites en Algérie, et à l'autre le nouveau théâtre. Cette ville est le siége d'une sous-préfecture, d'un tribunal de première instance, d'une chambre de commerce ; elle a un hôpital civil, une société d'agriculture, une pépinière de laquelle dépend une filature de soie, un entrepôt de tabacs, un moulin à vapeur, des moulins à huile, une petite fabrique de savons. Son rôle commercial promet d'être, dans l'avenir, considérable, puisqu'elle est appelée à devenir l'entrepôt des produits de toute la partie orientale de la province quand de bonnes routes la rattacheront à Souk Harras et à Tebessa comme elle l'est à Guelma, quand ses vastes plaines seront couvertes de cultures et fermes, quand l'exploitation de ses mines de fer aura reçu l'impulsion puissante qu'elle attend depuis longues années. Il y a là, en effet, dans ces hautes collines qui se dressent au pied de l'Edour', sur les bords du grand lac de Fezara, au Djebel Bou H'amra, au Djebel-Belelîta des gisements minéralogiques d'une richesse considérable; elles ont motivé la construction de belles usines. Bône fait déjà un commerce important en blé, orge, bœufs, mulets, chevaux, moutons, laine, cire, etc. On évalue a près de 6 millions les transactions de tous genres qui ont lieu sur son marché ; elles consistent surtout en grains. Les navires qui y touchent sont obligés d'ancrer à 5 ou 6 kilomètres de là au nord, sous le fort Gênois, où ils sont encore exposés; aussi avait-elle grand besoin du port que l'on y construit en ce moment, et dont la création ne saurait manquer d'avoir une influence décisive sur sa prospérité. — 12,000 habitants, la moitié, à peu près, indigènes. A 100 kilomètres de Philippeville, 440 d'Alger et 156 de Constantine.

La banlieue de Bône, comprend les villages Bugeaud, l'A'lelig, Duzerville et El H'adjar.

Bugeaud est un village forestier situé sur la crête de l'Edour', à 9 kilomètres de la ville. L'*A'lelig* en est à 6 kil. au midi, sur la route de Guelma près de la Sebous ; on y voit le haras central de la province et des hauts-fourneaux pour la préparation des fers aciéreux extraits des mines voisines.

Duzerville et *El H'adjar* sont deux villages agricoles voisins l'un de l'autre, et situés à 5 ou 6 kilomètres au-delà de l'A'lelig, sur la Meboudja.

LA CALE, petite ville qui a succédé au plus ancien des établissements français fondés au XVIe siècle sur la côte d'Afrique, commune, chef-lieu d'un cercle de la subdivision de Bône, résidence d'un commissaire civil. Elle est dans une presqu'île rat tachée au continent par un isthme étroit, au centre d'un riche et beau territoire couvert de forêts de liége, dont les sites sont embellis par trois lacs d'une étendue totale de 5,200 hectares.—La Cale fut occupée le 15 juillet 1836, mais on n'y trouva que les débris des constructions brûlées par les Arabes lors de la rupture qui eut lieu, vers le milieu de l'année 1827, entre la France et le dey d'Alger. Centre de la pêche du corail, elle est, de plus, l'entrepôt des produits des mines de plomb argentifère du Kef Oum et Teboul (le *Rocher des Scories*), et celui de l'exploitation des forêts de chênes-liéges des environs. 1,200 habitants ; à 60 kilomètres est de Bône.

Le Kef Oum et Teboul est à 12 kilomètres E. 1|4 S.-E. de La Cale, entre le lac du Poisson et la frontière de Tunis.

Localités de la zône maritime.

Dans la plaine de Bône et sur la route de Guelma:

Dréan, village et ancien camp au beau milieu de la plaine, sur un mamelon et sur l'une des deux routes qui conduisent de Guelma à Bône, dont il est à 20 kilomètres au S.-S.-O.

Mondovi et *Barral*, à 24 et à 30 kilomètres de Bône, au sud, sur la route de Tebessa, deux colonies agricoles fondées en 1848, près de la rive gauche de la Sebous, au fond de la plaine.

Penthièvre et *Nechmaïa* (l'Ormière), deux villages situés dans les riches vallées du fleuve nord du Djebél Aouara, sur la route de Guelma, le premier à 33 kilomètres de Bône, le second à 42. Ils ont été remis à l'autorité civile le 1er janvier 1858.

Dans le bassin de l'Ouêd Radjeta :

Jemmapes, beau village fondé en 1848 sur un plateau au pied duquel coule l'Ouêd Radjeta, appelé ici Ouêd Fendek. Situé au milieu d'un riche pays de montagnes, de collines et de plaines fertiles, propre à toutes les cultures, couvert de bois, abondant en mines, Jemmapes a pris déjà une importance qui ne fait que s'accroître tous les jours. Il est à 40 kilomètres au S.-E. de Philippeville et à 68 de Bône. Ses deux annexes sont Ah'med ben A'li sur l'Ouêd Fendek et Sidi Nasseur, situés, l'un à 5 kilomètres de Jemmapes, l'autre à 4.

Dans la vallée de la S'afs'af, *Saint-Charles*, *Gastonville* et *Elh'arrouch*, sur la route de Philippeville à Constantine, à 16, 21 et 27 kilomètres de la première de ces deux villes. *Robertville*, placé en dehors de la grande route, se trouve à 6 kilomètres de Gastonville et d'El H'arrouch.

Saint-Charles est sur la rive gauche de la S'afs'af. Il s'y tient tous les mercredis un marché arabe où il se fait un grand commerce de bestiaux et surtout de bœufs.

El H'arrouch est le centre de population le plus considérable qu'il y ait entre Philippeville et Constantine, dont il est à 52 kilomètres. Elevé à l'abri d'un camp formé en ce lieu au mois de septembre 1844, et dont il a fini par prendre la place, ce village, aujourd'hui dans un état prospère, est situé au confluent de la S'afs'af ou Ouêd el H'arrouch et de l'Entsa. Il s'y tient tous les vendredis un marché où les huiles de la K'ebaïlie, les céréales, les laines, les peaux et les tissus sont l'objet de transactions importantes. A 5 kilomètres de là est une puissante minoterie, remarquable par sa construction et ses agencements. 400 habitants, y compris ceux du hameau d'*El Kantours* (l'ancienne *Kentouria*), placé à 15 kilomètres de là, sur la grande crête de partage, au plus haut point de la route (800 mètres).

Sur les plateaux intérieurs, en marchant de l'est à l'ouest :

Souk'-Harras, mot à mot le *Marché du Bruit* et non le *Marché de la Tête*, ainsi que l'avait donné une orthographe fautive, est une nouvelle ville élevée en un lieu qui avait toujours été jusque là, sous la domination musulmane, le centre de commandement de la puissante tribu des H'anencha. Elle est située sur un plateau qu'arrose un petit affluent de de la Medjerda, rivière qui coule à 4 kilomètres de là, et que l'on passe aujourd'hui sur un beau pont de de construction récente. Peu de localités ont là un développement aussi rapide que celui-ci. Depuis longtemps déjà on avait été à même d'apprécier l'importance de cette position, mais il ne s'y trouvait encore, lors de la révolte des H'anencha, en 1852, qu'un fondouk devant lequel tous les efforts des insurgés vinrent échouer contre la résistance énergique de vingt hommes. Un poste militaire, annexe de Guelma, y fut créé à la suite de cette affaire. A la fin de 1855, ce poste fit place à un chef-lieu de cercle, mais il n'y avait toujours de construit que le fondouk qui servait de demeure au commandant supérieur, au bureau arabe et à la garnison. Au commencement de 1856, quelques colons vinrent spontanément s'installer autour du fondouk. D'autres suivirent bientôt cet exemple; des juifs, des Tunisiens, des Mozabites y élevèrent aussi des constructions, de sorte qu'à la fin de la même année ce centre comptait 120 maisons et environ 800 âmes de population; aujourd'hui il y en a près de 1,200.

Souk'-Harràs représente l'ancienne *Tagaste*, lieu natal de saint Augustin, dont les ruines indiquent suffisamment l'importance. La ville moderne doit son nom à un marché considérable qui s'y tient de temps immémorial ; il est très-fréquenté par les Tunisiens, la frontière de la Tunisie en étant seulement à une trentaine de kilomètres, et offre un grand débouché au commerce local. Les environs sont fort beaux, parfaitement arrosés, couverts de riches terres et de grandes forêts. Il y a de Souk'-Harràs à Bône 85 kilomètres, à Constantine 156, et elle est à 56 kil. de Guelma à l'est-sud-est. Un décret du 27 mai 1857 a créé, à 7 kilomètres de là, comme lieu d'étape, sur la route de Bône, le village de *Durivier* (le Bou-Chagouf des Arabes).

GUELMA, chef-lieu d'un des cercles de la subdivision de Bône, à la base des pentes nord du massif de la Mahouna, sur le bord d'un plateau qui domine la vallée de la Sebous, dont elle est à quelque distance et que l'on passe sur un pont. Cette ville a été fondée par une ordonnance du 20 janvier 1845, mais elle n'a commencée à prendre quelque importance qu'après avoir reçu une des colonies de 1848 : aujourd'hui elle compte près de 250 maisons, 1,300 Européens et 800 indigènes, la commune ayant, avec sa population éparse, près de 4,000 âmes. Pendant longtemps la majeure partie des colons, composée d'ouvriers d'art, négligea la culture pour s'occuper ailleurs, mais ils n'ont pas tardé à en revenir aux travaux des champs qui n'ont pas trompé leur espoir, et il existe aujourd'hui sur tous les points du territoire un grand nombre de fermes dont quelques-unes sont très-importantes. Guelma n'a besoin, pour prospérer, que de faciles communications avec Constantine et avec Bône; les chemins de fer les lui donneront. C'est d'ailleurs une jolie petite ville, d'un aspect fort agréable et dont l'église est l'édifice le plus remarquable. Les établissements militaires sont renfermés dans une enceinte antique flanquée de tours carreés que l'on a trouvée presque intacte, reste de la première *Kalama*, réédifiée par les gouverneurs bysantins de l'Afrique. Elle a une justice de paix, une pépinière, un marché hebdomadaire pour le bétail et deux marchés, le mardi et le samedi, pour les céréales. Le marché aux bestiaux est le plus important de l'Algérie, et les trois provinces y envoient des acheteurs ; on y amène chaque année de 40 à 50,000 bœufs. Il y a de Guelma à Bône 66 kilomètres, à Constantine 100 kilomètres.

La colonisation fait de rapides progrès dans le cercle de Guelma, en raison de l'excellente qualité des terres et des facilités d'irrigation qu'on y rencontre. On y trouve déjà cinq villages agricoles ; *Héliopolis*, *Petit* et *Millesimo*, fondés en 1849, *Guelaa-bou-Sba* et *Ouéd-Touta*, d'une création beaucoup plus récente.

Héliopolis est située vis-à-vis et à 4 kilomètres 1/2 de Guelma, de l'autre côté de la Sebous, sur la route de Bône.

Millesimo et *Petit* sont du même côté que Guelma, dont ils sont, le premier à 4 kilomètres, le deuxième à 8 kilomètres, près de la Sebous.

Guela'a-bou-Sba' est encore sur cette même route de Bône, à cinq kilomètres d'Héliopolis.

Ouéd-Touta n'est qu'à 4 kilomètres de Guelma, dans la direction de Jemmapes.

A 14 kilomètres de Guelma, sur la route de Constantine, au confluent de l'Oued-Zenati et de l'Oued-Cherf, s'élève l'établissement de *Mjez-H'amar*, destiné à recevoir les orphelins de la province de Constantine. L'étendue de la concession est de 500 hectares.

C'est près de Mjez-H'amar, à 2 kilomètres 1/2, que se trouvent les fameuses sources thermales, appelées par les Arabes *H'ammam-Merkhroutin*, les bains enchantés, une des plus grandes curiosités naturelles de l'Algérie. Le gouvernement y a fondé en 1845 un petit établissement pour les blessés et les malades.

CONSTANTINE, l'ancienne *Cirtha*, en arabe *K'sent'ina*, le chef-lieu de la province, est la résidence du général commandant supérieur, celle du préfet du département et de tous les chefs supérieurs de l'administration. Sa position, réellement extraordinaire, a été, à toutes les époques, l'objet d'un étonnement très-naturel. Placée dans une dépression, dans une sorte de large col que forme, en ce point, la chaîne limite du Tell et des grandes plaines centrales (les Steppes), elle y occupe un plateau dont les contours dessinent un trapèze régulier qui a son angle le plus aigu tourné vers le midi, tandis que les trois autres font exactement face aux trois autres points cardinaux.

Sur les deux faces du sud-est et du nord-est, ce plateau a été séparé de la masse à laquelle il appartient par une déchirure profonde dans laquelle coulent, sous le nom d'Ouèd Roumel, rivière du sable, les eaux réunies de l'Ouèd el H'ammam et de l'Ouèd Bou Meurzoug. Pendant assez longtemps, ce n'est qu'un ravin d'une soixantaine de mètres de largeur à l'extrémité duquel, et à l'angle le plus oriental de la ville, on avait jeté ce pont fameux appelé *El K'antara* (le pont, en arabe), et qui s'est écroulé le 18 mars 1856. Arrivé en ce point, le ravin s'évase progressivement et prend enfin une grande largeur, le torrent disparaît à plusieurs reprises sous des bancs de roches épaisses, et reparaît ainsi trois fois dans des gouffres où l'œil le distingue à peine, jusqu'au moment où il s'élance en cascades écumantes dans la belle vallée qui le conduit à la mer. Et comme la surface du plateau s'est de plus en plus élevée à mesure que le fond de l'abîme s'abaissait toujours, au dessus des cascades, se dresse un promontoire immense d'environ 200 mètres de hauteur, qui justifie pleinement le surnom d'*aérienne*, donné jadis à Constantine par les Arabes. C'est au pied de ces rochers soucieux que l'on aborde les pentes par lesquelles la route de Philippeville arrive à Constantine.

Au-delà de la puissante falaise qui montre le site de Constantine dans ce qu'il a de plus grandiose, le mur de roches se continue pour former encore tout le flanc nord-ouest du plateau jusqu'à l'endroit où il se confond avec l'espèce d'isthme qui lie le bloc Constantinien aux montagnes dont il fait partie; mais on le voit reparaître bientôt et envelopper la pointe australe du trapèze d'escarpements de 30 à 40 mètres, dont les couches, désorganisées par les commotions physiques, ont fini par livrer passage aux eaux, jusque là contenues, du Roumel.

Constantine, limitée comme nous venons de le voir, est dans une véritable presqu'île qui n'est facilement abordable qu'au sud-ouest. Aussi, est-ce de ce côté que se trouve sa porte principale, la Porte Valée (Bab el Ouêd, *la Porte de la rivière* des Arabes) et qu'aboutissent les trois grandes routes qui la mettent en rapport avec Philippeville au nord, Djidjelli au nord-ouest, Bàtna et Biskra, les clefs du S'ah'ara, au midi ; Set'if et Alger, à l'ouest. Le K'antara, par lequel on en sortait, à l'Orient, va être remplacé par un autre pont situé un peu plus haut, et qui servira de tête aux routes de l'est, sur Bône, Guelma et Souk Harras, sur Tebessa au sud-est.

L'enceinte de Constantine enveloppe une surface d'environ 35 hectares.

C'est dans cet espace assez étroit que sont venus se grouper successivement les populations attirées sur ce point par le commerce ou par les avantages de son importance politique, Constantine ayant toujours été sinon la capitale mais du moins la ville la plus considérable du pays. Leur installation faite, il est vrai, avec l'incurie que l'on y mettait, dans les anciens temps, en un lieu où il fallait réunir le plus de choses dans la moindre étendue possible, y a produit ce que l'on remarque dans toutes les vieilles cités, un système de voies de communication extrêmement incommode, un réseau bizarre de rues étroites et tortueuses, dont le tracé n'a probablement jamais changé, puisque encore aujourd'hui beaucoup d'habitations n'ont pas d'autre base que celle des anciennes constructions romaines. Aussi l'administration française s'est-elle trouvée singulièrement embarrassée, lorsqu'elle a voulu faire brèche dans cet amas de ruelles étranglées et sinueuses. Nulle part le caractère arabe ne se maintient avec autant de persistance; cependant on est parvenu, avec grande peine toutefois, à donner plus de régularité à quelques rues, et à de certaines places un peu plus d'air. L'assiette de la ville augmentait encore la difficulté; le plateau est loin d'être horizontal; du sommet des hautes roches sur lesquelles il s'appuie au nord, et que couronne l'ancienne k'asba remaniée par le génie, il descend d'abord en pentes assez raides, puis moins fortes, de manière à former un amphithéâtre doucement incliné vers le midi.

Les maisons arabes ont, pour la plupart, deux étages au-dessus du rez-de-chaussée; elles sont généralement bâties en briques crues ou en pisé; les plus belles le sont en briques cuites ou en pierres tirées des constructions romaines. Toutes ont des toitures en tuiles creuses posées sur des roseaux. Il existe à Constantine quelques édifices remarquables, tels que le palais de l'ancien bey Ah'med, résidence du général commandant de la province, parmi ses treize mosquées principales, la Djema'a el Kebîr ou grande mosquée, la Djema'a de sidi Lakhrdar, surmontée d'un minaret octogonal, d'où l'on a sous les yeux un panorama superbe, la Djema'a de sidi el Kettani et la Djema'a de la K'asba devenue un magasin. Le temps et la main de l'homme y ont laissé subsister quelques débris encore importants des anciens monuments romains et entre autres les restes d'un arc-de-triomphe. On y a réuni d'ailleurs un grand nombre d'inscriptions et d'antiquités, qui formeront plus tard un musée fort intéressant. En dehors de la porte Valée est une vaste promenade, où l'on voit le monument élevé à la mémoire des soldats morts au siége de 1837. Au-dessous, sur une pente rapide qui aboutit au Roumel, se trouvent les vastes écuries turques, dites du *Bardo*, transformées aujourd'hui en quartier de cavalerie. L'eau de source manque dans Constantine, où il y a, du reste, peu de citernes; mais l'on a complétement réparé les anciens réservoirs romains de la k'asba, où l'eau est amenée par un vaste syphon qui mérite d'être visité.

Les Romains, dans le même but, avaient été chercher les eaux du Bou-Meurzoug à leur tête, située à près de 40 kilomètres, et les y avaient amenées au moyen d'un immense aqueduc dont il existe encore des restes considérables.

On a pu voir, d'après ce que nous avons dit, que Constantine, transformée en ville européenne, avec toutes les exigences de nos nouvelles cités, ne saurait rester dans l'étroite enceinte des anciens jours. Trois emplacements voisins ont été successivement proposés pour être le site des nouveaux quartiers; le plateau du Msîd, situé au nord-est de l'autre côté du Roumel; le vaste plateau couvert de terres arables, appelé *Stah' el Mans'oura*, terrasse du Mans'oura, et, enfin, au sud-ouest, les hauteurs découvertes du *K'oudiat A'ti*, précédées d'un mamelon couvert de k'oubbas et de tombeaux; c'est celui qui semble avoir eu jusqu'à présent la préférence, bien que cette préférence soit très-discutable.

Constantine est le siége d'un tribunal de première instance, d'un tribunal et d'une chambre de commerce, d'une chambre consultative d'agriculture; elle a une caisse d'épargne, une pépinière publique, un théâtre, une société archéologique connue par d'excellents travaux, une école arabe-française, onze écoles indigènes, et on y a créé plusieurs belles minoteries, une fabrique de beurnous, des poteries. La population indigène est très-laborieuse, et compte un grand nombre de marchands et d'artisans; sa principale industrie est la fabrication des articles de sellerie, de bottes et de chaussures arabes, de mors de bride, d'étriers, de fers à ferrer, d'instruments aratoires. Centre politique d'un pays considérable, Constantine en a été, à toutes les époques, le centre commercial, et bien que cette position puisse se modifier profondément par la suite, elle restera encore longtemps ce qu'elle est. On évalue actuellement à 15 ou 16 millions de francs la valeur des transactions qui s'y opèrent chaque année. Les droits de mesurage des grains donnent à eux seuls un revenu de plus de 200,000 francs. Encore faut-il faire observer que ces chiffres sont loin de représenter la totalité des affaires, parce qu'il est une foule de spéculations qui se font au dehors, et qui échappent à tout contrôle.

Constantine représente *Cirtha*, l'une des plus vieilles et des plus fortes villes de l'ancienne Afrique. Mais Cirtha ayant été détruite, Constantin la releva en 312 et lui donna le nom qu'elle porte encore.

On y compte 34,000 âmes, dont plus de 24,000 indigènes. Elle est à 83 kilomètres au sud de Philippeville ou de la mer et ainsi à 458 kilomètres d'Alger.

Le point le plus remarquable de la banlieue de Constantine est le *H'amma*, oasis de la vallée de l'Ouêd-el-Kebir, qui en est à 7 kilomètres au nord-ouest. Là, une source thermale et des eaux abondantes entretiennent la végétation puissante de merveilleux jardins. On vient d'y élever une belle distillerie.

La colonisation n'avait encore fait que peu de progrès autour de Constantine, quand un décret du 21 mars 1849 dota cette ville d'un territoire de culture de 14,000 hectares, périmètre encore agrandi par le décret du 12 septembre 1853.

Depuis lors la colonisation a marché rapidement. Cinq groupes d'habitations se sont formés spontanément, correspondant aux cinq principales divisions du territoire : Sidi-Mabrouk, Ouled-Iak'oub, Cherkaï-Bouazen, le H'amma, Debabia et la route de Philippeville.

Elle s'est ensuite développée dans les autres directions principales, mais surtout dans la vallée de Bou-Meurzoug, dont les 20,000 hectares offraient à l'activité des colons un vaste champ de travail. De nombreuses concessions particulières y ont été faites, et on y a créé plusieurs villages et hamaux qui grandissent chaque jour : le *Khroubs* et *Fornier*, tous les deux sur le Bou-Meurzoug, les *Ouled-Rah'monn*, le *Râs-bou-Meurzoug*, à la tête de la vallée, comme l'indique son nom, l'*Oued-Beurda*, annexe du Khroubs.

Sur la route de Philippeville :

Condé ou *Smendou*, au pied de la crête du Kantours, sur l'Ouêd-Smendou, et qui est connu par son petit gisement de lignite ; *Bizot* (El-H'adjar), les *A'ïoun-Sa'ad*, entre Bizot et Condé.

Sur la route de Sétif :

A'ïn-Smara, à 15 kilomètres de Constantine, et l'*Oued-Dekri*, qui en est à 25, concession de 2,000 hectares faite en vue de la création d'un village de 50 familles.

L'*Atmaniïa*, à 42 kilomètres de Constantine, tout près du lieu où se tient chaque année, en été, le grand marché qui rassemble périodiquement sur ce point les tribus s'ah'ariennes.

La nouvelle route de Bât'na passe par la vallée du Bou-Meurzoug.

Sur la route de Guelma :

El Lamblek, à 12 kilomètres de Constantine ; *El H'a'ria*, qui en est à 30 ; l'*Ouêd-Masîn*, situé entre les deux, et l'*Ouêd-T'arf*.

MILA, ville encore tout arabe, qui représente aujourd'hui l'ancienne *Mileum*, colonie romaine, renommée par les agréments de son séjour, avantage que Mila conserve encore par sa position dans une fraîche vallée, à 36 kilomètres au N.-O. de Constantine. Elle a une k'asba, une petite garnison française et quelques colons qui y ont établi un moulin et une fabrique de poterie. — 2,500 habitants.

Mila, première étape de la route actuelle de Djidjelli, remplit le même rôle sur celle des deux routes de Set'if, appelée route du Nord ou des Montagnes. Sur cette route, à 32 kilomètres avant d'arriver à Sétif, on passe à *Djemîla*, ruines de l'ancienne *Cuiculum*, où git solitaire, entre autres monuments, ce joli arc-de-triomphe, qui dut être transporté à Paris.

SET'IF est encore une nouvelle ville née au milieu des ruines de *Sitifis*, l'une des capitales de l'Afrique romaine, dont la citadelle seule avait en partie échappé à toutes les destructions. Placée sur les pentes d'une large colline, à une grande hauteur au-dessus de la mer, elle domine une vaste plaine qu'arrose l'Ouêd-Bou-Sellam (la rivière de l'Echelle).

Sétif, commune, résidence d'un commissaire civil et d'un juge de paix, est en outre le chef-lieu d'une subdivision. Sa position est du reste aussi remarquable au point de vue stratégique qu'au point de vue économique ; au point de vue stratégique elle est, avec Aumale, la clef des grandes communications entre l'occident et l'orient du Tell algérien; elle est avec Bougie, Djidjelli et Constantine, l'un des nœuds du réseau qui entoure les massifs de la petite K'ebaïlie; elle surveille enfin toutes parties du S'ah'ara situées entre les routes de Constantine à Biskra, de Bor'ar à Lar'ouât. Au point de vue économique, elle est le terrain neutre où viennent se débattre les intérêts des montagnes et de la plaine, le marché où arrivent les produits de l'une et de l'autre, l'entrepôt des fertiles plaines de la Medjana et de la H'odna, et elle voit se dérouler autour d'elle une vaste région qui, par sa nature, est propre aux cultures les plus variées; mais sa position un peu trop continentale et la nature du pays qui la sépare de la mer, ne lui ont permis de retirer jusqu'à présent que peu de profits de ces derniers avantages, parce qu'elle n'a pu encore avoir avec l'extérieur que des communications difficiles et longues. C'est ce qu'avait très-bien compris M. le maréchal Randon, lorsqu'il fit terminer, en 1852, la route de Sétif à Bougie, son port naturel sur la Méditerranée. Malheureusement l'on a rencontré là des difficultés encore augmentées par la longueur du parcours, qui est de plus de 86 kilomètres; les chemins de fer seuls peuvent donner satisfaction aux intérêts d'une population qui a sous la main tous les éléments d'un grand avenir. La création du commissariat civil de Sétif est du 21 novembre 1851; une année auparavant elle avait été dotée d'une pépinière, et, le 26 avril 1853, une compagnie de Genève obtint, dans la plaine voisine, 20,000 hectares de terre ; le 12 septembre même année, le territoire agricole de la ville est augmenté, et, avec tout cela, sa population qui était de 752 Européens au 31 janvier 1848, ne s'élevait encore qu'à 2,090 en 1856. Sétif a du reste l'aspect de toutes les villes françaises de l'Algérie. On y remarque une belle promenade, et parmi ses constructions, le bureau arabe et la mosquée qui s'élève auprès. Elle lutte du reste avec Tlemsèn et Miliana pour l'abondance des eaux, et cette abondance se traduit par le nombre de moulins qui se trouvent aux environs. Tous les dimanches il se tient au dehors un marché très-fréquenté par les indigènes, et où il se fait de grandes affaires en grains, huiles, peaux, chevaux et bestiaux. La commune compte 3,238 habitants, dont 1,148 indigènes. A 130 kilomètres O. de Constantine et 83 de Bougie au S.-E.

D'après les clauses de la concession faite à la compagne genevoise de Set'if, elle doit en dix ans installer, sur le territoire qui lui a été accordé, dix villages et cinq cents familles.

A la fin de 1857, cinq de ces villages étaient à peu près terminés et avaient reçu 719 colons :

Aïn-Arnat, sur la route de Set'if à Alger, à 10 kilomètres de la ville ;

Bouïra, au nord-nord-ouest, est à environ 3 kilomètres du précédent ;

Ms'âoud, à l'ouest, est à 4 kilomètres d'Aïn-Arnat ;

Mahouan et *El-Ourisia*, à droite et à gauche de la route de Bougie, à 16 kil. de Set'if.

BORDJ BOU A'RIRIDJ, chef-lieu de cercle, poste situé dans la plaine de la Medjana, à 62 kil. O. 1|4 S.-O. de Setif, sur la route d'Aumale. Il est question d'y installer un centre de population qui y trouvera de beaux jardins, des plantations considérables et de vastes terres labourables. On y compte déjà 500 hab., la moitié européens.

Localités des Steppes.

TEBESSA, dans une belle et riche vallée, arrosée par d'abondantes eaux, près de la frontière de Tunis et au pied du pays montagneux des Nemencha qu'elle surveille, à 188 kil. de Constantine par A'ïn Beïd'a, à 160 de Guelma et à 226 de Bône.

C'est une enceinte de 300 mètres de côté, flanquée de 14 tours, percée de 2 portes, construite par les Byzantins avec les débris de l'ancienne *Theveste*, l'une des plus puissantes colonies de la Numidie, dont les principaux monuments, un arc-de-triomphe, un temple de Minerve, une basilique, un cirque, offrent encore des restes d'une rare beauté. Dans cette enceinte vit, depuis des siècles, une petite population indigène de 1,100 âmes qui en occupe à peu près les trois quarts. Le reste a servi à l'installation d'une partie des constructions qu'a nécessitées l'occupation française opérée définitivement en 1851, et depuis laquelle Tebessa est demeurée le chef-lieu d'un cercle important. On y compte une centaine d'Européens.

Il s'y tient, le dimanche et le mardi, des marchés où il se fait un grand commerce de bétail, de tissus indigènes, de miel, de beurre, et surtout de laine.

A'ïn BEÏD'A (*la Source blanche*), centre de commandement d'un cercle établi en 1851, au milieu de la grande tribu du H'arakta. On y a élevé une maison pour le k'aïd, quelques bâtiments, dont un pour le bureau arabe, un certain nombre de maisons. Sa population se compose de 300 hab. indigènes et d'un peu plus de 200 Européens. Une smala de spahis y a été installée. A'ïn Beïd'a, qui est destiné du reste à prendre une certaine importance, est à 100 kil. au S. E. de Constantine.

Bat'na, nouvelle ville, chef-lieu de subdivision, élevée par les Français en 1844, pour dominer le massif de l'Aourès et la principale route du Tell au S'ah'ara. Le site en est bien arrosé et très beau; elle est située à 1,000 et quelques mètres au-dessus de la Méditerranée, sur une petite rivière, l'Ouèd Bât'na, dans une vaste plaine qu'enveloppent les montagnes boisées de l'Aourès et des Ouled Solt'an. On y remarque une jolie promenade ornée d'une belle colonne enlevée aux ruines de l'ancienne *Lambesa*. Elle a une justice de paix et une jolie pépinière. Bât'na doit à son heureuse situation, à la fertilité de son sol, à l'abondance et à la pureté de ses eaux, à la richesse forestière de la région voisine, à un climat tempéré et très-sain, le rapide développement qu'elle a pris et une importance commerciale et agricole qui augmente chaque jour. Sa population s'élève aujourd'hui à 2,000 âmes. A 110 kil. au S.-S.-O. de Constantine.

La route de Constantine à Bât'na est jalonnée de caravansérais destinés à donner par la suite autant de centres de population.

Ce sont :

A'ïn-el-Beï, la source du Beï, nom qu'elle doit à l'excellence de ses eaux, à 15 kil. de Constantine, et où s'élève déjà un village qui a pour annexe le hameau d'A'ïn Guerfa;

A'ïn Mlilia (l'ancienne *Visalta*), à 26 kilom d'A'ïn-el-Beï;

Aïn Iak'out, à 28 kil. d'Aïn Mlilia et à 34 de Bât'na, avec une source superbe. C'est à 8 kil. au sud d'Aïn Iak'out que s'élève le monument appelé par les Arabes *Medr'asen*, et par les Européens *Tombeau de Syphax;* son architecture rappelle tout à fait celle du Tombeau de la Chrétienne; c'était la sépulture commune de la famille royale de Numidie (voyez page 345).

Localités de l'Aourès.

Dans sa partie occidentale, qui a presque entièrement perdu son caractère primitif, nous n'avons à citer que *Ngaous*, petite ville indigène dans une vallée affluente de l'Ouêd Metkaouak, à 56 kil. O. de Bât'na.

Les parties centrales et orientales de l'Aourès sont, comme toutes les régions k'ebaïles, parsemées de nombreux villages qui garnissent le fond de ses longues vallées. Les plus remarquables sont : *Nara* et *Mena'* dans la vallée de l'Ouêd A'bdi, *Mchounéch* à l'entrée de la vallée de l'Ouêd-el-Abîad', *Khreirân* sur l'Ouêd Meur'âr.

La route de Bât'na à Biskra, dont le développement est de 126 kil., est aujourd'hui carrossable; on y a installé 3 caravanserais aux *K's'ours*, à 30 kil. de Bât'na, à *El K'antara* (Le Pont), village arabe dans un site réellement admirable, sur l'Ouêd Biskra que traverse un pont romain très-remarquable, à 36 kil. de K's'ours (voy. page 194); à *El Out'aïa* (la petite plaine), autre village dans un beau bassin bien arrosé, avec de riches mines de sel (voy. page 120) ; il est à 30 kil. d'El K'antara et à 80 de Biskra.

S'AH'ARA.

Ce que j'ai dit des K's'ours s'applique sans restriction aux différentes localités du S'ah'ara oriental. Elles sont toutes construites de la même manière et environnées de jardins de palmiers plus ou moins considérables. Le seul détail que j'aie à ajouter est l'emploi, par les populations de l'Ouâd Rîr°, y compris Ouargla, dans leurs constructions, du plâtre gris ou *tîmchent,* en berbère.

Localités de la H'od'na.

Bou Sad'a, ou plutôt K's'ar Bou Sa'da, *le K's'ar fortuné,* ville arabe, chef-lieu d'un cercle de la subdivision de Set'if, et dont j'ai déjà eu occasion de signaler l'importance commerciale (voy. p. 230). Elle s'élève dans une plaine sablonneuse, à l'entrée de la vallée de l'Ouêd Bou S'ada, vis à vis du Djebel Kerdada et à l'extrémité d'un contrefort du Djebel Maïteur, sur lequel on a construit le fort français, résidence du commandant supérieur et d'une partie de la garnison. La ville est au-dessous, séparée de l'ouêd par ses jardins de palmiers ; elle a cinq mosquées, deux sources abondantes, et on y compte 466 familles (environ 3,000 âmes), divisées en 7 groupes, habitant autant de quartiers distincts. Le marché y est permanent, et donne lieu à un roulement d'affaires annuelles de 5 à 600,000 fr. Bou Sa'da est à 55 kil. au S.-S.-O. de Msila et à 160 de Set'if au S. O. Il y a autour de Bou Sa'da plusieurs petits k's'ours sans importance, tels que *Bou Ferdjoun* (l'Etrille), *Aïn Rich* (la source de plumes); mais celui de *Mdoukkal,* à 100 kil. dans l'Est, sur la route de Biskra, compte 200 maisons dont les jardins sont arrosés par une belle source thermale (26°).

MSILA, petite ville de 250 à 300 maisons sur l'Ouêd K'seub, à 55 kil. N.-N.-E. de Bou Sa'da et à 115 d'Aumale. Les gens de Msila sont renommés pour l'excellence de la sellerie qu'ils confectionnent; ils fabriquent aussi des h'aïk's et des beurnous légers, et leur marché est le plus important du cercle du Bordj Bou Arîrîdj, dont Msîla est à 45 kil. A 5,000 mètres dans l'est, à Bechilga, sont les ruines romaines de l'ancienne *Zabi.*

Localités des Zîbân.

Les *Zâbs* ou *Zîbân* se composent de 38 villes et villages et de 18 tribus, dont la population peut être d'environ 100,000 âmes. Biskra est le chef-lieu politique de l'oasis, Sidi Ok'ba sa métropole religieuse.

Les 38 villes et villages sont divisés en trois groupes de la manière suivante :

Zâb de l'Est, subdivisé lui-même en oasis de l'Est : Khrenguet Sidi Nadji, le lieu le plus important, à l'entrée de la vallée de l'Ouêd el A'rab; Liana, Bâdès, Zrîbt el Ouêd et Zrîbt Ah'med; oasis de l'ouest, Biskra (avec ses 7 villages) autour duquel se trouvent Chetma, Droh', Sidi Khrelîl, Seriana, Garta, Sidi Ok'ba et Oumach.

Zâb du Nord : Bou Chagroun, Lichana, Zaatcha, célèbre par le siége qu'il soutint au mois de novembre 1849; Farfar, T'olga, El Bordj, Fouk'ala, El A'mri.

Zâb du Sud : Mlili, Our'lâl, Ben T'ious, Saïra, Lioua, tout près de la rive gauche de l'Ouêd el Djedi.

BÎSKRA (l'ancienne *Oueskether* (1), sur un plan incliné, au pied du versant méridional de l'Aourès, et sur l'Ouêd Bîskra, à l'entrée de la plus grande route du S'ah'ara au Tell. Ce n'est, en réalité, qu'un grand oasis couvert de 110,000 palmiers, au milieu desquels sont placés ça et là sept villages formés de petites maisons arabes, n'ayant presque toujours qu'un rez-de-chaussée, bâties en briques d'argile crue mêlée de paille et couvertes en terrasses. Elle était autrefois défendue par un fort turc qui a été abandonné et remplacé par une construction en pierres, plus vaste et plus solide, appelée le *fort Saint-Germain*; cette nouvelle k'asba s'élève au Râs el Mâ, à la *tête même des eaux* qui arrosent l'oasis, au-dessus du lieu où sont groupées les principales constructions françaises. Bîskra, fort important par sa position, était depuis un temps immémorial, la capitale des Zibân avant d'être le chef-lieu d'un cercle. Le gouvernement y a fondé, en 1852, à Beni-Mora, un jardin d'acclimatation qui a déjà donné de beaux résultats. Le commerce y est actif. — 4,000 habitants. A 126 kil. de Bâtna, au S.-S.-O.

(1) Prononcez *Ouesker* ou *Vesker*, d'où est venu Biskra et l'adjectif *Vesceritanus*, employé dans la liste des évêchés d'Afrique. Ptolomée écrit *Oueskether*.

L'Ouêd Rîr'.

En décrivant les grandes divisions physiques de la province de Constantine, j'ai indiqué ce que l'on entendait par Ouêd Rîr'.

L'Ouêd Rir' proprement dit, qui commence à Nsîr'a pour finir à Goug, par le 33ᵉ parallèle de latitude, comprend 70 villes, villages et hameaux, dont je ne citerai que les principaux, les autres ne se composant que de quelques dixaines de maisons.

Cette partie de l'Ouêd Rîr' est celle ou le percement des puits artésiens a reçu le plus grand développement; la plupart des 70 k's'ours lui doivent leur existence. Ces puits sont la projection visible d'une énorme nappe artésienne, sorte de fleuve souterrain que, dans leur enthousiasme, les Arabes ont appelé *Ba'har tah'at el Erd'*, la Mer sous la Terre. Son apparition a, en effet, presque toujours donné lieu à des résultats considérables, obtenus, il est vrai, par des procédés difficiles, périlleux même, auxquels l'autorité française a substitué, depuis 1856, les méthodes beaucoup plus expéditives et plus faciles, employées en Europe pour les forages artésiens. Cette heureuse innovation, accueillie partout, comme elle devait l'être, avec un vif sentiment de reconnaissance, est pour le S'ah'ara constantinien le point de départ d'une nouvelle ère, dans laquelle la ruine et la misère doivent faire place à la prospérité et à l'abondance. Cinq puits ont été forés en 1856 et 1857; cinq autres le seront en 1858.

Localités principales de l'Ouéd R̲e̲r'.

Tougourt, sa capitale, est une ville peu considérable, mais d'un grand renom dans le S'ah'ara. Elle est bâtie au milieu d'une plaine légèrement ondulée, et son enceinte de murs a la forme assez singulière d'un cercle, précédé d'un large fossé. La k'asba, résidence du chîkhr, est dans sa partie méridionale. On y compte une vingtaine de mosquées. Ses habitants, au nombre de 3,000, comme tous les gens sédentaires du Désert, cultivent leurs dattiers et font un commerce actif, tandis que leurs femmes fabriquent différents tissus de laine et de soie. Tougourt est à 220 kil. au sud de Biskra.

Tougourt, au moment où on l'occupa, le 4 décembre 1855, était gouverné depuis 1415 par la famille des Ben-Djellab. Le pouvoir indigène s'y débattait alors au milieu de dissentions intestines qui nécessitèrent l'intervention obligée de la France.

Temasin, la rivale de Tougourt, dont elle est à 16 kilomètres au sud, était parvenue jadis à se maintenir presque constamment indépendante de sa voisine. Enveloppée d'épais bois de dattiers, elle a, comme Tougourt, un mur à peu près circulaire d'un développement de 1,500 mètres environ. Ses principaux édifices sont la k'asba, la mosquée de Ba-Aïsa et celle de El H'adj A'bd Allah. — 3,000 âmes.

Nezla et Tebesbest, k's'ours de la banlieue de de Tougourt, qui ont l'un et l'autre presque le même chiffre de population qu'elle. Les habitants de Tebesbest, réputés très-courageux, font un grand commerce avec le Souf.

Meggarin-el-Djedida, dont la création n'a plus

laissé à l'ancien k's'our qu'une trentaine de maisons, en a deux cents; son marché est très-fréquenté.

Our'lana, qui a 260 à 300 maisons, est la plus jolie petite oasis de l'Ouêd-Rîr'.

El Mr'eir, la première localité un peu importante de l'Ouêd, lorsqu'on l'aborde par le Nord. — 500 habitants.

Ouargla, qui est à 147 kilomètres en ligne droite à l'est-sud-est de R'ard'éïa, et à 152 de Tougourt au S.S.O., est une des plus célèbres cités de l'Afrique septentrionale. Depuis le xe siècle, tous les écrivains arabes en parlent, et son nom est inscrit sur nos plus vieilles cartes. Aujourd'hui, c'est la ville la plus australe de la province de Constantine, sa distance sur Alger étant, d'un autre côté, de 750 kilomètres.

Elle est dans une vaste sebkhra où aboutissent les eaux de l'Ouêd Mîa (quand il y en a), et au milieu d'une vaste forêt de palmiers. Sa forme est celle d'un quadrilatère allongé, percé de sept portes. Elle a une k'asba ou forteresse en mauvais état comme ses murs, quelques minarets de forme obélisquale. Oûargla était autrefois un des grands entrepôts de l'Afrique centrale, mais elle a beaucoup perdu de son ancienne importance. Il est à croire que jadis sa population s'élevait à 20 ou 25,000 âmes, à peine lui reste-t-il aujourd'hui 4 à 5,000 habitants; ils sont divisés en trois fractions, les Beni Ouaguin, les Beni Brahim et les Beni Sisin, dont les luttes intestines ont souvent ensanglanté la ville et grandement contribué à sa décadence.

L'oasis de Ouargla comprend, indépendamment de cette ville, les petits k's'ours de Rouïsat, A'in A'meur, H'adjadja, Bà Mendîl et Sidi-Khrouiled.

A 16 kilomètres au N.-N.-E. d'Ouargla se trouve *Ngousa*, petite ville située aussi dans la sebkhra et dont l'aspect est encore plus misérable; on y compte environ 150 familles, presque toutes de sang noir.

A peu près à moitié chemin, entre Ngousa et Tougourt, on rencontre trois pauvres petits k's'ours presque perdus au milieu des sables : *El H'adjira*, *T'aïbin* et *El A'léïa*. *Dzioua*, à 65 kilomètres plus au nord et à 80 de Tougourt, quoiqu'un peu plus connu et un peu plus important, ne vaut guère mieux. On y compte 30 à 40 maisons.

A 100 kilomètres E.-N.-E. de Tougourt, s'élève le premier des villages de ce singulier oasis, appelé Ouèd Souf, la vallée du Souf, bien qu'il n'y existe aucune rivière.

C'est un ensemble formé d'une petite ville, El-Ouèd, ayant 400 maisons, et de six villages de 150 à 200 habitations, dispersés au milieu de dunes de sable où l'on a installé les plantations de palmiers, qui font, avec le commerce, toute la richesse d'une population de 36 à 38,000 âmes.

Les Souâfa, les gens du Souf, sont d'ailleurs d'intrépides négociants que l'on rencontre sur toutes les routes du Désert.

FIN.

NOTES ET ADDITIONS

NOTE PREMIÈRE.

Ce livre a été puisé aux sources les plus certaines.

Pour tout ce qui est du domaine de la Géographie physique j'ai interrogé, durant neuf années d'études, de courses et d'explorations, la nature seule, qui devait être mon guide le plus sûr.

Pour tout ce qui est relatif à l'histoire de l'homme, j'ai consulté les annales du passé, et cherché la confirmation de mes observations sur les mœurs, les usages et les coutumes indigènes, dans les ouvrages si exacts de M. le général Daumas : le *Sahara Algérien*, les *Mœurs et coutumes de l'Algérie*, les *Chevaux du S'ah'ara* et la *Grande Kabylie*; c'est à lui que je dois le parallèle si vrai entre le caractère arabe et le caractère k'ebaï.

Quant à l'administration et à la statistique, je ne pouvais avoir de meilleur informateur que le *Bulletin officiel des Actes du Gouvernement* et le *Tableau des Etablissements français en Algérie*, publié par le ministère de la guerre, l'une des plus vastes enquêtes dont aucun pays ait été l'objet.

Je dois aussi d'excellentes notes à MM. Berbrugger, de Slane, Bresnier, F. Pharaon, Carette, Cherbonneau, Renou, le général Durrieu, Marguerite et Vincent, l'un commandant supérieur, l'autre chef du génie à Lar'ouât, au colonel de Neveu, aux différentes administrations algériennes, aux travaux du génie, du dépôt de la guerre et des ponts et chaussées.

J'ai trouvé, enfin, dans la Direction des affaires de l'Algérie, ce concours plein de bienveillance et d'empressement qui ne m'a jamais manqué.

NOTE II, page 12.

Sur la Boussole. — L'usage immémorial de la fleur de lis chez toutes les nations maritimes de l'Europe, l'emploi des dénominations germaniques pour désigner les différents rhumbs de vent, la citation par Guillaume de Provins de cet instrument sous le nom de *Marinette*, démontrent que la Boussole a été inventée par des navigateurs français de la Manche.

NOTE III, page 115.

Ce que je dis du cheval arabe et de ses différentes races est emprunté à l'ouvrage de M. le général Daumas, intitulé les *Chevaux du S'ah'ara*.

Page 353. — *Tablat*, l'ancienne *Tablata*, chef-lieu d'une marche militaire au cinquième siècle, poste magasin, près de l'Isseur, sur la route d'Aumale à Alger, dont il est à 60 kilomètres. — 56 habitants, y compris ceux de Sakamoudi et de Mela'ab el K'ora, deux relais situés entre Tablat et l'Arba'.

Page 406. — *Frenda*, petite ville arabe située à 46 kilomètres S.-S.-O. de Tiharet, au bord d'un plateau d'où l'on a une vue superbe sur toute la vallée supérieure de l'Oued el Tât.

Page 455. — *Lambèse*, le site de l'ancienne Lambesis, le dépôt de la IIIe Légion Auguste, à laquelle fut confiée, pendant longtemps, la défense de la Numidie, est à 10 kilomètres au S.-E. de Bât'na. On y voit encore les débris de tous les édifices qui ornaient une cité romaine dont la population dût être d'environ 50,000 âmes, et au milieu desquels s'élèvent les vastes bâtiments d'un pénitencier destiné aux transportés politiques.

RECTIFICATIONS.

Il faut lire partout :
Beni Izguen. — *R'árdéia*. — *Ins'alah'*. — *Mar'reb*. — *Ma'sk'ara*. — *Miliana*. — *Ms'err'in*. — *Souk' Harrás*.

Page 268. — Budjet de l'Algérie. On a mis, par erreur, *Douanes et Postes*, au lieu de *Produits des Postes*.

Page 342. — Ligne 17, c'est sur le *fleuve* nord, lisez c'est sur le *flanc* nord.

Page 346. — Ligne 14, *Tanara amusa* lisez *Tañaramusa*.

TABLE DES MATIÈRES

Orientation.—Bases et origines de l'Orientation.—L'horizon.—Les quatre points cardinaux.—La boussole.—Divisions et subdivisions du cercle de l'horizon.—La Rose des vents.—Sa figure ; p. 14.

L'Océan atlantique.—Définition.—Origine des mots Océan et Océan atlantique.—Influence de l'Océan atlantique ; p. 22.

La Méditerranée.—Définition.—Origine de cette expression.—Division de la Méditerranéé.—Le bassin occidental.—Ses principales îles ; p. 26.

Les Continents.—Ce que l'on entend par ce mot.—Quelle est l'application que l'on en a faite ; p. 26.

L'Afrique.—Définition.—Ses limites.—Son caractère particulièrement continental.—Ses dimensions.—Ses deux grandes divisions physiques.—Ses principales dimensions éthnographyques et politiques.—Place qu'y occupe, au nord, le S'ah'ara.—Des trois grands peuples de cette région ; p. 27.

L'Atlantide ou Berbérie. — Définition et étymologie. — Ses trois grandes divisions politiques : l'Algérie, le Marok et la Tunisie.—Leurs noms arabes.—Mar'reb ; p. 31.

L'Algérie.—Ses noms latins et arabes, p. 37.

Définition et étymologie, p. 37.

Situation, p. 37.

Grandes Divisions naturelles : le Tell, le S'ah'ara, p. 38.

Les Lieux. — Enumération successive et caractérisée de tous les points qui, à la surface de l'Algérie, doivent servir à l'étude de sa géographie.—La côte.—Alger.—Côte de l'est, p. 40 et 41.—Côte de l'ouest, p. 42.—Villes qui, en arrière de la côte, correspondent aux différents points de ses deux séries, p. 43.—Points qui jalonnent les limites du Tell et S'ah'ara, p. 45. — Lieux les plus remarquables du S'ah'ara, p. 47.

Les Chot't's et les Sebkhras.—Du rôle que jouent les rivières et les fleuves dans l'étude géographique d'un pays ; leur nom arabe, p. 51.—Les lacs algériens ; ce que l'on entend par chot't', p. 52 ; par sebkhra, p. 53.—Les chot't's et les sebkhra les plus étendus, p. 53.

Les Rivières et les Fleuves. — De la multiplicité des noms donnés par les indigènes aux rivières algériennes ; types ; réforme de cette nomenclature sans limites, p. 54, 55. — Rivières du Tell ; les plus importantes, p. 55. — Rivières du S'ah'ara ; les plus importantes, p. 62.—Étendue du cours de ces rivières; comparaison entre les plus considérables et quelques-unes des rivières de France, p. 64.

LIMITES, p. 66.

ETENDUE, p. 67.

CHARPENTE DU SOL.—Division des hautes terres en deux massifs, p. 68.—Le massif Tellien, p. 69.—Le massif S'ah'arien, p. 73. — Les basses terres et les principales plaines de l'Algérie, p. 75.—Les Steppes, leur situation et leur étendue, p. 77.—Le S'ah'ara Oasien; ce que l'on doit entendre par cette dénomination, p. 78.

PHYSIONOMIE DU PAYS, p. 81. — Le Tell, p. 81. — Le S'ah'ara, p. 83.—Les Steppes, p. 85.

LE CLIMAT.—Définition de ce mot, p. 87.—Ce que l'on entend par *température*, p. 88. — Modification que la hauteur des lieux apporte dans leur température; influence de cette modification sur les hommes, les animaux et les plantes, p. 89.—Hauteur générale des différentes régions naturelles de l'Algérie, p. 89. — Coupe de l'Algérie dans le sens de sa longueur, p. 90. — Table de l'altitude absolue des principales localités de l'Algérie, p. 90.— Influence de la constitution du sol sur le climat, p. 92. — Influence des mers, p. 93. — Influence des terres, p. 93. — Les saisons et les vents, p. 94. — Des différents climats de l'Algérie, p. 97. — Climat de la côte, p. 98. — Climats des plateaux de l'intérieur, p. 99.—Climat des steppes, climat du S'ah'ara, p. 100. —Barométrie, p. 101.—Pluviométrie, p. 102.

PRODUCTIONS, p. 105. — Règne végétal, p. 105. — Les bois et les forêts, p. 110. - Règne animal, p. 112.—Le cheval, p. 115. Règne minéral, p. 117. — Substances métalliques, p. 118. — Sources minérales, p. 120.

L'HOMME, p. 123.—Chiffre de la population de l'Algérie, p. 123. Les deux races dominantes; les Arabes, p. 124.— D'où ils sont originaires, p. 124.— Caractères physiques et moraux, p. 124. — Costume, p. 125. — Habitations, p. 127.— Nourriture, p. 128. — Religion, p. 128. — De la noblesse arabe et des marabouts, p. 130. — Division de la population en tribus, p. 131. — Principales tribus arabes de l'Algérie, p. 132. — Les Maures, p. 133. — Les Kourour'lis, p. 133.— Les Israélites, p. 133. — Les Berbères ou K'ebaïls; d'où ils sortent; leurs migrations, p. 133. — Origine de leurs différents noms et du mot *barbarie*, p. 134. — Leur situation, p. 136.— La Grande et la Petite K'ebaïlie, p. 136.— Caractères physiques et moraux, p. 136.—Habitations, nourriture, costume, religion, p. 137. — Différences morales entre les Arabes et les K'ebaïls, p. 138.—L'A'naïa, p. 139.—Division des K'ebaïls en tribus, p. 134.—Principales tribus k'ebaïles de l'Algérie, p. 140.— Les Beni-Mzâb, p. 141.

INDUSTRIE, p. 143.— Industrie des indigènes, p. 143.— Industrie des Européens, p. 149.— Les forêts, p. 152.—Le bétail et la pêche, p. 154. — Exploitations minéralogiques, 155.— Fabriques et usines, p. 157. — Détails sur les principaux produits de l'industrie algérienne; les céréales, p. 160. — Le tabac, p. 162.— Le coton, 163. — La cire, p. 165. — Les oliviers et l'huile, 166.— Les fourrages, p. 167. — Les bois, p. 168.— La laine, 169.— Le corail, 171. — Substances minérales, p. 172. — Les pépinières, 174. — L'industrie chevaline, 176. — Les orangers, les plantes à essences, p. 179. —La vigne, les plantes oléagineuses, p. 180.—L'asphodèle, le sorgho à sucre, les plantes et substances tinctoriales, p. 181.— La garance, le bétail, les chevaux et les bêtes de somme, p. 182.

VOIES DE COMMUNICATION, p. 184-196.— Les routes, p. 184. — Les chemins de fer, p. 188.—Les ponts, p. 193.—Les ports, p. 194.— Les phares et fanaux, p. 195.

COMMERCE, p. 197-236. — Commerce intérieur, les marchés, p. 197. — Commerce extérieur; généralités, p. 205. — Importations, p. 212.—Exportations, p. 217.— Entrepôts réels et fictifs, p. 221.— Cabotage, p. 222. — Navigation, p. 225. Commerce du Sud, p. 227. — Relation de l'Algérie avec l'Afrique centrale, p. 233.

L'ALGÉRIE DEVANT LE MONDE, p. 237 239.

GOUVERNEMENT ET ADMINISTRATION, p. 240.—Généralités, p. 240. Administration centrale, p. 241.—Administration générale, p. 242.— Gouvernement général, p. 243.— Conseil de gouvernement, p. 246. — Division administrative; administration provinciale, p. 247. — Organisation religieuse; culte catholique, 254.—Culte protestant, p. 255.—Culte israélite, p. 256. — Culte musulman, 257. — Instruction publique, p. 258.— Justice; tribunaux français, p. 261. — Tribunaux musulmans, p. 262.— Organisation des services financiers, p. 264. — De l'impôt des populations indigènes, p. 265. — Budget de l'Algérie pour 1858, p. 268. — Service de la marine, p. 270. — Service télégraphique, 271. — Service des poids et mesures, p. 273. — Organisation de l'assistance publique, p. 275. — Inspection permanente des établissements de bienfaisance, p. 279. — Service sanitaire, p. 280. — Service des haras, p. 280. — Administration des territoires militaires, p. 281. — Armée d'Algérie, p. 283. — Corps des interprètes militaires, p. 285. — Milice, p. 286.— Administration des territoires civils, p. 287. — Bureaux arabes départementaux, p. 290.—Organisation municipale, p. 291. — Administration des populations indigènes ; bureaux arabes, p. 294.— Cantonnement, p. 298. — Corporations indigènes, p. 300. — Institutions fondées dans le but de hâter et de diriger le développement de l'agriculture, de l'industrie et du commerce, p. 301.

POPULATION. — Statistique. — Population européenne, p. 306. Résultats donnés par le recencement de 1856, p. 308. — Populations indigènes ; recensement de 1856, p. 313. — Résumé, p. 315.

TOPOGRAPHIE ET DESCRIPTION DES LIEUX. — Observations préliminaires, p. 317.— Province d'Alger, description générale, p. 323. — Département d'Alger, définition et population, p. 326.—Organisation municipale du département d'Alger, 328.—Division d'Alger; définition; population et lieux principaux, p. 331. — Description des principaux centres de population, p. 332. — Villes maritimes du Tell, p. 333. — Alger, p. 333.—Dellis, p. 336.—Cherchèl, p. 338.—Tenès, p. 339. — Localités du Sah'el d'Alger, p. 342. — Douéra, p. 343.—K'olea', p. 344. — Localités de la Mtidja. p. 345.— Blida, p. 347.—Boufarik, p. 348.—Le Fondouk, p. 349.— L'Arba', p. 350. — Rovigo, p. 350. — Marengo, p. 350. — Localités de la Grande-K'ebaïlie, Fort-Napoléon, p. 351. — Kouko, Djema Sah'aridj, p. 352.—A'it Lh'assen, A'it el Arba', Zeffoun, p. 353.—Localités de la Région montagneuse intérieure; Aumale, p. 353. — Le Bordj Bouira et le Bordj des Beni Mans'our, p. 354.—Media, p. 354.—Bor'ar, p. 356. —A'moura, p. 357.—Miliana, p. 357.—Orléansville, p. 359. Localités des Steppes; description générale des K's'ours, p. 360.—Djelfa, p. 363.—Localités principales du S'ah'ara; Lar'ouât, p. 363. — A'ïn Mad'i, p. 366. — Villes du Mzàb, p. 367.—Les Chaa'nba, p. 370.

PROVINCE D'ORAN. — Situation, limites, étendue, p. 371. — Population, p. 372. — Grands caractères physiques, p. 372. —Hydrographie, p. 376.—Remarques générales, p. 377.— Division politique; département d'Oran; sa composition, p. 380.—Sa population, p. 381.—Organisation municipale du département d'Oran, p. 382.—Division d'Oran, sa composition, sa population, ses localités principales, p. 389.— Description des lieux du Tell; localités du rivage maritime, Oran, p. 385.—Mostaganem, p. 386. — Mazagran, p. 387.— Arzeu, p. 387. — Nemours, p. 389. — Localités de la zòne maritime; Mazouna, p. 391.—Colonies du plateau de Mostaganem, p. 391.—Sidi Bel A'sel, Relizane, p. 392.—Saint-Denis du Sig, p. 393.—Colonies du plateau d'Arzeu, p. 394. —Localités des plaines d'Oran, La Senia, Ms'err'in, Sainte-Barbe, p. 395.— Locali és de l'H'eufra, p. 396. — A'ïn Temouchent, p. 397. — Nedroma, p. 397. — Localités de la Zòne montagneuse intérieure. — A'mmi Mousa, p. 398. — Maskara, p. 399. —L'Oued el H'ammam, Ouisert, Kachrou, El Bordjj et K'ala'a, p. 401. — Sidi Bel Abbès, p. 401. —

Tenira, p. 402. — Tlemsèn, p. 402. — Le Mans'oura, Bréa, Negrier, La S'afs'af, l'H'anaïa, R'ar Roubban, p. 404. — Sebdou, Daïa, Saïda, p. 405. — Tiharet, La Mar'nia, p. 406. — Localités des Steppes, p. 406. — Goudjila, El A'richa Sidi Ben Khrelil, El Khrideur, p. 407. — Localités du massif S'ah'arien, le Djebel A'mour, p. 407. — K's'ours du Djebel A'mour, des La'rouat du K'sâl, Stiten, Géryville, p. 408. — Les Ouled Sidi Chîkhr et leurs K's'ours, p. 409. — K's'ours des H'ameïan, p. 410.

PROVINCE DE CONSTANTINE. — Situation, p. 410. — Etendue et population, p. 411. — Aspect général et grandes divisions physiques, p. 411. — La Medjana, le Bellezma, p. 416. — L'Aourès, p. 417. — Le Pays des Nemencha et la H'odna, p. 418. — Les Zibân, l'Ouèd Rir', p. 419. — Hydrographie, p. 419. — Division politique ; Département de Constantine, p. 420. — Organisation communale du département, p. 424. — Description des principaux centres de population, Tell, Localités du rivage maritime, p. 427. — Bougie, p. 427. — Djidjelli, p. 431. — K'ollo, p. 432. — Philippeville, p. 433. — Le Filfila, p. 435. — Bône, p. 436. — Localités de la Zone maritime intérieure ; Route de Bône à Guelma, p. 439. — Jemmapes, Vallée de la S'afs'af, p. 440. — Souk' H'arràs, p. 441. — Guelma, p. 442. — Constantine, p. 444. — Banlieue et Environs, p. 450. — Mîla et Djemîla, p. 451. — Set'if, p. 451. — Villages de la Compagnie Génevoise, p. 453. — Bordj Bou A'rîridj, p. 453. — Localités des Steppes, Tebessa, 454. — A'ïn Beïd'a, p. 454. — Bât'na, p. 455. — Route de Bât'na à Constantine, p. 455. — Localités de l'Aourès, p. 456. — S'ah'ara, p. 457. — Localités de la H'od'na, p. 457. Msîla, p. 458. — Localités des Zibân, p. 458. — Biskra, p. 459. — L'Ouèd Rir', p. 460. — Localités de l'Ouèd Rir', p. 461. — Ouargla, p. 462. — L'Ouèd Souf, p. 463.

Notes et Additions, p. 464. — *Errata et Rectifications*, p. 466. — *Table des Matières*, p. 467.

FIN DE LA TABLE.

Paris. — Imp. de d'Aubusson et Kugelmann, rue Grange-Batelière, 13.

www.ingramcontent.com/pod-product-compliance
Lightning Source LLC
Chambersburg PA
CBHW070200240426
43671CB00007B/504